OEUVRES
DE
VICTOR HUGO

DE L'ACADÉMIE FRANÇAISE

NOUVELLE ÉDITION, ORNÉE DE VIGNETTES
ET AUGMENTÉE DE « LA LÉGENDE DES SIÈCLES »

LITTÉRATURE ET PHILOSOPHIE MÊLÉES

PARIS
Vᵛᵉ Aᵈʳᵉ HOUSSIAUX, ÉDITEUR
HÉBERT ET Cⁱᵉ, SUCCESSEURS
7, RUE PERRONET, 7

1875

ŒUVRES
DE
VICTOR HUGO

LITTÉRATURE ET PHILOSOPHIE MÊLÉES

PARIS. — IMPRIMERIE DE E. MARTINET, RUE MIGNON, 2.

ŒUVRES
DE
VICTOR HUGO

DE L'ACADÉMIE FRANÇAISE

NOUVELLE ÉDITION, ORNÉE DE VIGNETTES
ET AUGMENTÉE DE « LA LÉGENDE DES SIÈCLES »

LITTÉRATURE ET PHILOSOPHIE MÊLÉES

PARIS

Vve A^{dre} HOUSSIAUX, ÉDITEUR

HÉBERT ET Cie, SUCCESSEURS

7, RUE PERRONET, 7

1875

BUT DE CETTE PUBLICATION

Mars 1834.

Il y a dans la vie de tout écrivain consciencieux un moment où il sent le besoin de compter avec le passé, de classer en ordre et de dater les diverses empreintes qu'il a prises de la forme de son esprit à différentes époques, de coordonner, tout en les mettant franchement en lumière, les contradictions plutôt superficielles que radicales de sa vie, et de montrer, s'il y a lieu, par quels rapports mystérieux et intimes les idées divergentes en apparence de sa première jeunesse se rattachent à la pensée unique et centrale qui s'est peu à peu dégagée du milieu d'elles et qui a fini par les résorber toutes.

D'ordinaire, ces sortes d'examens de conscience, quand ils sont faits avec bonne foi et candeur, produisent des livres du genre de celui-ci.

Ces deux volumes, en effet, ne sont autre chose que la collection de toutes les notes que l'auteur, dans la route littéraire et politique qu'il a déjà parcourue, a écrites çà et là, chemin faisant, depuis quinze ans qu'il marche. Ce livre, qui ne peut offrir d'ailleurs quelque intérêt qu'aux personnes qui aimeraient à voir de quelle façon et à quel point un esprit loyal peut se transformer par la critique de lui-même, dans nos temps de révolution sociale et intellectuelle, ce livre est le complément nécessaire et naturel de la série des œuvres de l'auteur. Chacune des sections qu'il renferme correspond à l'un des termes de cette série : chacun de ces morceaux a été écrit en même temps que quelques-uns des ouvrages qui la composent, et représente, pour qui sait bien voir, le même groupe d'idées. Ainsi le *Journal d'un jacobite de* 1819 est du temps de *Han d'Islande*, le *Journal d'un révolutionnaire de* 1830 est du temps de *Notre-Dame de Paris*. En consultant les dates qu'on a eu soin de placer en tête de tous ces fragments, ceux de nos lecteurs qui se plaisent à ces sortes de comparaisons, même lorsqu'il s'agit d'ouvrages aussi peu importants que celui-ci, pourront voir aisément à quelle œuvre de l'auteur, à quel moment de sa carrière, à quelle phase de sa pensée sur la société et sur l'art, se rattache chacune des divisions de ce livre. Ces deux volumes côtoient tous les autres en les reflétant. On y retrouve de 1819 à 1834, sur une échelle plus rapide, mais qui n'a pas moins d'échelons, tous les changements successifs de style et de pensée, toutes les modifications d'opinion et de forme, tous les élargissements d'horizon politique et littéraire que les personnes qui veulent bien suivre le développement de son esprit ont pu remarquer en gravissant la série totale de ses œuvres.

Ces changements, ces modifications, ces élargissements, est-ce décadence, comme on l'a dit? est-ce progrès, comme il le croit? Il pose la question : le lecteur la décidera.

Ce qui n'est une question pour personne, il l'espère du moins, c'est le complet désintéressement qui a présidé aux diverses modifications de ses opinions. Les Guèbres ne s'agenouillaient que devant le soleil; lui il ne s'agenouille que devant la vérité.

Il livre ce recueil au public en toute franchise et en toute confiance. Dans des temps comme les nôtres, où les événements font si rapidement changer d'aspect aux doctrines et aux hommes, il a pensé que ce ne serait peut-être pas un spectacle sans enseignement que le développement d'un esprit sérieux et droit qui n'a encore été directement mêlé à aucune chose politique et qui a silencieusement accompli toutes ses révolutions sur lui-même, sans autre but que la satisfaction de sa conscience. Ceci est donc avant tout une œuvre de probité.

Le premier de ces deux volumes ne contient que deux divisions : l'une a pour titre : *Journal des idées, des opinions et des lectures d'un jeune jacobite de* 1819 ; l'autre : *Journal des idées et des opinions d'un révolutionnaire de* 1830. Comment et par quelle série d'expériences successives le jacobite de 1819 est-il devenu le révolutionnaire de 1830, c'est ce que l'auteur écrira peut-être un jour : et cette toute modeste *Histoire des révolutions intérieures d'une opinion politique honnête* ne sera peut-être pas un appendice inutile à la grande histoire des révolutions générales de notre temps.

Pourquoi, en effet, ne pas confronter plus souvent qu'on ne le fait les révolutions de l'individu avec les révolutions de la société ? Qui sait ? la petite chose éclaire quelquefois la grande. En attendant qu'il essaye ce travail tout à la fois psychologique et historique, individuel et universel, il croit devoir publier comme document, et absolument tels qu'ils ont été écrits, chacun dans leur temps, ces deux *journaux d'idées*, l'un de 1819, l'autre de 1830, faits tous deux par le même homme, et si différents.

Ce ne sont pas des faits qu'il faut chercher dans ces journaux. Il n'y en a pas. Nous le répétons, ce sont des idées. Des idées à l'état de germe dans le premier, à l'état d'épanouissement dans le second.

Le plus ancien de ces deux journaux surtout, celui qui occupe les deux cents premières pages de ce volume, a besoin d'être lu avec une extrême indulgence, et sans que le lecteur en perde un seul instant la date de vue, 1819. L'auteur l'offre ici, non comme œuvre littéraire, mais comme sujet d'étude et d'observation pour les esprits bienveillants qui ne dédaignent pas de chercher dans ce qu'un enfant balbutie les rudiments de la pensée d'un homme. Aussi, pour que cette partie du livre ait du moins le mérite de présenter une base sincère aux études de ce genre, a-t-on eu soin de l'exprimer sans y rien changer, absolument telle qu'on l'a recueillie, soit dans les publications du temps aujourd'hui oubliées, soit dans les dossiers de notes restées manuscrites. Ce recueil représente durant deux années, de l'âge de seize ans à l'âge de dix-huit ans, l'état de l'esprit de l'auteur, et, par assimilation, autant qu'un échantillon aussi incomplet peut permettre d'en juger, l'état de l'esprit d'une fraction assez notable de la génération d'alors. Ce n'est même que parce qu'en la généralisant ainsi il peut offrir, jusqu'à un certain point, cette sorte d'intérêt, qu'on a cru qu'il n'était peut-être pas tout à fait inutile de le présenter au public. En se plaçant à ce point de vue, tout ce que renferme ce *Journal des idées* d'un royaliste adolescent d'il y a quinze ans acquiert, à défaut de la valeur biographique qu'un nom plus considérable en tête de ce livre pourrait seul lui donner, cette sorte de valeur historique qui s'attache à tous les documents honnêtes où se trouve la physionomie d'une époque, de quelque part qu'ils viennent. Il y a de tout dans ce journal. C'est le profil à demi effacé de tout ce que nous nous figurions en 1819. C'est, comme dans nos cerveaux alors, le dialogue de tous les contraires. Il y a des recherches historiques et des rêveries, des élégies et des feuilletons, de la critique et de la poésie ; pauvre critique ! pauvre poésie, surtout ! Il y a de petits vers badins et de grands vers pleureurs ; d'honorables et furieuses déclamations contre les tueurs de rois ; des épîtres où les hommes de 1793 sont égratignés avec des épigrammes de 1754, espèces de petites satires sans poésie qui caractérisent assez bien le royaliste voltairien de 1818, nuance perdue aujourd'hui. Il y a des rêves de réforme pour le théâtre et des vœux d'immobilité pour l'État ; tous les styles qui s'essayent à la fois, depuis le sarcasme de pamphlet jusqu'à l'ampoule oratoire ; toutes sortes d'instincts

classiques mis au service d'une pensée d'innovation littéraire ;
des plans de tragédies faits au collége ; des plans de gouvernement faits à l'école. Tout cela va, vient, avance, recule, se mêle,
se coudoie, se heurte, se contredit, se querelle, croit, doute,
tâtonne, nie, affirme, sans but visible, sans ordre extérieur, sans
loi apparente, et cependant au fond de toutes ces choses, nous
le croyons du moins, il y a une loi, un ordre, un but. Au fond
comme à la surface, il y a ce qui pourra peut-être pardonner à
l'auteur l'insuffisance du talent et la faillibilité de l'esprit, droiture, honneur, conviction, désintéressement ; et au milieu de
toutes les idées contradictoires qui bruissent à la fois dans ce
chaos d'illusions généreuses et de préjugés loyaux, sous le flot
le plus obscur, sous l'entassement le plus désordonné, on sent
poindre et se mouvoir un élément qui s'assimilera un jour tous
les autres, l'esprit de liberté, que les instincts de l'auteur appliqueront d'abord à l'art, puis, par un irrésistible entraînement de
logique, à la société : de façon que chez lui, dans un temps
donné, aidées, il est vrai, par l'expérience et la récolte des faits de
chaque jour, les idées littéraires corrigeront les idées politiques.

Tel qu'il est donc, ce *Journal d'un jeune jacobite de* 1819 ne
nous paraît pas complétement dépourvu de signification, ne
fût-ce qu'à cause de l'espèce de jour douteux qui flotte sur
toutes ces idées ébauchées, sorte de lumière indécise faite de
deux rayons opposés qui viennent l'un du couchant, l'autre de
l'orient, crépuscule de monarchisme politique qui finit, aube
de la révolution littéraire qui commence.

Immédiatement après ce *Journal des idées d'un royaliste de*
1819, l'auteur a cru devoir placer ce qu'il a intitulé : *Journal
des idées d'un révolutionnaire de* 1830. A onze ans d'intervalle,
voilà le même esprit, transformé. L'auteur pense que tous ceux
de nos contemporains qui feront de bonne foi le même repli
sur eux-mêmes ne trouveront pas des modifications moins profondes dans leur pensée, s'ils ont eu la sagesse et le désintéressement de lui laisser son libre développement en présence
des faits et des résultats.

Quant à ce dernier journal en lui-même, voici de quelle manière il s'est formé. Après la révolution de juillet, pendant les derniers mois de 1830 et les premiers mois de 1831, l'auteur reçut, de l'ébranlement que les événements donnaient alors à toute chose, des impressions telles, qu'il lui fut impossible de ne pas en laisser trace quelque part. Il voulut constater, en s'en rendant compte sur-le-champ de quelle façon et jusqu'à quelle profondeur chacun des faits plus ou moins inattendus qui se succédaient troublait la masse d'idées politiques qu'il avait amassée goutte à goutte depuis dix ans. A mesure qu'un fait nouveau dégageait en lui une idée nouvelle, il enregistrait, non le fait, mais l'idée. De là ce journal.

On a cru devoir donner ce titre : *Journal*, aux deux divisions qui composent le premier volume de ce livre, parce qu'il a semblé que, de tous les titres possibles, c'était encore celui qui convenait le mieux. Cependant, afin qu'on ne cherche pas dans ce livre autre chose que ce qu'il renferme, et qu'on ne s'attende pas à trouver dans ces deux journaux une peinture historique ou biographique, ou anecdotique, avec curiosités, particularités et noms propres, de l'année 1819 et de l'année 1830, nous insistons sur ce point, que ces deux journaux contiennent, non les faits, mais seulement le retentissement des faits.

La formation du second volume de cette collection n'a besoin que de quelques mots pour s'expliquer d'elle-même. C'est une série de fragments écrits à diverses époques, et publiés pour la plupart dans les recueils du temps où ils ont été écrits. Ces fragments sont disposés par ordre chronologique ; et ceux des lecteurs qui, en lisant chaque morceau, voudront ne pas oublier la date qu'il porte, pourront remarquer de quelle façon l'idée de l'auteur mûrit d'année en année et dans la forme et dans le fond, depuis l'étude sur Voltaire, qui est de 1823, jusqu'à l'étude sur Mirabeau, qui est de 1834. C'est d'ailleurs peut-être la seule chose frappante de ce volume, à la composition duquel n'a été mêlé aucun arrangement artificiel, qu'il commence par le nom de Voltaire et finisse par le nom de Mirabeau. Cela montrerait, s'il n'en existait pas d'ailleurs beaucoup d'autres exemples à côté desquels celui-ci ne vaut pas la peine d'être compté, à quel point le dix-huitième siècle préoccupe le dix-neuvième. Voltaire, en effet, c'est le dix-huitième siècle système ; Mirabeau, c'est le dix-huitième siècle action.

Le premier de ces deux volumes enserre onze années de la vie intellectuelle de l'auteur, de 1819 à 1830. Le deuxième contient également onze années, de 1823 à 1834. Mais comme une partie de ce deuxième volume rentre dans l'intervalle de 1819 à 1830, les deux volumes n'offrent le mouvement en bien ou en mal de la pensée de celui qui les a écrits que sur une échelle de quinze années, de 1819 à 1834.

Nous ne ferons aucune observation sur les dépouillements de style et de manière que la critique y pourra noter de saison en saison. L'esprit de tout écrivain progressif doit être comme le platane, dont l'écorce se renouvelle à mesure que le tronc grossit.

Pour finir ce que nous avons à dire sur ce livre, si l'on nous demandait de le caractériser d'un mot, nous dirions que ce n'est autre chose qu'une sorte d'herbier où la pensée de l'auteur a déposé, sous étiquettes, un échantillon tel quel de ses diverses floraisons successives.

Que le lecteur de bonne foi compare et juge si la loi selon laquelle s'est développée cette pensée est bonne ou mauvaise.

Maintenant il se rencontrera peut-être des esprits bienveillants et sérieux qui demanderont à l'auteur quelle est la formule actuelle de ses opinions sur la société et sur l'art.

L'espace lui manque ici pour répondre à la première de ces deux questions. Ce serait un livre tout entier à faire ; il le fera quelque jour. Des matières si graves veulent être traitées à fond et ne sauraient être utilement abordées dans un avant-propos. Le peu de pages qui nous reste morcellerait la pensée de l'auteur sans profit, car il serait impossible de détacher, pour des proportions si exiguës, rien de fini, d'organisé et de complet d'un bloc d'idées où tout se tient et fait ensemble. De quelque façon que nous nous y prissions, il y aurait toujours des afférences latérales sur lesquelles il faudrait s'expliquer, des choses purement affirmées faute de marge pour les démontrer, des préliminaires supposés admis, des conséquences tronquées, d'autres qui se ramifieraient trop à l'étroit ; en un mot, des tangentes et des sécantes dont les extrémités dépasseraient les limites de cette préface.

En attendant qu'il puisse se dérouler complétement et à l'aise dans un écrit spécial, l'auteur croit pouvoir dire dès à présent que, quoique le *Journal d'un révolutionnaire de* 1830 renferme beaucoup de choses radicalement vraies selon lui, sa pensée politique actuelle est cependant plutôt représentée par les dernières pages du premier. Si jamais, dans ce grand concile des intelligences où se débattent, de la presse à la tribune, tous les intérêts généraux de la civilisation du dix-neuvième siècle, il avait la parole, lui si petit en présence de choses si grandes, il la prendrait sur l'ordre du jour seulement, et il ne demanderait qu'une chose pour commencer : la substitution des questions sociales aux questions politiques.

Une fois son intention politique ainsi esquissée, il croit pouvoir répondre avec plus de détail aux personnes qui le questionneraient sur son intention littéraire. Ici il peut être plus aisément et plus vite compris ; tout ce qu'il a écrit jusqu'à ce jour sert de commentaire à ses paroles. Qu'on lui permette donc quelques développements sur un sujet plus important qu'on ne le pense communément. Quand on creuse l'art, au premier coup de pioche on entame les questions littéraires, au second les questions sociales.

L'art est aujourd'hui à un bon point. Les querelles de mots ont fait place à l'examen des choses. Les noms de guerre, les sobriquets de parti, n'ont plus de signification pour personne. Ces appellations de *classiques* et de *romantiques*, que celui qui écrit ces lignes s'est toujours refusé à prononcer sérieusement, ont disparu de toute conversation sensée aussi complétement que les ubiquitaires et les antipædobaptistes. Or, c'est déjà un progrès dans une discussion quand les mots de parti sont hors de combat. Tant qu'on en est à la bataille de mots, il n'y a pas moyen de s'entendre ; c'est une mêlée furieuse, acharnée et aveugle. Cette bataille, qui a si longtemps assourdi notre littérature dans les dernières années de la restauration, est finie aujourd'hui. Le public commence à distinguer nettement le contour des questions réelles trop longtemps cachées aux yeux par la poussière que la polémique faisait autour d'elles. Le pugilat des théories a cessé. Le terrain de l'art maintenant n'est plus une arène, c'est un champ. On ne se bat plus, on laboure.

A notre avis, la victoire est aux générations nouvelles. Elles ont pris grandement position dans tous les arts. Nous essayerons peut-être un jour de caractériser le point précis où elles en sont sous les diverses formes, poésie, peinture, sculpture, musique et architecture, et nous tâcherons d'indiquer par quels progrès et selon quelle loi il nous semble que doit s'opérer la fusion entre les nuances différentes des jeunes écoles, soit qu'elles cherchent plus spécialement le *caractère*, comme les gothiques, ou le *style*, comme les Grecs.

En attendant, l'impulsion est donnée, la marée monte. Les doctrines de la liberté littéraire ont ensemencé l'art tout entier. L'avenir moissonnera.

Ce n'est pas que nous, plus que d'autres, nous croyions l'art perfectible. Nous savons qu'on ne dépassera ni Phidias, ni Raphaël. Mais nous ne déclarons pas, en secouant tristement la tête, qu'il est à jamais impossible de les égaler. Nous ne sommes pas ainsi dans les secrets de Dieu. Celui qui a créé ceux-là ne peut-il pas en créer d'autres ? Pourquoi vouloir arrêter l'esprit humain ? Toutes les époques lui conviennent, tous les climats lui sont bons. L'antiquité a Homère, mais le moyen âge a Dante. Shakspeare et les cathédrales au Nord ; la Bible et les pyramides à l'Orient.

Et quelle époque que celle-ci ! Nous l'avons déjà dit ailleurs et plus d'une fois, le corollaire rigoureux d'une révolution politique, c'est une révolution littéraire. Que voulez-vous que nous y fassions ? Il y a quelque chose de fatal dans ce perpétuel parallélisme de la littérature et de la société. L'esprit humain ne marche pas d'un seul pied. Les mœurs et les lois s'ébranlent d'abord; l'art suit. Pourquoi lui clore l'avenir? Les magnifiques ambitions font faire les grandes choses. Est-ce que le siècle qui a été assez grand pour avoir son Charlemagne serait trop petit pour avoir son Shakspeare?

Nous croyons donc fermement à l'avenir. On voit bien flotter encore çà et là sur la surface de l'art quelques tronçons des vieilles poétiques démâtées, lesquelles faisaient déjà eau de toutes parts il y a dix ans. On voit bien aussi quelques obstinés qui se cramponnent à cela : *rari nantes*. Nous les plaignons; mais nous avons les yeux ailleurs. S'il nous était permis, à nous qui sommes bien loin de nous compter parmi les hommes prédestinés qui résoudront ces grandes questions par de grandes œuvres, s'il nous était permis de hasarder une conjecture sur ce qui doit advenir de l'art, nous dirions qu'à notre avis, d'ici à peu d'années, l'art, sans renoncer à toutes ses autres formes, se résumera plus spécialement sous la forme essentielle et culminante du drame. Nous avons expliqué pourquoi dans la préface d'un livre qui ne vaut pas la peine d'être rappelé ici.

Aussi les quelques mots que nous allons dire du drame s'appliquent dans notre pensée, sauf de légères variantes de rédaction, à la poésie tout entière, et ce qui s'applique à la poésie s'applique à l'art tout entier.

Selon nous donc, le drame de l'avenir, pour réaliser l'idée auguste que nous nous en faisons, pour tenir dignement sa place entre la presse et la tribune, pour jouer comme il convient son rôle dans les choses civilisantes, doit être grand et sévère par la forme, grand et sévère par le fond.

Les questions de forme ont été toutes abordées depuis plusieurs années. La forme importe dans les arts. La forme est chose beaucoup plus absolue qu'on ne pense. C'est une erreur de croire, par exemple, qu'une même pensée peut s'écrire de plusieurs manières, qu'une même idée peut avoir plusieurs formes. Une idée n'a jamais qu'une forme, qui lui est propre, qui est sa forme excellente, sa forme complète, sa forme rigoureuse, sa forme essentielle, sa forme préférée par elle, et qui jaillit toujours en bloc avec elle du cerveau de l'homme de génie. Ainsi, chez les grands poëtes, rien de plus inséparable, rien de plus adhérent, rien de plus consubstantiel que l'idée et l'expression de l'idée. Tuez la forme, presque toujours vous tuez l'idée. Otez sa forme à Homère, vous avez Bitaubé.

Aussi tout art qui veut vivre doit-il commencer par bien se poser à lui-même les questions de forme, de langage et de style.

Sous ce rapport, le progrès est sensible en France depuis dix ans. La langue a subi un remaniement.

Et, pour que notre pensée soit claire, qu'on nous permette d'indiquer en quelques mots les diverses formations de notre langue, qui valent la peine d'être étudiées, à partir du seizième siècle surtout, époque où la langue française a commencé à devenir la langue la plus littéraire de l'Europe.

On peut dire de la langue française au seizième siècle que c'est tout à fait une *langue de la renaissance*. Au seizime siècle, l'esprit de la renaissance est partout, dans la langue comme dans tous les arts. Le goût romain-byzantin, que le grand événement de 1453 a fait refluer sur l'Occident, et qui avait par degrés envahi l'Italie dès la seconde moitié du quinzième siècle, n'arrive guère en France qu'au commencement du seizième ; mais à l'instant même il s'empare de tout, il fait irruption partout, il inonde tout. Rien ne résiste au flot. Architecture, poésie, musique, tous les arts, toutes les études, toutes les idées, jusqu'aux ameublements et aux costumes, jusqu'à la législation, jusqu'à la théologie, jusqu'à la médecine, jusqu'au blason, tout suit pêle-mêle et s'en va à vau-l'eau sur le torrent de la renaissance. La langue est une des premières choses atteintes ; en un moment elle se remplit de mots latins et grecs ; elle déborde de néologismes ; son vieux sel gaulois disparaît presque entièrement sous un chaos sonore de vocables homériques et virgiliens. A cette époque d'enivrement et d'enthousiasme pour l'antiquité lettrée, la langue française parle grec et latin comme l'architecture, avec un désordre, un embarras et un charme infinis ;

c'est un bégayement classique adorable. Moment curieux ! c'est une langue qui n'est pas faite, une langue sur laquelle on voit le mot grec et le mot latin à nu, comme les veines et les nerfs sur l'écorché. Et pourtant, cette langue qui n'est pas faite est une langue souvent bien belle ; elle est riche, ornée, amusante, copieuse, inépuisable en formes, haute en couleur ; elle est barbare à force d'aimer la Grèce et Rome, elle est pédante et naïve. Observons en passant qu'elle semble parfois chargée, bourbeuse et obscure. Ce n'est pas sans troubler profondément la limpidité de notre vieil idiome gaulois que ces deux langues mortes, la latine et la grecque, y ont si brusquement vidé leurs vocabulaires. Chose remarquable et qui s'explique par tout ce que nous venons de dire, pour ceux qui ne comprennent que la langue courante, le français du seizième siècle est moins intelligible que le français du quinzième. Pour cette classe de lecteurs, Brantôme est moins clair que Jean de Troyes.

Au commencement du dix-septième siècle, cette langue trouble et vaseuse subit une première filtration. Opération mystérieuse faite tout à la fois par les années et par les hommes, par la foule et par les lettrés, par les événements et par les livres, par les mœurs et par les idées, qui nous donne pour résultat l'admirable langue de P. Mathieu et de Mathurin Régnier, qui sera plus tard celle de Molière et de la Fontaine, et plus tard encore celle de Saint-Simon. Si les langues se fixaient, ce qu'à Dieu ne plaise, la langue française aurait dû en rester là. C'était une belle langue que cette poésie de Régnier, que cette prose de Mathieu ! c'était une langue déjà mûre, et cependant toute jeune, une langue qui avait toutes les qualités les plus contraires, selon les besoins du poëte : tantôt ferme, adroite, svelte, vive, serrée, étroitement ajustée sur l'intention de l'écrivain, sobre, austère, précise, elle allait à pied et sans images et droit au but ; tantôt majestueuse, lente et tout empanachée de métaphores, elle tournait largement autour de la pensée, comme les carrosses à huit chevaux dans un carrousel. C'était une langue élastique et souple, facile à nouer et à dénouer au gré de toutes les fantaisies de la période, une langue toute moirée de figures et d'accidents pittoresques ; une langue neuve, sans aucun mauvais pli, qui prenait merveilleusement la forme de l'idée, et qui, par moments, flottait quelque peu alentour, autant qu'il le fallait pour la grâce du style. C'était une langue pleine de fières allures, de propriétés élégantes, de caprices amusants ; commode et naturelle à écrire ; donnant parfois aux écrivains les plus vulgaires toutes sortes de bonheurs d'expression qui faisaient partie de son fond naturel. C'était une langue forte et savoureuse, tout à la fois claire et colorée, pleine d'esprit, excellente au goût, ayant bien la senteur de ses origines, très-française, et pourtant laissant voir distinctement sous chaque mot sa racine hellénique, romaine ou castillane, une langue calme et transparente, au fond de laquelle on distinguait nettement toutes ces magnifiques étymologies grecques, latines ou espagnoles, comme les perles et les coraux sous l'eau d'une mer limpide.

Cependant dans la deuxième moitié du dix-septième siècle, il s'éleva une mémorable école de lettrés qui soumit à un nouveau débat toutes les questions de poésie et de grammaire dont avait été remplie la première moitié du même siècle, et qui décida, à tort selon nous, pour Malherbe contre Régnier. La langue de Régnier, qui semblait encore très-bonne à Molière, parut trop verte et trop peu faite à ces sévères et discrets écrivains. Racine la clarifia une seconde fois. Cette deuxième distillation, beaucoup plus artificielle que la première, beaucoup plus littéraire et beaucoup moins populaire, n'ajouta à la pureté et à la limpidité de l'idiome qu'en le dépouillant de presque toutes ses propriétés savoureuses et colorantes, et en le rendant plus propre désormais à l'abstraction qu'à l'image ; mais il est impossible de s'en plaindre quand on songe qu'il en est résulté *Britannicus*, *Esther* et *Athalie*, œuvres belles et graves, dont le style sera toujours religieusement admiré de quiconque acceptera avec bonne foi les conditions sous lesquelles il s'est formé.

Toute chose va à sa fin. Le dix-huitième siècle filtra et tamisa la langue une troisième fois. La langue de Rabelais, d'abord épurée par Régnier, puis distillée par Racine, acheva de déposer dans l'alambic de Voltaire les dernières molécules de la vase natale du seizième siècle. De là cette langue du dix-huitième siècle, parfaitement claire, sèche, dure, neutre, incolore et insipide, langue admirablement propre à ce qu'elle avait à faire, langue du raisonnement et non du sentiment, langue incapable de colorer le style, langue encore souvent charmante dans la prose, et en même temps très-haïssable dans le vers, langue de philosophes en un mot, et non de poëtes. Car la philosophie du dix-huitième siècle, qui est l'esprit d'analyse arrivé à sa plus complète expression, n'est pas moins hostile à la poésie qu'à la religion, parce que la poésie, comme la religion, n'est qu'une grande synthèse. Voltaire ne se hérisse pas moins devant Homère que devant Jésus.

Au dix-neuvième siècle, un changement s'est fait dans les idées à la suite du changement qui s'est fait dans les choses. Les esprits ont déserté cet aride sol voltairien, sur lequel le soc de l'art s'ébréchait depuis si longtemps pour de maigres moissons. Au vent philosophique a succédé un souffle religieux, à l'eprit d'analyse l'esprit de synthèse, au démon démolisseur le génie de la reconstruction, comme à la Convention avait succédé l'Empire, à Robespierre Napoléon. Il est apparu des hommes doués de la faculté de créer, et ayant tous les instincts mystérieux qui tracent son itinéraire au génie. Ces hommes, que nous pouvons d'autant plus louer que nous sommes personnellement bien éloigné de prétendre à l'honneur de figurer parmi eux, ces hommes se sont mis à l'œuvre. L'art, qui, depuis cent ans, n'était plus en France qu'une littérature, est redevenu une poésie.

Au dix-huitième siècle il avait fallu une langue philosophique, au dix-neuvième il fallait une langue poétique.

C'est en présence de ce besoin que, par instinct et presque à leur insu, les poëtes de nos jours, aidés d'une sorte de sympathie et de concours populaires, ont soumis la langue à cette élaboration radicale qui était si mal comprise il y a quelques années, qui a été prise d'abord pour une levée en masse de tous les solécismes et de tous les barbarismes possibles ; et qui a si longtemps fait taxer d'ignorance et d'incorrection tel pauvre jeune écrivain consciencieux, honnête et courageux, philologue comme Dante en même temps que poëte, nourri des meilleures études classiques, lequel avait peut-être passé sa jeunesse à ne remporter dans les colléges que des prix de grammaire.

Les poëtes ont fait ce travail comme les abeilles leur miel, en songeant à autre chose, sans calcul, sans préméditation, sans système, mais avec la rare et naturelle intelligence des abeilles et des poëtes. Il fallait d'abord colorer la langue, il fallait lui faire reprendre du corps et de la saveur ; il a donc été bon de la mélanger selon certaines doses avec la fange féconde des vieux mots du seizième siècle. Les contraires se corrigent souvent l'un par l'autre. Nous ne pensons pas qu'on ait eu tort de faire infuser Ronsard dans cet idiome affadi par Dorat.

L'opération d'ailleurs s'est accomplie, on le voit bien maintenant, selon les lois grammaticales les plus rigoureuses. La langue a été retrempée à ses origines. Voilà tout. Seulement, et encore avec une réserve extrême, on a remis en circulation un certain nombre d'anciens mots nécessaires ou utiles. Nous ne sachons pas qu'on ait fait des mots nouveaux. Or, ce sont les mots nouveaux, les mots inventés, les mots faits artificiellement, qui détruisent le tissu d'une langue. On s'en est gardé. Quelques mots frustes ont été refrappés au coin de leurs étymologies. D'autres, tombés en banalité, et détournés de leur vraie signification, ont été ramassés sur le pavé et soigneusement replacés dans leur sens propre.

De toute cette élaboration, dont nous n'indiquons ici que quelques détails pris au hasard, et surtout du travail simultané de toutes les idées particulières à ce siècle (car ce sont les idées qui sont les vraies et souveraines faiseuses de langues), il est sorti une langue qui, certes, aura aussi ses grands écrivains, nous n'en doutons pas ; une langue formée de tous les accidents possibles de la pensée, langue qui, selon le besoin de celui qui s'en sert, a la grâce et la naïveté des allures comme au seizième siècle; la fierté des tournures et la phrase à grands plis comme au dix-septième siècle; le calme, l'équilibre et la clarté comme au dix-huitième; langue propre à ce siècle qui résume trois formes excellentes de notre idiome, sous une forme plus développée et plus complète, et avec laquelle aujourd'hui l'écrivain qui en aurait le génie pourrait sentir comme Rousseau, penser comme Corneille et peindre comme Mathieu.

Cette langue est aujourd'hui à peu près faite. Comme prose, ceux qui l'étudient dans les notables écrivains qu'elle possède déjà, et que nous pourrions nommer, savent qu'elle a mille lois à elle, mille secrets, mille propriétés, mille ressources nées tant de son fonds personnel que de la mise en commun du fonds des trois langues qui l'ont précédée et qu'elle multiplie les unes par les autres. Elle a aussi sa prosodie particulière et toutes sortes de petites règles intérieures connues seulement de ceux qui pratiquent, et sans lesquelles il n'y a pas plus de prose que de vers. Comme poésie elle est aussi bien construite pour la rêverie que pour la pensée, pour l'ode que pour le drame. Elle a été remaniée dans le vers par le mètre, dans la strophe par le rhythme. De là une harmonie toute neuve, plus riche que l'ancienne, plus compliquée, moins profonde, et qui gagne tous les jours de nouvelles octaves.

Tel est, avec tous les développements que nous ne pouvons donner ici à notre pensée, la langue que l'art du dix-neuvième siècle s'est faite, et avec laquelle en particulier il va parler aux masses du haut de la scène. Sans doute la scène, qui a ses lois d'optique et de concentration, modifiera cette langue d'une certaine façon, mais sans y rien altérer d'essentiel. Il faudra, par exemple, à la scène une prose aussi en saillie que possible, très-fermement sculptée, très-nettement ciselée, ne jetant aucune ombre douteuse sur la pensée, et presque en ronde-bosse; il faudra à la scène un vers où les charnières soient assez multipliées pour qu'on puisse le plier et le superposer à toutes les formes les plus brusques et les plus saccadées du dialogue et de la passion. La prose en relief, c'est un besoin du théâtre; le vers brisé, c'est un besoin du drame.

Ceci une fois posé et admis, nous croyons que désormais tous les progrès de forme sérieux qui seront dans le sens grammatical de la langue doivent être étudiés, applaudis et adoptés. Et qu'on ne se méprenne pas sur notre pensée : appeler les progrès, ce n'est pas encourager les modes. Les modes dans les arts font autant de mal que les révolutions font de bien. Les modes substituent le chic, le poncif et le procédé d'atelier à l'étude austère de chaque chose et aux originalités individuelles. Les modes mettent à la disposition de tout le monde une manière vernissée et chatoyante, peu solide sans doute, mais qui a quelquefois un éclat de surface plus vif et plus amusant à l'œil que le rayonnement tranquille du talent. Les modes défigurent tout, font la grimace de tout profil et la parodie de toute œuvre. Gardons-nous des modes dans le style; espérons cette réserve de la sagesse des jeunes et brillants écrivains qui mènent au progrès les générations de leur âge. Il serait fâcheux qu'on en vînt un jour à posséder des recettes courantes pour faire du style original comme les chimistes de cabaret font du vin de Champagne en mêlant, selon certaines doses, à n'importe quel vin blanc convenablement édulcoré, de l'acide tartrique et du bicarbonate de soude.

Ce style et ce vin moussent, la grosse foule s'en grise, mais le connaisseur n'en boit pas.

Nous n'en viendrons pas là. Il y a un esprit de mesure et de critique, en même temps qu'un grand souffle d'enthousiasme, dans les nouvelles générations. La langue a été amenée à un point excellent depuis quinze années. Ce qui a été fait par les idées ne sera pas détruit par les fantaisies.

Réformons, ne déformons pas.

Si le nom qui signe ces lignes était un nom illustre, si la voix qui parle ici était une voix puissante, nous supplierions les jeunes et grands talents sur qui repose le sort futur de notre littérature, si magnifique depuis trois siècles, de songer combien c'est une mission imposante que la leur, et de conserver dans leur manière d'écrire les habitudes les plus dignes et les sévères. L'avenir, qu'on y pense bien, n'appartient qu'aux hommes de style. Sans parler ici des admirables livres de l'antiquité, et pour nous renfermer dans nos lettres nationales, essayez d'ôter à la pensée de nos grands écrivains l'expression qui lui est propre ; ôtez à Molière son vers si vif, si chaud, si franc, si amusant, si bien fait, si bien tourné, si bien peint ; ôtez à la Fontaine la perfection naïve et gauloise du détail ; ôtez à la phrase de Corneille ces muscles vigoureux, ces larges attaches, ces belles formes de vigueur exagérée qui feraient du vieux poëte demi-romain, demi-espagnol, le Michel-Ange de notre tragédie, s'il entrait dans la composition de son génie autant d'imagination que de pensée ; ôtez à Racine la ligne qu'il a dans le style comme Raphaël, ligne chaste, harmonieuse et discrète comme celle de Raphaël, quoique d'un goût inférieur, aussi pure, mais moins grande, aussi parfaite, mais moins sublime ; ôtez à Fénelon, l'homme de son siècle qui a le mieux senti la beauté antique, cette prose aussi mélodieuse et aussi sereine que le vers de Racine, dont elle est sœur ; ôtez à Bossuet le magnifique port de tête de sa période ; ôtez à Boileau sa manière sobre et grave, admirablement colorée quand il le faut ; ôtez à Pascal ce style inventé et mathématique qui a tant de propriété dans le mot, tant de logique dans la métaphore ; ôtez à Voltaire cette prose claire, solide, indestructible, cette prose de cristal de *Candide* et du *Dictionnaire philosophique*; ôtez à tous ces grands hommes cette simple et petite chose, le style : et de Voltaire, de Pascal, de Boileau, de Bossuet, de Fénelon, de Racine, de Corneille, de la Fontaine, de Molière, de ces maîtres, que vous restera-t-il ? Nous l'avons dit plus haut, ce qui reste d'Homère après qu'il a passé par Bitaubé.

C'est le style qui fait la durée de l'œuvre et l'immortalité du poëte. La belle expression embellit la belle pensée et la conserve : c'est tout à la fois une parure et une armure. Le style sur l'idée, c'est l'émail sur la dent.

Dans tout grand écrivain il doit y avoir un grand grammairien, comme un grand algébriste dans tout grand astronome. Pascal contient Vaugelas ; Lagrange contient Bezout.

Aussi l'étude de la langue est-elle aujourd'hui, autant que jamais, la première condition pour tout artiste qui veut que son œuvre naisse viable. Cela est admirablement compris maintenant par les nouvelles générations littéraires. Nous voyons avec joie que les jeunes écoles de peinture et de sculpture, si haut placées à cette heure, comprennent de leur côté combien est importante pour elles aussi la science de leur langue, qui est le dessin. Le dessin ! le dessin ! c'est la loi première de tout art. Et ne croyez pas que cette loi retranche rien à la liberté, à la fantaisie, à la nature. Le dessin n'est ennemi ni de la chair ni de la couleur. Quoi qu'en disent les exclusifs et les incomplets, le dessin ne fait obstacle ni à Puget, ni à Rubens. Aujourd'hui donc, dans toutes les directions de l'activité intellectuelle, sculpture, peinture ou poésie, que tous ceux qui ne savent pas dessiner l'apprennent. Le style est la clef de l'avenir. Sans le style et sans le dessin, vous pourrez avoir le succès du moment, l'applaudissement, le bruit, la fanfare, les couronnes, l'acclamation enivrée des multitudes : vous n'aurez pas le vrai triomphe, la vraie gloire, la vraie conquête, le vrai laurier. Comme dit Cicéron, *insignia victoriæ, non victoriam*.

Sévérité donc et grandeur dans la forme ; et, pour que l'œuvre soit complète, grandeur et sévérité dans le fond. Telle est la loi actuelle de l'art ; sinon il aura peut-être le présent, mais il n'aura pas l'avenir.

Dans le drame surtout, le fond importe, non moins certes que la forme. Et ici s'il nous était permis de nous citer nous-même, nous transcririons ce que nous disions il y a un an dans la préface d'une pièce récemment jouée : « L'auteur de ce
» drame sait combien c'est une grande et sérieuse chose que
» le théâtre ; il sait que le drame, sans sortir des limites im-
» partiales de l'art, a une mission nationale, une mission so-
» ciale, une mission humaine. Quand il voit chaque soir ce

» peuple si intelligent et si avancé, qui a fait de Paris la cité
» centrale du progrès, s'entasser en foule devant un rideau
» que sa pensée, à lui chétif poëte, va soulever le moment
» d'après, il sent combien il est peu de chose, lui, devant tant
» d'attente et de curiosité; il sent que si son talent n'est rien,
» il faut que sa probité soit tout; il s'interroge avec sévérité et
» recueillement sur la portée philosophique de son œuvre; car
» il se sait responsable, et il ne veut pas que cette foule puisse
» lui demander compte un jour de ce qu'il lui aura enseigné.
» Le poëte aussi a charge d'âmes. Il ne veut pas que la multi-
» tude sorte du théâtre sans emporter avec elle quelque morale
» austère et profonde. Aussi espère-t-il bien, Dieu aidant, ne
» développer jamais sur la scène (du moins tant que dureront
» les temps sérieux où nous sommes) que des choses pleines
» de leçons et de conseils. Il fera toujours apparaître volontiers
» le cercueil dans la salle du banquet, la prière des morts à
» travers les refrains de l'orgie, la cagoule à côté du masque.
» Il laissera quelquefois le carnaval débraillé chanter à tue-
» tête sur l'avant-scène; mais il lui criera du fond du théâtre :
» *Memento quia pulvis es!* Il sait bien que l'art seul, l'art pur,
» l'art proprement dit, n'exige pas tout cela du poëte; mais il
» pense qu'au théâtre surtout, il ne suffit pas de remplir seu-
» lement les conditions de l'art. »

Le théâtre, nous le répétons, est une chose qui enseigne et qui civilise. Dans nos temps de doute et de curiosité, le théâtre est devenu pour les multitudes, ce qu'était l'église au moyen âge, le lieu attrayant et central. Tant que ceci durera, la fonction du poëte dramatique sera plus qu'une magistrature et presque un sacerdoce. Il pourra faillir comme homme; comme poëte, il devra être pur, digne et sérieux.

Désormais, à notre avis, au point de maturité où cette époque est venue, l'art, quoi qu'il fasse, dans ses fantaisies les plus flottantes et les plus échevelées, dans ses calques les plus sévères de la nature, dans ses créations les plus échafaudées sur des rêves hors du possible et du réel, dans ses plus délicates explorations de la métaphysique du cœur, dans ses plus larges peintures de la passion, de la passion chaude, vivante et irréfléchie ; l'art, et en particulier le drame, qui est aujourd'hui son expression la plus puissante et la plus saisissable à tous, doit avoir sans cesse présente, comme un témoin austère de ses travaux, la pensée du temps où nous vivons, la responsabilité qu'il encourt, la règle que la foule demande et attend de partout, la pente des idées et des événements sur laquelle notre époque est lancée, la perturbation fatale qu'un pouvoir spirituel mal dirigé pourrait causer au milieu de cet ensemble de forces qui élaborent en commun, les unes au grand jour, les autres dans l'ombre, notre civilisation future. L'art d'à présent ne doit plus chercher seulement le beau, mais encore le bien.

Ce n'est pas d'ailleurs que nous soyons le moins du monde partisan de l'*utilité directe* de l'art, théorie puérile émise dans ces derniers temps par des sectes philosophiques qui n'avaient pas étudié le fond de la question. Le drame, œuvre d'avenir et de durée, ne peut que tout perdre à se faire le prédicateur immédiat des trois ou quatre vérités d'occasion que la polémique des partis met à la mode tous les cinq ans. Les partis ont besoin d'enlever une position politique. Ils prennent les deux ou trois idées qui leur sont nécessaires pour cela, et, avec ces idées, ils creusent le sol nuit et jour autour du pouvoir. C'est un siége en règle. La tranchée, les épaulements, la sape et la mine. Un beau jour les partis donnent l'assaut comme en juillet 1789, ou le pouvoir fait une sortie comme en juillet 1830, et la position est prise. Une fois la forteresse enlevée, les travaux du siége sont abandonnés, bien entendu ; rien ne paraît plus inutile, plus déraisonnable et plus absurde que les travaux d'un siége quand la ville est prise ; on comble les tranchées, la charrue passe sur les sapes, et les fameuses vérités politiques qui avaient servi à bouleverser toute cette plaine, vieux outils, sont jetés là et oubliés à terre jusqu'à ce qu'un historien chercheur ait la bonté de les ramasser et de les classer dans sa collection des erreurs et des illusions de l'humanité. Si quelque œuvre d'art a eu le malheur de faire cause commune avec les *vérités politiques*, et de se mêler à elles dans le combat, tant pis pour l'œuvre d'art : après la victoire elle sera hors de service, rejetée comme le reste, et ira se rouiller dans le tas. Disons-le donc bien haut, toutes les larges et éternelles vérités qui constituent chez tous les peuples et dans tous les temps le fond même des sentiments humains, voilà la matière première de l'art, de l'art immortel et divin; mais il n'y a pas de matériaux pour lui dans ces constructions expédientes que la stratégie des partis multiplie, selon ses besoins, sur le terrain de la petite guerre politique. Les idées utiles ou vraies un jour ou deux, avec lesquelles les partis enlèvent une position, ne constituent pas plus un système coordonné de vérités sociales ou philosophiques que les zigzags et les parallèles qui ont servi à forcer une citadelle ne sont des rues et des chemins.

Le produit le plus notable de l'*art utile*, de l'art enrôlé, discipliné et assaillant, de l'art prenant fait et cause dans le détail des querelles politiques, c'est le drame-pamphlet du dix-huitième siècle, la *tragédie philosophique*, poëme bizarre où la tirade obstrue le dialogue, où la maxime remplace la pensée; œuvre de dérision et de colère qui s'évertue étourdiment à battre en brèche une société dont les ruines l'enterreront. Certes, bien de l'esprit, bien du talent, bien du génie a été dépensé dans ces drames faits exprès qui ont démoli la Bastille; mais la postérité ne s'en inquiétera pas. C'est une pauvre besogne à ses yeux que d'avoir mis en tragédie la préface de l'*Encyclopédie*. La postérité s'occupera encore moins de la tragédie politique de la restauration, qu'a engendrée la tragédie philosophique du dix-huitième siècle, comme la maxime a engendré l'allusion. Tout cela a été fort applaudi de son temps, et est fort oublié du nôtre. Il faut, après tout, que l'art soit son propre but à lui-même, et qu'il enseigne, qu'il moralise, qu'il civilise et qu'il édifie chemin faisant, mais sans se détourner, et tout en allant devant lui. Plus il sera impartial et calme, plus il dédaignera le passager des questions politiques quotidiennes, plus il s'adaptera grandement à l'homme de tous les temps et de tous les lieux ; plus il aura la forme de l'avenir. Ce n'est pas en se passionnant petitement pour ou contre tel pouvoir ou tel parti qui a deux jours à vivre que le créateur dramatique agira puissamment sur son siècle et sur ses contemporains. C'est par des peintures vraies de la nature éternelle que chacun porte en soi ; c'est en nous prenant, vous, moi, nous, eux tous, par nos irrésistibles sentiments de père, de fils, de mère, de frère et de sœur, d'ami et d'ennemi, d'amant et de maîtresse, d'homme et de femme ; c'est en mêlant la loi de la Providence au jeu de nos passions ; c'est en nous montrant d'où viennent le bien et le mal moral, et où ils mènent ; c'est en nous faisant rire ou pleurer sur des choses qui nous ressemblent, quoique souvent plus grandes, plus choisies et plus idéales que nous ; c'est en sondant avec le *speculum* du génie votre conscience, nos opinions, nos illusions, nos préjugés ; c'est en remuant tout ce qui est dans l'ombre au fond de nos entrailles ; en un mot, c'est en jetant, tantôt par des rayons, tantôt par des éclairs, de larges jours sur le cœur humain, ce chaos d'où le *fiat lux* du poëte tire un monde ! — C'est ainsi, et pas autrement. — Et, nous le répétons, plus le créateur dramatique sera profond, désintéressé, général et universel dans son œuvre, mieux il accomplira sa mission et près des contemporains et près de la postérité. Plus le point de vue du poëte ira s'élargissant, plus le poëte sera grand et vraiment utile à l'humanité. Nous comprenons l'enseignement du poëte dramatique plutôt comme Molière que comme Voltaire, plutôt comme Shakspeare que comme Molière. Nous préférons Tartufe à Mahomet ; nous préférons Iago à Tartufe. A mesure que vous passez d'un de ces trois poëtes à l'autre, voyez comme l'horizon s'agrandit : Voltaire parle à un parti, Molière parle à la société, Shakspeare parle à l'homme.

Poëtes dramatiques, c'est un homme bien convaincu qui vous conseille ici, que ceux d'entre vous qui sentent en eux quelque chose de puissant, de généreux et de fort, se mettent au-dessus des haines de parti, au-dessus même de leurs propres petites haines personnelles, s'ils en ont. Ne soyez ni de l'opposition ni du pouvoir, soyez de la société, comme Molière, et de l'humanité, comme Shakspeare. Ne prenez part aux révolutions matérielles que par les révolutions intellectuelles. N'ameutez pas des passions d'un jour autour de votre œuvre immortelle. Puisez profondément vos tragédies dans l'histoire, dans l'invention, dans le passé, dans le présent, dans votre cœur, dans le cœur des autres, et laissez à de moins dignes le drame de libelle, de personnalité et de scandale, comme vous laissez aux fabricants de littérature le drame de pacotille, le drame marchandise, le drame prétexte à décorations. Que votre œuvre soit haute et grande, et vivante, et féconde, et aille toujours au fond des âmes! La belle gloire de courtiser des opinions qui se laissent faire, bien entendu, et qui vous donnent un applaudissement pour une caresse! Inspirez-vous donc plutôt, si vous voulez la vraie renommée et la vraie puissance, des passions purement humaines, qui sont éternelles, que des passions politiques, qui sont passagères. Soyez plus fiers d'un vers proverbe que d'un vers cocarde.

Attirer la foule à un drame comme l'oiseau à un miroir; passionner la multitude autour de la glorieuse fantaisie du poëte, et faire oublier au peuple le gouvernement qu'il a pour l'instant; faire pleurer les femmes sur une femme, les mères sur une mère, les hommes sur un homme; montrer, quand l'occasion s'en présente, le beau moral sous la difformité physique; pénétrer sous toutes les surfaces pour extraire l'essence de tout; donner aux grands le respect des petits, et aux petits la mesure des grands; enseigner qu'il y a souvent un peu de mal dans les meilleurs, et presque toujours un peu de bien dans les pires, et, par là, inspirer aux mauvais l'espérance, et l'indulgence aux bons; tout ramener, dans les événements de la vie possible, à ces grandes lignes providentielles ou fatales entre lesquelles se meut la liberté humaine; profiter de l'attention des masses pour leur enseigner à leur insu, à travers le plaisir que vous leur donnez, les sept ou huit grandes vérités sociales, morales ou philosophiques, sans lesquelles elles n'auraient pas l'intelligence de leur temps : voilà, à notre avis, pour le poëte, la vraie utilité, la vraie influence, la vraie collaboration dans l'œuvre civilisatrice. C'est par cette voix magnifique et large, et non par la tracasserie politique, qu'un art devient un pouvoir.

Afin d'atteindre à ce but, il importe que le théâtre conserve des proportions grandes et pures. Il ne faut pas que le drame du siècle de Napoléon ait une configuration moins auguste que la tragédie de Louis XIV. Son influence sur les masses d'ailleurs sera toujours en raison directe de sa propre élévation et de sa propre dignité. Plus le drame sera placé haut, plus il sera vu de loin. C'est pourquoi, disons-le ici en passant, il est à souhaiter que les hommes de talent n'oublient pas l'excellence du grandiose et de l'idéal, dans tout art qui s'adresse aux masses. Les masses ont l'instinct de l'idéal. Sans doute c'est un des principaux besoins du poëte contemporain de peindre la société contemporaine, et ce besoin a déjà produit de notables ouvrages; mais il faut se garder de faire prévaloir sur le haut drame universel la prosaïque tragédie de boutique et de salon, pédestre, laide, maniérée, épileptique, sentimentale et pleureuse. Le bourgeois n'est pas le populaire. Ne dégringolons pas de Shakspeare à Kotzebue.

L'art est grand. Quel que soit le sujet qu'il traite, qu'il s'adresse au passé ou au contemporain, lors même qu'il mêle le rire et l'ironie au groupe sévère des vices, des vertus, des crimes et des passions, l'art doit être grave, candide, moral et religieux. Au théâtre surtout, il n'y a que deux choses auxquelles l'art puisse dignement aboutir, Dieu et le peuple. Dieu d'où tout vient, le peuple où tout va; Dieu qui est le principe, le peuple qui est la fin. Dieu manifesté au peuple, la Providence expliquée à l'homme, voilà le fond un et simple de toute tragédie, depuis *OEdipe roi* jusqu'à *Macbeth*. La Providence est le centre des drames comme des choses. Dieu est le grand milieu. *Deus centrum et locus rerum*, dit Filesac.

En se conformant aux diverses lois que nous venons d'énumérer, avec le regret de ne pouvoir, faute de temps, développer davantage nos idées, on comprendra que la mission du théâtre peut être grande dans l'époque où nous vivons. C'est une belle tâche de ramener toute une société des passions artificielles aux passions naturelles. Le drame, tel que nous le concevons, tel que les générations nouvelles nous le donneront, suivra une série de progrès et d'avenir si irrésistible, qu'il prendra peu de souci des chutes et des succès, accidents momentanés qui n'importent qu'au bonheur temporel du poëte et qui ne décident jamais le fond des questions. Loin de là, il grandira souvent plus par un revers que par une victoire. Le drame que veut notre temps sera bien placé vis-à-vis du peuple, bien placé vis-à-vis du pouvoir. Il ne se laissera ôter sa liberté ni par la foule, que la mode entraîne quelquefois, ni par les gouvernements, qu'un égoïsme mesquin conseille trop souvent. Sûr de sa conscience, fort de sa dignité, il saura dans l'occasion dire son fait au pouvoir, si le pouvoir était assez gauche et assez maladroit pour se laisser reprendre en flagrant délit de censure, comme cela lui est arrivé il y a dix-huit mois, à l'époque de la chute d'une pièce intitulée *le Roi s'amuse*.

Ainsi, pour résumer ce que nous avons dit : grandeur et sévérité dans l'intention, grandeur et sévérité dans l'exécution, voilà les conditions selon lesquelles doit se développer, s'il veut vivre et régner, le drame contemporain. Moral par le fond. Littéraire par la forme. Populaire par la forme et par le fond.

Et, puisqu'il résulte de tout ce que nous venons d'écrire que l'art et le théâtre doivent être populaires, qu'on nous permette, pour terminer, d'expliquer en deux mots notre pensée, tout en déclarant que par cette explication nous ne prétendons infirmer ni restreindre rien de ce que nous avons dit plus haut. Sans doute la popularité est le complément magnifique des conditions d'un art bien rempli ; mais, en ceci comme en tout, qui n'a que la popularité n'a rien. Et puis, entre popularité et popularité il faut distinguer. Il y a une popularité misérable qui n'est dévolue qu'au banal, au trivial, au commun. Rien de plus populaire en ce sens que la chanson : *Au clair de la lune*, et : ***Ah ! qu'on est fier d'être Français !*** Cette popularité n'est que de la vulgarité. L'art la dédaigne. L'art ne recherche l'influence populaire sur les contemporains qu'autant qu'il peut l'obtenir en restant dans ses conditions d'art. Et si par hasard cette influence lui est refusée, ce qui est rare en tout temps et en particulier impossible dans le nôtre, il y a pour lui une autre popularité qui se forme du suffrage successif du petit nombre d'hommes d'élite de chaque génération ; à force de siècles, cela fait une foule aussi ; c'est là, il faut bien le dire, le vrai peuple de génie. En fait de masses, le génie s'adresse encore plus aux siècles qu'aux multitudes, aux agglomérations d'années qu'aux agglomérations d'hommes. Cette lente consécration des temps fait ces grands noms, souvent moqués des contemporains, cela est vrai, mais que la foule, un jour venu, accepte, subit et ne discute plus. Peu d'hommes dans chaque génération lisent avec intelligence Homère, Dante, Shakspeare ; tous s'inclinent devant ces colosses. Les grands hommes sont de hautes montagnes dont la cime reste inhabitée, mais domine toujours l'horizon. Villes, collines, plaines, charrues, cabanes, sont au bas. Depuis cinquante ans, douze hommes seulement ont gravi au haut du mont Blanc. Combien peu d'esprits sont montés sur le sommet de Dante et de Shakspeare ! combien peu de regards ont pu contempler l'immense mappemonde qui se découvre de ces hauteurs ! Qu'importe ! tous les yeux n'en sont pas moins éternellement fixés à ces points culminants du monde intellectuel, montagnes dont la cime est si haute, que le dernier rayon des siècles depuis longtemps couchés derrière l'horizon y resplendit encore !

JOURNAL

DES IDÉES, DES OPINIONS ET DES LECTURES

D'UN JEUNE JACOBITE

DE 1819

HISTOIRE

Chez les anciens, l'occupation d'écrire l'histoire était le délassement des grands hommes historiques : c'était Xénophon, chef des Dix-Mille; c'était Tacite, prince du sénat. Chez les modernes, comme les grands hommes historiques ne savaient pas lire, il fallut que l'histoire se laissât écrire par des lettrés et des savants, gens qui n'étaient savants et lettrés que parce qu'ils étaient restés toute leur vie étrangers aux intérêts de ce bas monde, c'est-à-dire à l'histoire.

De là, dans l'histoire, telle que les modernes l'ont écrite, quelque chose de petit et de peu intelligent.

Il est à remarquer que les premiers historiens anciens écrivirent d'après des traditions, et les premiers historiens modernes d'après des chroniques.

Les anciens, écrivant d'après des traditions, suivirent cette grande idée morale, qu'il ne suffisait pas qu'un homme eût vécu, ou même qu'un siècle eût existé, pour qu'il fût de l'histoire, mais qu'il fallait encore qu'il eût légué de grands exemples à la mémoire des hommes. Voilà pourquoi l'histoire ancienne ne languit jamais. Elle est ce qu'elle doit être, le tableau raisonné des grands hommes et des grandes choses, et non pas, comme on l'a voulu faire de notre temps, le registre de vie de quelques hommes, ou le procès-verbal de quelques siècles.

Les historiens modernes, écrivant d'après des chroniques, ne virent dans les livres que ce qui y était : des faits contradictoires à rétablir et des dates à concilier. Ils écrivirent en savants, s'occupant beaucoup des faits et rarement des conséquences, ne s'étendant pas sur les événements d'après l'intérêt moral qu'ils étaient susceptibles de présenter, mais d'après l'intérêt de curiosité qui leur restait encore, eu égard aux événements de leur siècle. Voilà pourquoi la plupart de nos histoires commencent par des abrégés chronologiques et se terminent par des gazettes.

On a calculé qu'il faudrait huit cents ans à un homme qui lirait quatorze heures par jour pour lire seulement les ouvrages écrits sur l'histoire qui se trouvent à la Bibliothèque royale : et parmi ces ouvrages il faut en compter plus de vingt mille, la plupart en plusieurs volumes, sur la seule histoire de France, depuis MM. Royou, Fantin-Desodoards et Anquetil, qui ont donné des histoires complètes, jusqu'à ces braves chroniqueurs Froissart, Comines et Jean de

Bossuet.

LITTÉRATURE, ETC.

Troyes, par lesquels nous savons que *ung tel jour le roi estoit malade* et que *ung tel autre jour ung homme se noya dans la Seine.*

Parmi ces ouvrages, il en est quatre généralement connus sous le nom des quatre grandes Histoires de France : celle de Dupleix, qu'on ne lit plus; celle de Mézeray, qu'on lira toujours, non parce qu'il est aussi exact et aussi vrai que Boileau l'a dit pour la rime, mais parce qu'il est original et satirique, ce qui vaut encore mieux pour des lecteurs français; celle du père Daniel, jésuite fameux par ses descriptions de batailles, qui a fait en vingt ans une histoire où il n'y a d'autre mérite que l'érudition, et dans laquelle le comte de Boulainvilliers ne trouvait guère que dix mille erreurs; et enfin celle de Vély, continuée par Villaret et Garnier.

« Il y a des morceaux bien faits dans Vély, » dit Voltaire, dont les jugements sont précieux; « on lui doit
» des éloges et de la reconnaissance; mais il faudrait
» avoir le style de son sujet, et pour faire une bonne
» histoire de France il ne suffit pas d'avoir du discer-
» nement et du goût. »

Villaret, qui avait été comédien, écrit d'un style prétentieux et ampoulé; il fatigue par une affectation continuelle de sensibilité et d'énergie; il est souvent inexact et rarement impartial. Garnier, plus raisonnable, plus instruit, n'est guère meilleur écrivain; sa manière est terne, son style est lâche et prolixe. Il n'y a entre Garnier et Villaret que la différence du médiocre au pire; et, si la première condition de vie pour un ouvrage doit être de se faire lire, le travail de ces deux auteurs peut être à juste titre regardé comme non avenu.

Au reste, écrire l'histoire d'une seule nation, c'est œuvre incomplète, sans tenants et sans aboutissants, et par conséquent manquée et difforme. Il ne peut y avoir de bonnes histoires locales que dans les compartiments bien proportionnés d'une histoire générale. Il n'y a que deux tâches dignes d'un historien dans ce monde : la chronique, le journal, ou l'histoire universelle. Tacite ou Bossuet.

Sous un point de vue restreint, Comines a écrit une assez bonne histoire de France en six lignes :
« Dieu n'a créé aucune chose en ce monde, ny
» hommes, ny bestes, à qui il n'ait fait quelque chose
» son contraire, pour la tenir en crainte et en humi-
» lité. C'est pourquoi il a fait France et Angleterre
» voisines. »

———

La France, l'Angleterre et la Russie sont de nos jours les trois géants de l'Europe. Depuis nos récentes commotions politiques, ces colosses ont chacun une attitude particulière : l'Angleterre se soutient, la France se relève, la Russie se lève. Ce dernier empire, jeune encore au milieu du vieux continent, grandit depuis un siècle avec une rapidité singulière. Son avenir est d'un poids immense dans nos destinées. Il n'est pas impossible que sa *barbarie* vienne un jour retremper notre civilisation, et le sol russe semble tenir en réserve des populations sauvages pour nos régions policées.

Cet avenir de la Russie, si important aujourd'hui pour l'Europe, donne une haute importance à son passé. Pour bien deviner ce que sera ce peuple, on doit étudier soigneusement ce qu'il a été. Mais rien de plus difficile qu'une pareille étude. Il faut marcher comme perdu au milieu d'un chaos de traditions confuses, de récits incomplets, de contes, de contradictions, de chroniques tronquées. Le passé de cette nation est aussi ténébreux que son ciel, et il a des déserts dans ses annales comme dans son territoire.

Ce n'est donc pas une chose aisée à faire qu'une bonne histoire de Russie. Ce n'est pas une médiocre entreprise que de traverser cette nuit des temps, pour aller, parmi tant de faits et de récits qui se croisent et se heurtent, à la découverte de la vérité. Il faut que l'écrivain saisisse hardiment le fil de ce dédale; qu'il en débrouille les ténèbres; que son érudition laborieuse jette de vives lumières sur toutes les sommités de cette histoire. Sa critique consciencieuse et savante aura soin de rétablir les causes en combinant les résultats. Son style fixera les physionomies, encore indécises, des personnages et des époques. Certes, ce n'est point une tâche facile de remettre à flot et de faire repasser sous nos yeux tous ces événements depuis si longtemps disparus du cours des siècles.

L'historien devra, ce nous semble, pour être complet,

donner un peu plus d'attention qu'on ne l'a fait jusqu'ici à l'époque qui précède l'invasion des Tartares, et consacrer tout un volume peut-être à l'histoire de ces tribus vagabondes qui reconnaissent la souveraineté de la Russie. Ce travail jetterait sans doute un grand jour sur l'ancienne civilisation qui a probablement existé dans le Nord, et l'historien pourrait s'y aider des savantes recherches de M. Klaproth.

Lévesque a déjà raconté, il est vrai, en deux volumes, ajoutés à son long ouvrage, l'histoire de ces peuplades tributaires; mais cette matière attend encore un véritable historien. Il faudrait aussi traiter avec plus de développement que Lévesque, et surtout avec plus de sincérité, certaines époques d'un grand intérêt, comme le règne fameux de Catherine. L'historien digne de ce nom flétrirait avec le fer chaud de Tacite et la verge de Juvénal cette courtisane couronnée, à laquelle les altiers sophistes du dernier siècle avaient voué un culte qu'ils refusaient à leur Dieu et à leur roi; cette reine régicide qui avait choisi pour ses tableaux de boudoir un massacre[1] et un incendie[2].

Sans nul doute, une bonne histoire de Russie éveillerait vivement l'attention. Les destins futurs de la Russie sont aujourd'hui le champ ouvert à toutes les méditations. Ces terres du septentrion ont déjà

---

[1] Le massacre des Polonais dans le faubourg de Praga.

[2] L'incendie de la flotte ottomane dans la baie de Tchesmé.

Ces deux peintures étaient les seules qui décorassent le boudoir de Catherine.

plusieurs fois jeté le torrent de leurs peuples à travers l'Europe. Les Français de ce temps ont vu, entre autres merveilles, paître dans les gazons des Tuileries des chevaux qui avaient coutume de brouter l'herbe au pied de la grande muraille de la Chine; et des vicissitudes inouïes dans le cours des choses ont réduit de nos jours les nations méridionales à adresser à un autre Alexandre le vœu de Diogène : *Retire-toi de notre soleil!*

———

Il y aurait un livre curieux à faire sur la condition des juifs au moyen âge. Ils étaient bien haïs, mais ils étaient bien odieux; ils étaient bien méprisés, mais ils étaient bien vils. Le peuple déicide était aussi un peuple voleur. Malgré les avis du rabbin Beccaï[1], ils ne se faisaient aucun scrupule de piller les *nazaréens*, ainsi qu'ils nommaient les chrétiens; aussi étaient-ils souvent les victimes de leur propre cupidité. Dans la première expédition de Pierre l'Hermite,

---

[1] Ce sage docteur voulait empêcher les juifs d'être subjugués par les chrétiens. Voici ses paroles, qu'on ne sera peut-être pas fâché de retrouver : *Les sages défendent de prêter de l'argent à un chrétien, de peur que le créancier ne soit corrompu par le débiteur; mais un juif peut emprunter d'un chrétien sans crainte d'être séduit par lui, car le débiteur évite toujours son créancier.* Juif complet, qui met l'expérience de l'usurier au service de la doctrine du rabbin.

des croisés, emportés par le zèle, firent le vœu d'égorger tous les juifs qui se trouveraient sur leur route, et ils le remplirent. Cette exécution était une représaille sanglante des bibliques massacres commis par les juifs. Suarez observe seulement que *les Hébreux avaient souvent égorgé leurs voisins par une piété bien entendue, et que les croisés massacraient les Hébreux par* UNE PIÉTÉ MAL ENTENDUE.

Voilà un échantillon de haine; voici un échantillon de mépris.

En 1262, une mémorable conférence eut lieu, devant le roi et la reine d'Aragon, entre le savant rabbin Zéchiel et le frère Paul Ciriaque, dominicain très-érudit. Quand le docteur juif eut cité le Toldos Jeschut, le Targum, les archives du sanhédrin, le Nissachon Vetus, le Talmud, etc., la reine finit la dispute en lui demandant *pourquoi les juifs puaient.* Il est vrai que cette haine et ce mépris s'affaiblirent avec le temps. En 1687, on imprima les controverses de l'Israélite Orobio et de l'Arménien Philippe Limborch, dans lesquelles le rabbin présente des objections au très-illustre et très-savant chrétien, et où le chrétien réfute les assertions du très-savant et très-illustre juif. On vit dans le même dix-septième siècle le professeur Rittangel, de Kœnigsberg, et Antoine, ministre chrétien à Genève, embrasser la loi mosaïque; ce qui prouve que la prévention contre les juifs n'était plus aussi forte à cette époque.

Aujourd'hui il y a fort peu de juifs qui soient juifs, fort peu de chrétiens qui soient chrétiens. On ne mé-

prise plus, on ne hait plus, parce qu'on ne croit plus.
Immense malheur! Jérusalem et Salomon, choses
mortes! Rome et Grégoire VII, choses mortes! Il y a
Paris et Voltaire.

L'homme masqué qui se fit si longtemps passer
pour dieu dans la province de Khorassan, avait d'abord été greffier de la chancellerie d'Abou Moslem,
gouverneur de Khorassan, sous le kalife Almanzor.
D'après l'auteur du *lobbtarikh*, il se nommait Hakem
ben Haschem. Sous le règne du khalife Mahadi,
troisième Abbasside, vers l'an 160 de l'hégire, — il
se fit soldat, puis devint capitaine et chef de secte.
La cicatrice d'un fer de flèche ayant rendu son visage
hideux, il prit un voile et fut surnommé *Burcâi*, —
voilé. — Ses adorateurs étaient convaincus que ce
voile ne servait qu'à leur cacher la splendeur foudroyante de son visage. Khondemir, qui s'accorde
avec Ben Schahnah pour le nommer Hakem ben
Atha, lui donna le titre de Mocannâ, — *masqué* en
arabe, — et prétend qu'il portait un masque d'or.
Observons, en passant, qu'un poëte irlandais contemporain a changé le masque d'or en un voile d'argent. Abou Giafar al Thabari donne un exposé de sa
doctrine. Cependant la rébellion de cet imposteur
devenant de plus en plus inquiétante, Mahadi envoya
à sa rencontre l'émir Abusâid, qui défit le prophète

voilé, le chassa de Mérou et le força à se renfermer dans Nekhscheb, où il était né et où il devait mourir. L'imposteur, assiégé, ranima le courage de son armée fanatique par des miracles qui semblent encore incroyables. Il faisait sortir toutes les nuits du fond d'un puits un globe lumineux qui, suivant Khondemir, jetait sa clarté à plusieurs milles à la ronde; ce qui le fit surnommer Sazendèh Mah, le *faiseur de lunes*. Enfin, réduit au désespoir, il empoisonna le reste de ses séides dans un banquet, et, afin qu'on le crût remonté au ciel, il s'engloutit lui-même dans une cuve remplie de matières corrosives. Ben Schahnah assure que ses cheveux surnagèrent et ne furent pas consumés. Il ajoute qu'une de ses concubines, qui s'était cachée pour se dérober au poison, survécut à cette destruction générale, et ouvrit les portes de Nekhscheb à Abusâid. Le prophète masqué, que d'ignorants chroniqueurs ont confondu avec le Vieux de la Montagne, avait choisi pour ses drapeaux la couleur blanche, en haine des Abbassides, dont l'étendard était noir. Sa secte subsista longtemps après lui, et, par un capricieux hasard, il y eut parmi les Turcomans une distinction de Blancs et de Noirs à la même époque où les Bianchi et les Neri divisaient l'Italie en deux grandes factions.

Voltaire, comme historien, est souvent admirable; il laisse crier les faits. L'histoire n'est pour lui qu'une

longue galerie de médailles à double empreinte. Il la réduit presque toujours à cette phrase de son *Essai sur les mœurs* : « Il y eut des choses horribles, il y en eut de ridicules. » En effet, toute l'histoire des hommes tient là. Puis il ajoute : « L'échanson Montecuculli fut écartelé : voilà l'horrible. Charles-Quint fut déclaré rebelle par le parlement de Paris : voilà le ridicule. » Cependant, s'il eût écrit soixante ans plus tard, ces deux expressions ne lui auraient plus suffi. Lorsqu'il aurait eu dit :
» Le roi de France et trois cent mille citoyens
» furent égorgés, fusillés, noyés... La Convention
» nationale décréta Pitt et Cobourg ennemis du genre
» humain... » quel motifs aurait-il mis au-dessous de pareilles choses ?

Un spectacle curieux, ce serait celui-ci : Voltaire jugeant Marat, la cause jugeant l'effet.

———

Il y aurait pourtant quelque injustice à ne trouver dans les annales du monde qu'horreur et rire. Démocrite et Héraclite étaient deux fous, et leurs deux folies réunies dans le même homme n'en feraient point un sage. Voltaire mérite donc un reproche grave ; ce beau génie écrivit l'histoire des hommes pour lancer un long sarcasme contre l'humanité. Peut-être n'eût-il point eu ce tort s'il se fût borné à la France. Le sentiment national eût émoussé la pointe amère de son esprit. Pourquoi ne pas se faire cette illusion? Il est à remarquer que Hume, Tite-Live, et en général les narrateurs nationaux, sont les plus bénins des historiens. Cette bienveillance, quoique parfois mal fondée, attache à la lecture de leurs ouvrages. Pour moi, bien que l'historien cosmopolite soit plus grand et plus à mon gré, je ne hais pas l'historien patriote. Le premier est plus selon l'humanité. Le second est plus selon la cité. Le conteur domestique d'une nation me charme souvent, même dans sa partialité étroite; et je trouve quelque chose de fier qui me plaît dans ce mot d'un Arabe à Hagyage : « Je ne sais que des histoires de mon pays. »

Voltaire a toujours l'ironie à sa gauche et sous sa main, comme les marquis de son temps ont toujours l'épée au côté. C'est fin, brillant, luisant, poli, joli, c'est monté en or, c'est garni en diamants, mais cela tue.

Il est des convenances de langage qui ne sont révélées à l'écrivain que par l'esprit de nation. Le mot *barbares*, qui sied à un Romain parlant des Gaulois, sonnerait mal dans la bouche d'un Français. Un historien étranger ne trouverait jamais certaines expressions qui sentent l'homme du pays. Nous disons que Henri IV gouverna son peuple avec une bonté paternelle; une inscription chinoise, traduite par les jésuites, parle d'un empereur qui régna avec une bonté *maternelle*. Nuance toute chinoise et toute charmante.

A UN HISTORIEN

Vos descriptions de batailles sont bien supérieures aux tableaux poudreux et confus, sans perspective, sans dessin et sans couleur, que nous a laissés Mézeray, et aux interminables bulletins du père Daniel; toutefois vous nous permettrez une observation dont nous croyons que vous pourrez profiter dans la suite de votre ouvrage.

Si vous vous êtes rapproché de la manière des anciens, vous ne vous êtes pas encore assez dégagé de la routine des historiens modernes; vous vous arrêtez trop aux détails, et vous ne vous attachez pas assez à peindre les masses. Que nous importe en effet que Brissac ait exécuté une charge contre d'Andelot, que Lanoue ait été renversé de cheval, et que Montpensier ait passé le ruisseau? La plupart de ces noms, qui apparaissent là pour la première fois dans le cours de l'ouvrage, jettent de la confusion dans un endroit où l'auteur ne saurait être trop clair et lorsqu'il devrait entraîner l'esprit par une succession rapide de tableaux.

Le lecteur s'arrête à chercher à quel parti tels ou tels noms appartiennent, pour pouvoir suivre le fil de l'action. Ce n'est point ainsi qu'en usait Polybe, et après lui Tacite, les deux premiers peintres de batailles de l'antiquité. Ces grands historiens commencent par nous donner une idée exacte de la position des deux armées par quelque image sensible tirée de l'ordre physique : l'armée était rangée en demi-cercle, elle avait la forme d'un aigle aux ailes étendues; ensuite viennent les détails. Les Espagnols formaient la première ligne, les Africains la seconde, les Numides étaient jetés aux deux ailes, les éléphants marchaient en tête, etc. Mais, nous vous le demandons à vous-même, si nous lisions dans Tacite : Vibulenus exécute une charge contre Rusticus, Lentulus est renversé de cheval, Civilis passe le ruisseau, il serait très-possible que ce petit bulletin eût paru très-clair et très-intéressant aux contemporains, mais nous doutons fort qu'il eût trouvé le même degré de faveur auprès de la postérité. Et c'est une erreur dans laquelle sont tombés la plupart des historiens modernes; l'habitude de lire les chroniques leur rend familiers les personnages inférieurs de l'histoire, qui ne doivent point y paraître ; le désir de tout dire, lorsqu'ils ne devraient dire que ce qui est intéressant, les leur fait employer comme acteurs dans les occasions les plus importantes. De là vient qu'ils nous donnent des descriptions qu'ils comprennent fort bien, eux et les érudits, parce qu'ils connaissent les masques, mais dans lesquelles la plupart des lecteurs, qui ne sont pas obligés d'avoir lu les chroniques pour pouvoir lire l'histoire, ne voient guère autre chose que des noms et de l'ennui. En général, il ne faut dire à la postérité que ce qui peut l'intéresser. Et pour intéresser la postérité, il ne suffit pas d'avoir bien exécuté une charge ou d'avoir été renversé de cheval, il faut avoir combattu de la main et des dents comme Cynégire, être mort comme d'Assas, ou avoir embrassé les piques comme Vinkelried.

EXTRAIT DU COURRIER FRANÇAIS

DU JEUDI 14 SEPTEMBRE 1792, — IV DE LA LIBERTÉ, N° 257

« La municipalité d'Herespian, département de l'Hérault, a signifié à M. François, son pasteur, qu'elle entendait à l'avenir avoir un curé qui ne fût pas célibataire. Le curé François a répondu d'une manière qui a surpassé les espérances de ses paroissiens. Il entend, lui, avoir cinq enfants : le premier s'appellera *J.-J. Rousseau;* le second, *Mirabeau;* le troisième *Pétion;* le quatrième, *Brissot;* le cinquième, *Club-des-Jacobins.* Le bon curé léguera son patriotisme à ses enfants, et il les remettra aux soins de la patrie, qui veille sur tous les citoyens vertueux. »

APRÈS UNE LECTURE DU MONITEUR

Proëthès et Cyestris, vieux philosophes dont on ne parle plus, que je sache, soutinrent jadis contradictoirement une thèse à peu près oubliée de nos jours. Il s'agissait de savoir s'il était possible à l'homme de rire à gorge déployée et de pleurer à chaudes larmes tout à la fois. Cette querelle resta sans décision et ne fit que rendre un peu plus irréconciliables les disciples d'Héraclite et les sectateurs de Démocrite. Depuis 1789, la question est résolue affirmativement; je connais un in-folio qui opère ce phénomène, et il est convenable que la solution d'une dispute philosophique se trouve dans un in-folio. Cet in-folio est le *Moniteur*. Vous qui voulez rire, ouvrez le *Moniteur*; vous qui voulez pleurer, ouvrez le *Moniteur*; vous qui voulez rire et pleurer tout ensemble, ouvrez encore le *Moniteur*.

Quelque bonne volonté que l'on apporte à juger l'époque de notre régénération, on ne peut s'empêcher de trouver singulière la façon dont cet âge de raison préparait notre âge de lumières. Les académies, colléges des lettres, étaient détruites; les universités, séminaires des sciences, étaient dissoutes; les inégalités de génie et de talent étaient punies de mort, comme les inégalités de rang et de fortune. Cependant il se trouvait encore, pour célébrer la ruine des arts, des orateurs éclos dans les tavernes, des poëtes vomis des échoppes. Sur nos théâtres, d'où étaient bannis les chefs-d'œuvre, on hurlait d'atroces rapsodies de circonstance, ou de dégoûtants éloges des vertus dites civiques. Je viens de tomber, en ouvrant le *Moniteur* au hasard, sur les spectacles du 4 octobre 1793; cette affiche justifie du reste les réflexions qu'elle m'a suggérées :

« THÉATRE DE L'OPÉRA-COMIQUE NATIONAL. — La
» première représentation de : *la Fête civique*, co-
» médie en cinq actes.

» THÉATRE NATIONAL. — *La Journée de Marathon,
» ou le Triomphe de la Liberté*, pièce héroïque en
» quatre actes.

» THÉATRE DU VAUDEVILLE. — *La Matinée et la
» Veillée villageoises, le Divorce, l'Union villageoise.*

» THÉATRE DU LYCÉE DES ARTS. — *Le Retour de la
» flotte nationale.*

» THÉATRE DE LA RÉPUBLIQUE. — *Le Divorce tartare*,
» comédie en cinq actes.

» THÉATRE-FRANÇAIS, COMIQUE ET LYRIQUE. — *Buzot,
» roi du Calvados.* »

En ces dix lignes littéraires, la révolution est caractérisée. Les lois immorales dignement vantées dans d'immorales parades ; des opéras-comiques sur les morts. Cependant je n'aurais point dû prostituer le noble nom de poëtes aux auteurs de ces farces lugubres : la guillotine, et non le théâtre, était alors pour les poëtes.

Après l'odieux vient le risible. Tournez la page. Vous êtes à une séance des Jacobins. En voici le début :
« La section de la Croix-Rouge, craignant que cette
» dénomination ne perpétue le poison du fanatisme,
» déclare au conseil qu'elle y substituera celle de la
» section du Bonnet-Rouge... » Je proteste que la citation est exacte.

Veut-on à la fois de l'atroce et du ridicule ? Qu'on lise une lettre du représentant Dumont à la Convention, en date du 1er octobre 1793 : « Citoyens collè-
» gues, je vous marquais, il y a deux jours, la cruelle
» situation dans laquelle se trouvaient les sans-culottes
» de Boulogne et la criminelle gestion des administra-
» teurs et officiers municipaux. Je vous en dis autant
» de Montreuil, et j'ai usé en cette dernière ville de
» mon excellent remède, — la guillotine. — Après avoir
» ainsi agi au gré de tous les patriotes, j'ai eu le doux
» avantage d'entendre, comme à Montreuil, les cris ré-
» pétés de *Vive la Montagne!* Quarante-quatre char-
» rettes ont emmené devant moi les personnes... »

Le *Moniteur*, livre si fécond en méditations, est à peu près le seul avantage que nous ayons retiré de trente ans de malheurs. Notre révolution de boue et de sang a laissé un monument unique et indélébile, un monument d'encre et de papier.

L'hermine de premier président du parlement de Paris fut plus d'une fois ensanglantée par des meurtres populaires ou juridiques; et l'histoire recueillera ce fait singulier, que le premier titulaire de cette charge, Simon de Bucy, pour qui elle fut instituée en 1440, et le dernier qui en fut revêtu, Bochard de Saron, furent tous deux victimes des troubles révolutionnaires. Fatalité digne de méditation!

Tout historien qui se laisse faire par l'histoire, et qui n'en domine pas l'ensemble, est infailliblement submergé sous les détails.

Sindbad le marin, ou je ne sais quel autre personnage des *Mille et une Nuits*, trouva un jour, au bord d'un torrent, un vieillard exténué qui ne pouvait passer. Sindbad lui prêta le secours de ses épaules, et le bonhomme, s'y cramponnant alors avec une vigueur diabolique, devint tout à coup le plus impérieux des maîtres et le plus opiniâtre des écuyers. Voilà, à mon sens, le cas de tout homme aventureux qui s'avise de prendre le temps passé sur son dos pour lui faire traverser le Léthé, c'est-à-dire d'écrire l'histoire. Le quinteux vieillard lui trace, avec une capricieuse minutie, une route tortueuse et difficile; si l'esclave obéit à tous ses écarts, et n'a pas la force de se faire un chemin plus droit et plus court, il le noie malicieusement dans le fleuve.

FRAGMENTS DE CRITIQUE

A PROPOS D'UN LIVRE POLITIQUE ÉCRIT PAR UNE FEMME

Décembre 1819.

I

Le Baile Molino demandant un jour au fameux Ahmed-Pacha pourquoi Mahomet défendait le vin à ses disciples : Pourquoi il nous le défend? s'écria le vainqueur de Candie; c'est pour que nous trouvions plus de plaisir à le boire. Et, en effet, la défense assaisonne. C'est ce qui donne la pointe à la sauce, dit Montaigne; et, depuis Martial, qui chantait à sa maîtresse : *Galla, nega, satiatur amor*, jusqu'à ce grand Caton, qui regretta sa femme quand elle ne fut plus à lui, il n'est aucun point sur lequel les hommes de tous les temps et de tous les lieux se soient montrés aussi souvent les vrais et dignes enfants de la bonne Ève.

Je ne voudrais donc pas qu'on défendît aux femmes d'écrire; ce serait en effet le vrai moyen de leur faire prendre la plume à toutes. Bien au contraire, je voudrais qu'on le leur ordonnât expressément, comme à ces savants des universités d'Allemagne qui remplissaient l'Europe de leurs doctes commentaires, et dont on n'entend plus parler depuis qu'il leur est enjoint de faire un livre au moins par an.

Et, en effet, c'est une chose bien remarquable et bien peu remarquée, que la progression effrayante suivant laquelle l'esprit féminin s'est depuis quelque temps développé. Sous Louis XIV, on avait des amants, et l'on traduisait Homère; sous Louis XV, on n'avait plus que des amis, et l'on commentait Newton; sous Louis XVI, une femme s'est rencontrée qui corrigeait Montesquieu à un âge où l'on ne sait encore que faire des robes à une poupée. Je le demande, où en sommes-nous? où allons-nous? que nous annoncent ces prodiges? quelles sont ces nouvelles révolutions qui se préparent?

Il y a une idée qui me tourmente, une idée qui nous a souvent occupés, mes vieux amis et moi; idée si simple, si naturelle, que si une chose m'étonne, c'est qu'on ne s'en soit pas encore avisé, dans un siècle où il semble que l'on s'avise de tout et où les récureurs de peuples en sont aux expédients.

Je songeais, dis-je, en voyant cette émancipation

graduelle du sexe féminin, à ce qu'il pourrait arriver s'il prenait tout à coup fantaisie à quelque forte tête de jeter dans la balance politique cette moitié du genre humain, qui jusqu'ici s'est contentée de régner au coin du feu et ailleurs. Et puis les femmes ne peuvent-elles pas se lasser de suivre sans cesse la destinée des hommes? Gouvernons-nous assez bien pour leur ôter l'espérance de gouverner mieux? aiment-elles assez peu la domination pour que nous puissions raisonnablement espérer qu'elles n'en aient jamais l'envie? En vérité, plus je médite, plus je vois que nous sommes sur un abîme. Il est vrai que nous avons pour nous les canons et les baïonnettes, et que les femmes nous semblent sans grands moyens de révolte. Cela vous rassure; et moi, c'est ce qui m'épouvante.

On connaît cette inscription terrible placée par Fonseca sur la route de Torre del Greco : *Posteri, posteri, vestra res agitur!* Torre del Greco n'est plus; la pierre prophétique est encore debout.

C'est ainsi que je trace ces lignes, dans l'espoir qu'elles seront lues, sinon de mon siècle, du moins de la postérité. Il est bon que, lorsque les malheurs que je prévois seront arrivés, nos neveux sachent du moins que, dans cette Troie nouvelle, il existait une Cassandre, cachée dans un grenier, rue Mézières, n° 10. Et s'il fallait, après tout, que je dusse voir de mes yeux les hommes devenus esclaves et l'univers tombé en quenouille, je pourrai du moins me faire honneur de ma sagacité; et qui sait? je ne serai peut-être pas le premier honnête homme qui se sera consolé d'un malheur public en songeant qu'il l'avait prédit.

II

La politique, disait Charles XII, c'est mon épée. C'est l'art de tromper, pensait Machiavel. Selon madame de M***, ce serait le moyen de gouverner les hommes par la prudence et la vertu. La première définition est d'un fou, la seconde d'un méchant, celle de madame de M*** est la seule qui soit d'un honnête homme. C'est dommage qu'elle soit si vieille et que l'application en ait été si rare.

Après avoir établi cette définition, madame de M*** expose l'origine des sociétés. Jean-Jacques les fait commencer par un planteur de pieux, et Vitruve par un grand vent, probablement parce que le système de la famille était trop simple. Avec ce bon sens de la femme supérieur au génie des philosophes, madame de M*** se contente d'en chercher le principe dans la nature de l'homme, dans ses affections, dans sa faiblesse, dans ses besoins. Tout le passage dénote dans l'auteur beaucoup d'érudition et de sagacité. Il est curieux de voir une femme citer tour à tour Locke et Sénèque, l'*Esprit des lois* et le *Contrat social;* mais, ce qui est encore plus remarquable, c'est l'accent de bonne foi et de raison auquel nous n'étions plus accoutumés, et qui contraste si étrangement avec le ton rogue et sauvage qu'ont adopté depuis quelque temps les précepteurs du genre humain.

L'auteur, suivant la marche des idées, s'occupe ensuite des chefs des sociétés. On a beaucoup écrit sur les devoirs des rois, beaucoup plus que sur les devoirs des peuples. Il en a été des portraits d'un bon souverain comme de ces pyramides placées sur le bord des routes du Mexique, où chaque voyageur se faisait un devoir d'apporter sa pierre. Il n'y a si mince grimaud qui n'ait voulu charbonner à son tour le maître des nations. On dirait que les philosophes eux-mêmes se sont étudiés à inventer de nouvelles vertus pour les imposer aux princes, probablement parce que les princes sont exposés à plus de faiblesses que les autres hommes, et comme si leur présenter un modèle inimitable, ce n'était pas par cela seul les dispenser d'y atteindre. Madame de M*** ne donne pas dans ce travers. Elle convient qu'un monarque peut être bon sans posséder pour cela des qualités surhumaines. Elle ne se sert point non plus de l'idéal d'une royauté parfaite pour décrier les royautés vivantes, et ensuite des royautés vivantes pour décrier la royauté en elle-même, grande pétition de principes sur laquelle a roulé toute la philosophie du XVIIIe siècle. L'auteur cite, comme renfermant toutes les obligations d'un souverain, l'instruction que Gustave-Adolphe reçut de son père. L'histoire fait mention de plusieurs instructions pareilles laissées par des rois à leurs successeurs; mais celle-ci a cela de remarquable qu'elle est peut-être la seule à laquelle le successeur se soit conformé.

En voici quelques passages :

« Qu'il emploie toutes ses finesses et son industrie à
» n'être ni trompé ni trompeur.

» Qu'il sache que le sang de l'innocent répandu
» et le sang du méchant conservé crient également
» vengeance.

» Qu'il ne paraisse jamais inquiet ni chagrin, si ce
» n'est lorsqu'un de ses bons serviteurs sera mort ou
» tombé dans quelque faute.

» Enfin, qu'en toutes ses actions il se conduise de
» telle sorte qu'il soit avoué de Dieu. »

Charles IX, dans cette instruction, glisse légèrement sur le danger des flatteurs. Peut-être les rois en sentent-ils moins les inconvénients que leurs sujets. Peut-être aussi serait-ce pour Montesquieu une occasion de glisser sa théorie de climat, espèce de fausse clef qui lui sert à crocheter la serrure de tous les problèmes de l'histoire. C'est en se rapprochant du Midi, dirait-il, que les exemples du favoritisme deviennent plus fréquents; sous le ciel énervant de l'Asie et de l'Afrique, les princes règnent rarement par eux-mêmes; au contraire, chez les peuples du Nord, le climat est tonique, nous voyons beaucoup plus de tyrans que de favoris. Mais peut-être l'observation tomberait-elle si nous étions mieux instruits dans leur histoire. Nous sommes si disposés à faire science de tout, même de notre ignorance!

Il y a dans un de nos vieux manuscrits du XIIIe siècle, attribué à Philippe de Mayzières, un passage qui peut servir de complément à l'instruction du monarque suédois. C'est ainsi que la reine Vérité parle à Charles VI dans *le songe du vieil pèlerin s'adressant au blanc faucon à bec et piés dorés.*

« Guarde-toi, beau fils, de ces chevaliers qui ont
» coutume de bien plumer les rois par leurs soubtiles
» pratiques, qui s'en vont récitant souvent le proverbe
» du maréchal Bouciquault, disant : Il n'est peschier
» que en la mer, et ainsi n'est don que de roi; et
» te feront vaillant et large comme Alexandre, at-
» trayant de toy tant d'eau à leur moulin, qu'il suffi-
» roit à trente-sept moulins qui les deux parts du jour
» sont oiseulx, » etc.

Je cite ce passage : 1° parce qu'il montre que dans ces temps gothiques on ne parlait pas au roi avec autant de servilité qu'on voudrait bien nous le faire croire; 2° parce qu'il donne l'origine d'un proverbe, ce qui peut être utile aux antiquaires; 3° parce qu'il peut servir à résoudre une question d'hydraulique en prouvant que les moulins à eau existaient en 1389, ce qui est toujours bon à savoir pour ceux qui ne savent pas que les moulins à eau existent depuis un temps immémorial.

III

Après s'être occupée des sociétés en général, madame de M*** consacre un chapitre à la guerre, c'est-à-dire au rapport le plus ordinaire des sociétés humaines entre elles.

Ce chapitre devait présenter bien des difficultés à une femme. Madame de M***, comme dans le reste de son ouvrage, y fait preuve de connaissances peu communes ; elle établit avec beaucoup de bonheur la distinction entre les guerres permises et les guerres injustes ; elle range avec raison parmi ces dernières toutes les entreprises de conquête.

« Il y a cette différence entre les conquérants et les » voleurs de grand chemin, a dit un auteur remar- » quable que cite madame de M***, que le conquérant » est un voleur illustre, et l'autre un voleur obscur : » l'un reçoit des lauriers et de l'encens pour le prix de » ses violences, et l'autre la corde. » Il fallait être bien philosophe pour écrire ce passage de la même main qui signa la prise de possession de la Silésie.

Arrivée à ce fameux axiome que « l'argent, c'est le nerf de la guerre, » axiome que madame de M*** attribue à Quinte-Curce, mais qu'elle trouvera également dans Végèce, dans Montecuculli, dans Santa-Cruz, et dans tous les auteurs qui ont écrit sur la guerre, madame de M*** s'arrête : — Ce n'est pas l'argent, dit-elle, c'est le fer. D'accord, ce n'est pas avec des écus que l'on se bat, c'est avec des soldats ; toute la question se réduit à savoir s'il est plus facile d'avoir des soldats sans argent que d'en avoir avec de l'argent. Le premier moyen sera plus économique. Il ne paraît pas cependant qu'il fût du goût de Sully.

Je lisais dernièrement dans Grotius la définition de la guerre : « La guerre est l'état de ceux qui tâchent de vider leurs différends par la voie de la force. » Il est évident que cette définition est la même que celle du duel.

Mais, a-t-on dit aux duellistes, vous allez à la mort en riant, vous vous battez par partie de plaisir. Il en a été absolument de même de la guerre. Avant la révolution on ne s'égorgeait plus que le chapeau à la main. Le grand Condé fait donner l'assaut à Lérida avec trente-six violons en tête des colonnes; et dans les champs d'Ettingen et de Closterseveru, on vit les jeunes officiers marcher aux batteries comme à un bal, en bas de soie et perruque poudrée à blanc.

Il prit un jour fantaisie à Rousseau, le don Quichotte du paradoxe, de soutenir une vérité. C'était pour lui chose nouvelle. Il s'y prit comme pour une mauvaise cause, il alla chercher des autorités comme les gens qui ne trouvent pas de bonnes raisons. C'est ainsi qu'à propos du duel il a cité les anciens. Il est probable que Rousseau n'avait pas lu Quinte-Curce. Il y aurait vu qu'il n'y avait guère de festin chez Alexandre où il n'y eût quelques combats singuliers entre les convives. Qu'était-ce d'ailleurs que le combat d'Étéocle et de Polynice ? Et dans l'*Iliade*, est-il probable que si Minerve n'était pas venue prendre Achille par les oreilles, Agamemnon aurait laissé son épée dans le fourreau ?

Mais, ont dit les philosophes, les Grecs ! Ah ! les Grecs ! il est bien vrai que les Grecs ne se battaient pas comme nos aïeux, avec juges et parrains, ainsi que nous le voyons dans la Colombière; mais voulez-vous savoir ce que faisaient sur ce point ces Grecs dont on nous cite si souvent l'exemple? Les Grecs faisaient mieux, ils assassinaient. Voyez, par exemple, Plutarque, dans la *Vie de Cléomène*. On tuait son homme en trahison, cela ne tirait point à conséquence. Il lui tendit des embûches, disait tranquillement l'historien, à peu près comme nous dirions aujourd'hui : Il lui avait fait un serment.

De cela que veut-on conclure? Que je plaide pour le duel? Bien au contraire; c'est seulement une des mille et une inconséquences humaines que je m'amuse à relever : occupation philosophique. On s'étonne que nos lois ne défendent pas le duel; ce qui m'étonne, c'est qu'elles ne l'aient pas encore autorisé. Pourquoi, en effet, nos sottises n'obtiendraient-elles pas, comme nos vices, droit de vivre en payant patente, et n'est-ce pas une injustice véritable que d'interdire aux duellistes ce qui est permis à tant d'honnêtes gens, d'échapper au code en se réfugiant dans le budget?

IV

S'il n'y a point de sociétés sans guerre, il est difficile qu'il y ait des guerres sans armées. Ainsi madame de M*** est pleinement justifiée de se livrer dans le chapitre suivant aux détails d'un camp. Madame de M*** est, je crois, le premier auteur de son sexe qui se soit occupé de cette matière après la chevalière d'Éon ; non que je veuille établir la comparaison entre madame de M*** et l'amazone du siècle dernier ; c'est purement un rapprochement bibliographique, et ma remarque subsiste.

Madame de M***, comme tous les auteurs militaires, se montre grand partisan de l'obéissance absolue ; c'est une question qui a été souvent agitée par les philosophes, mais qui est tous les jours parfaitement résolue à la plaine de Grenelle.

Il y a sur cette question une opinion de Hobbes que madame de M*** aurait pu citer, et qui ne laisse pas que d'être assez singulière : « Si notre maître, dit-il, nous » ordonne une action coupable, nous devons l'exécuter, » à moins que cette action ne puisse être réputée » nôtre. » C'est-à-dire que Hobbes, pour règle des actions humaines, n'admettrait plus que l'égoïsme.

Madame de M*** rapporte, d'après Folard, quelques-unes des qualités que doit posséder un vrai capitaine. Quant à moi, je me défie de ces définitions si parfaites par lesquelles il n'y aurait plus que des exceptions dans la nature. C'est une chose épouvantable à voir que la nomenclature des études préparatoires auxquelles doit se livrer un apprenti général ; mais combien y a-t-il eu d'excellents généraux qui ne savaient pas lire ! Il semblerait que la première condition, la condition *sine qua non* de tout homme qui se destine à la guerre, serait d'avoir de bons yeux, ou tout au moins d'être robuste et dispos. Eh bien, une foule de grands guerriers ont été borgnes ou boiteux. Philippe était borgne, boiteux et de plus manchot; Agésilas était boiteux et contrefait; Annibal était borgne; Bajazet et Tamerlan, les deux foudres de guerre de leur temps, étaient l'un borgne et l'autre boiteux; Luxembourg était bossu. Il semble même que la nature, pour dérouter toutes nos idées, ait voulu nous montrer le phénomène d'un général totalement aveugle, guidant une armée, rangeant ses troupes en bataille et remportant des victoires. Tel fut Ziska, chef des Hussites.

V

Historiens! historiens! faiseurs d'emphase! mes amis, n'y croyez pas.

Le sénat marche au-devant de Varron, qui s'est sauvé de la bataille, et le remercie de n'avoir pas désespéré de la république... — Qu'est-ce que cela prouve? Que la faction qui avait fait nommer Varron général, pour ôter le commandement à Fabius, fut encore assez puissante pour empêcher qu'il fût puni. Elle voulait même qu'il fût renommé dictateur, afin que Fabius, le seul homme qui pût sauver la république, ne fût pas appelé à la tête des affaires. Il n'y a malheureusement là rien que de très-naturel, s'il n'y a rien d'héroïque. Croit-on, par exemple, qu'après la déroute de Moscou, si Buonaparte l'avait voulu, tout son sénat n'aurait pas marché en corps au-devant de lui?

Le sénat déclare qu'il ne rachètera point les prisonniers. Qu'est-ce que cela prouve? Que le sénat n'avait pas d'argent. Il fit comme tant d'honnêtes gens qui ne sont pas des Romains : il fut dur, ne voulant pas paraître pauvre. Pouvait-il en effet accuser de lâcheté des soldats qui s'étaient battus depuis le lever du soleil jusqu'à la nuit, et qui n'avaient laissé que soixante-dix mille morts sur le champ de bataille? Voilà les faits, et en histoire des faits valent au moins des phrases. — Voyez tout ce passage dans Folard.

On objectera le témoignage de Montesquieu. Montesquieu a fait un fort beau livre sur les causes de la grandeur et de la décadence des Romains; mais il en a oublié une, c'est que la cavalerie d'Annibal ait eu les jambes lassées le jour qu'il vint camper à quatre milles de Rome. Il est toujours curieux de voir un Français trouver chez les Romains des choses dont ni Salluste, ni Cicéron, ni Tacite, ni Tite-Live, ne s'étaient jamais doutés; et pourtant les Romains étaient un peu comme nous : en fait de louanges et de bonne opinion d'eux-mêmes, ils ne laissaient guère à dire aux autres.

Les historiens qui n'écrivent que pour briller veulent voir partout des crimes et du génie; il leur faut des géants; mais leurs géants sont comme des girafes, grands par devant et petits par derrière. En général, c'est une occupation amusante de rechercher les véritables causes des événements; on est tout étonné en voyant la source du fleuve : je me souviens encore de la joie que j'éprouvai, dans mon enfance, en enjambant le Rhône. Il semble que la Providence elle-même se plaise à ce contraste entre les causes et les effets. La peste fut une fois apportée en Italie par une corneille, et c'est en disséquant une souris qu'on découvrit le galvanisme.

Ce qui me dégoûte, disait une femme, c'est que ce que je vois sera un jour de l'histoire. Eh bien, ce qui dégoûtait cette femme est aujourd'hui de l'histoire, et cette histoire-là en vaut bien une autre. Qu'en conclure ? Que les objets grandissent dans les imaginations des hommes comme des rochers dans les brouillards, à mesure qu'ils s'éloignent.

Mars 1820 [1].

M. le duc de Berry vient d'être assassiné. Il y a six semaines à peine. La pierre de Saint-Denis n'est pas encore rescellée, et voici déjà que les oraisons funèbres

---

[1] Nous avons cru devoir réimprimer textuellement tout ce morceau, enfoui sans signature dans un recueil oublié, d'où rien ne nous forçait à le tirer. Mais il nous a semblé qu'il y avait quelque chose d'instructif pour les passions politiques d'une époque dans le spectacle des passions politiques d'une autre époque. Dans le morceau qu'on va lire, la douleur va jusqu'à la rage, l'éloge jusqu'à l'apothéose, l'exagération dans tous les sens jusqu'à la folie. Tel était en 1820 l'état de l'esprit d'un *jeune jacobite* de dix-sept ans, bien désintéressé, certes, et bien convaincu. Leçon, nous le répétons, pour tous les fanatismes politiques. Il y a encore beaucoup de passages dans ce volume auxquels nous prions le lecteur d'appliquer cette note.

et les apologies pleuvent sur cette tombe. Le tout tronqué, incorrect, mal pensé, mal écrit; des adulations plates ou sonores; pas de conviction, pas d'accent, pas de vrai regret. Le sujet était beau cependant. Quand donc interdira-t-on les grands sujets aux petits talents? Il y avait dans les temples de l'antiquité certains vases sacrés qui ne pouvaient être portés par des mains profanes.

Et, en effet, quoi de plus vaste pour le poëte et de plus fécond que cette vie pieuse et guerrière, qui embrasse tant de déplorables événements, que cette mort héroïque et chrétienne, qui entraîne tant de fatales conséquences? Un noble triomphe a été réservé au grand écrivain qui nous retracera et la trop courte carrière et le caractère chevaleresque de celui qui sera peut-être le dernier descendant de Louis XIV. Ce prince, repoussé dès l'adolescence du sol de la patrie, fit avant l'âge le rude apprentissage du casque et de l'épée. Les premières et longtemps les seules prérogatives qu'il dut à son rang auguste furent l'exil et la proscription. Passant d'un palais dans un camp, tantôt accueilli sous les tentes de l'Autriche, tantôt errant sur les flottes de l'Angleterre, il fut, durant bien des années, avec toute son illustre famille, un éclatant exemple de l'inconstance de la fortune et de l'ingratitude des hommes. Longtemps, mêlé à des chefs étrangers, il eut à combattre des soldats qui étaient nés pour servir sous lui; mais du moins sa constance et sa bravoure ne démentirent jamais le sang et le nom de ses aïeux. Il fut le digne élève de l'héritier des

Condés, exilé comme lui, le digne capitaine de la vieille troupe des gentilshommes proscrits avec leurs rois. Dans ce temps de guerres, le pain des soldats valait à ses yeux les festins des princes, et, à défaut de couche royale, il savait conquérir le jour le canon sur lequel il devait reposer la nuit. Revenu enfin parmi les peuples que gouvernaient ses pères, il n'était pas réservé à jouir paisiblement de ce bonheur qu'une auguste union semblait devoir rendre durable pour lui, et éternel pour notre postérité. Hélas! après quatre ans d'une vie simple et bienfaisante, le plus jeune des derniers Bourbons, entouré de l'amour et des espérances de la nation, est tombé sous le poignard d'un Français, poignard que n'a pu rencontrer sur son passage, durant les onze années de son ombrageuse tyrannie, un Corse gardé par un Mameluk!

Ce loyal enfant du Béarnais, destiné sans doute à commander notre brave et fidèle armée, promis peut-être aux héroïques plaines de la Vendée, est mort à la fleur et dans la force de l'âge, sans avoir même eu la consolation d'expirer comme Épamonidas, étendu sur son bouclier.

Et, quand l'historien d'une si noble vie aura rappelé le dernier pardon et les derniers adieux, il sera de son devoir de remonter, ou plutôt de descendre aux causes et aux auteurs de cet abominable forfait. Qu'il écoute alors, pour dévoiler des trames ténébreuses, qu'il écoute la France désespérée, elle criera, comme l'impératrice romaine : *Je reconnais les coups.*

Nous ne nous livrerons pas ici à une discussion qui outre-passerait nos forces; mais nous pensons qu'il est des questions graves et importantes que doit résoudre l'historien du duc de Berry assassiné, au sujet du misérable auteur de cet attentat. Louvel est-il un fanatique? de quelle espèce est son fanatisme? appartient-il à la classe des assassins exaltés et désintéressés comme les Sand, les Ravaillac et les Clément? N'est-il pas plutôt de ces gens à qui l'on paye leur fanatisme, en ajoutant à la récompense convenue des assurances de protection et de salut?... Nous nous arrêtons à ces mots. On n'a plus droit aujourd'hui de s'étonner des choses les plus inouïes. Nous voyons d'exécrables scélérats étaler aux yeux de l'Europe leur impunité, plus monstrueuse peut-être que leurs crimes, et leur audace, plus effrayante encore que leur impunité.

Il faudra de plus que, pour remplir entièrement son objet, celui de nos écrivains célèbres qui écrira l'histoire de M. le duc de Berry, se charge d'un autre devoir, humiliant sans doute, mais néanmoins indispensable; je veux dire qu'il aura à défendre l'héroïque mémoire du prince contre les insinuations perfides et les calomnies atroces dont la faction ennemie des trônes légitimes s'efforce déjà de la noircir. En d'autres temps, un pareil soin eût été injurieux pour le royal défunt, dont la bonté, la bravoure et la franchise ne sont comparables qu'aux vertus du grand Henri. Mais aujourd'hui qu'une faction régicide encense les plus abominables idoles, ne sommes-nous pas forcés, chaque jour, nous autres, les vrais libéraux et les vrais royalistes, de défendre contre ses impudentes déclamations les plus nobles gloires, les réputations les plus pures, les plus irréprochables renommées ? N'avons-nous pas, chaque jour, à venger de nouvelles insultes les Pichegru ou les Cathelineau, les Moreau ou les la Rochejaquelein ? et, à chaque nouvelle attaque portée à ces hommes illustres, nous recommençons notre pénible plaidoyer, sans même espérer qu'une voix pleine d'une indignation généreuse nous interrompra en criant comme cet homme de l'ancienne Grèce : Qui donc ose outrager Alcide ?

Avril 1820.

Il a paru ces jours-ci un recueil de *Lettres de madame de Graffigny* sur Voltaire et sur Ferney. Cet ouvrage tient beaucoup moins que ne promet son titre. Le nom de Voltaire, placé en tête d'un livre quelconque, inspire une curiosité vive et tellement étendue dans ses désirs, qu'il est bien difficile de la satisfaire. Il semble que la vie privée de Voltaire devait offrir au lecteur une foule de détails pleins d'agrément et d'intérêt, si le caractère de cet écrivain extraordinaire était reproduit par une peinture fidèle avec toute sa mobilité originale et ses brusques inégalités. Il semble encore que le pinceau fin et délicat d'une femme serait plus que tout autre capable de saisir cette foule de nuances variées dont se compose la physionomie

morale de l'homme universel, surtout dans sa liaison
avec l'impérieuse marquise du Châtelet. Il aurait été
piquant et peut-être plus facile à une femme qu'à un
homme de débrouiller les causes de cet attachement
bizarre, qui rendit un homme de génie esclave d'une
femme d'esprit, et résista si longtemps aux tracasseries
fatigantes, aux violentes querelles que faisaient naître
inopinément, et à toute heure, l'irascibilité de l'un
et l'orgueil de l'autre. Si la collection des lettres de
Voltaire à sa *respectable Émilie* n'avait été détruite,
nous pourrions espérer encore d'obtenir le mot de cette
énigme; car les *Lettres de madame de Graffigny* ne
nous présentent sous ce rapport aucun aperçu satisfaisant. Il faut le dire et le croire pour son honneur,
l'auteur des *Lettres péruviennes* n'avait sans doute pas
écrit ces lettres sur Cirey avec l'idée qu'elles seraient
imprimées un jour. On ne doit pas savoir beaucoup de
gré à l'éditeur d'avoir extrait ce manuscrit du portefeuille de M. de Boufflers. Madame de Graffigny n'a
pas le talent d'observer, et surtout d'observer les grands
hommes. Son style, au moins insipide, gâte l'intérêt
de son sujet. Madame de Graffigny, arrivée à Cirey
en 1738, adresse à son ami M. Devaux, lecteur du roi
Stanislas de Pologne, ses réflexions sur les habitants
de ce château. M. Devaux, qu'elle appelle, dans l'intimité de sa correspondance, Pampan et quelquefois
Pampichon par un redoublement de tendresse, reçoit
ses confidences sur Voltaire et sa marquise, qu'elle
désigne par plusieurs sobriquets, tous plus fades les
uns que les autres : Atys, ton idole, Dorothée, etc. Elle

lui transmet en style niais et précieux un journal détaillé de toutes ses occupations. A-t-elle vu le lever du jour, elle a assisté à la *toilette du soleil*. Je suis, dit-elle à M. Devaux, *bien jolie de t'écrire*, etc., etc. On aurait cependant tort de rejeter tout à fait ce livre : parmi beaucoup de redites et de détails pleins de mauvais goût, les *Lettres de madame de Graffigny* renferment des faits curieux et ignorés; et les morceaux inédits de Voltaire, qui complètent le volume, suffiraient pour mériter l'attention. Plusieurs de ces cinquante épîtres présentent un haut intérêt; elles sont adressées presque toutes à des personnages éminents du dernier siècle, tels que les duchesses du Maine et d'Aiguillon, les ducs de Richelieu et de Praslin, le chancelier d'Aguesseau, le président Hénault, etc. Les lettres à la duchesse du Maine en particulier forment une correspondance entièrement inédite et vraiment charmante et curieuse. Il y a encore dans cette collection une épître au pape Benoît XIV, écrite en italien, et signée *il devotissimo Voltaire*. Cela veut dire le *très-dévot* ou le *très-dévoué*, peut-être l'un et l'autre, et à coup sûr ni l'un ni l'autre. Puisque vous voulez des citations, voici un billet, assez joli de forme et de tournure, adressé au comte de Choiseul, alors ministre. Vous reconnaîtrez dans ce peu de mots la touche de cet homme toujours plein d'idées neuves et piquantes; il était difficile d'échapper d'une manière plus originale aux formules banales et cérémonieuses des recommandations de cour :

« Permettez que je vous informe de ce qui vient de

» m'arriver avec M. Makartney, gentilhomme anglais
» très-jeune, et pourtant très-sage, très-instruit, mais
» modeste; fort riche et fort simple, et qui criera
» bientôt au parlement mieux qu'un autre. Il m'a nié
» que vous eussiez des bontés pour moi. Je me suis
» échauffé, je me suis vanté de votre protection; il m'a
» répondu que si je disais vrai, je prendrais la liberté
» de vous écrire; j'ai les passions vives. Pardonnez,
» monseigneur, au zèle, à l'attachement et au profond
» respect du vieux montagnard. »

Le *vieux Suisse libre* est bon courtisan, comme on voit. Vous retrouverez dans la plupart des autres lettres la gaieté communicative, la vivacité et souvent la témérité de jugement, la flatterie adroite, la raillerie tantôt douce et tantôt mordante, auxquelles on reconnaît la touche inimitable de Voltaire prosateur. Parmi le petit nombre de pièces de vers mêlées aux morceaux de prose, la suivante, adressée à la fameuse mademoiselle Raucourt, n'a jamais été imprimée :

Raucourt, tes talents enchanteurs
Chaque jour te font des conquêtes;
Tu fais soupirer tous les cœurs,
Tu fais tourner toutes les têtes.
Tu joins aux prestiges de l'art
Le charme heureux de la nature,
Et la victoire toujours sûre
Se range sous ton étendard.
Es-tu Didon, es-tu Monime,
Avec toi nous versons des pleurs :
Nous gémissons de tes malheurs
Et du sort cruel qui t'opprime.

L'art d'attendrir et de charmer
A paré ta brillante aurore ;
Mais ton cœur est fait pour aimer,
Et ton cœur ne dit rien encore
Défends ce cœur du vain désir
De richesse et de renommée ;
L'amour seul donne le plaisir,
Et le plaisir est d'être aimée.
Déjà l'amour brille en tes yeux,
Il naîtra bientôt dans ton âme,
Bientôt un mortel amoureux
Te fera partager sa flamme.
Heureux ! trop heureux cet amant
Pour qui ton cœur deviendra tendre,
Si tu goûtes le sentiment
Comme tu sais si bien le rendre !

De *jolis vers* sans doute. J'avoue pourtant que j'ai peu de sympathie pour cette espèce de poésie. J'aime mieux Homère.

SUR UN POËTE APPARU EN 1820

Mai 1820.

1

Vous en rirez, gens du monde, vous hausserez les épaules, hommes de lettres, mes contemporains, car, je vous le dis entre nous, il n'en est peut-être pas un de vous qui comprenne ce que c'est qu'un poëte. Le rencontrera-t-on dans vos palais? Le trouvera-t-on dans vos retraites? Et d'abord, pour ce qui regarde l'âme du poëte, la première condition n'est-elle pas, comme l'a dit une bouche éloquente, de *n'avoir jamais calculé le prix d'une bassesse ou le salaire d'un mensonge?* Poëtes de mon siècle, cet homme-là se voit-il parmi vous? Est-il dans vos rangs, l'homme qui possède *l'os magna sonaturum*, la bouche capable de dire de grandes choses, le *ferrea vox*, la voix de fer? L'homme qui ne fléchira pas devant les caprices d'un tyran ou les fureurs d'une faction? N'avez-vous pas été tous, au contraire, semblables aux cordes de la lyre, dont le son varie quand le temps change?

II

Franchement, on trouvera parmi vous des affranchis, prêts à invoquer la licence après avoir déifié le despotisme; des transfuges, prêts à flatter le pouvoir après avoir chanté l'anarchie; et des insensés, qui ont baisé hier des fers illégitimes, et, comme le serpent de la fable, veulent aujourd'hui briser leurs dents sur le frein des lois; mais on n'y découvrira pas un poëte. Car, pour ceux qui ne prostituent pas les titres, sans un esprit droit, sans un cœur pur, sans une âme noble et élevée, il n'est point de véritable poëte. Tenez-vous cela pour dit, non pas en mon nom, car je ne suis rien, mais au nom de tous les gens qui raisonnent et qui pensent, — je veux bien ne choisir mon exemple que dans l'antiquité, — que ces mots : *Dulce et decorum est pro patria mori*, sonnent mal dans la bouche d'un fuyard! Je l'avouerai donc, j'ai cherché jusqu'ici autour de moi un poëte, et je n'en ai pas rencontré; de là, il s'est formé dans mon imagination un modèle idéal que je voudrais dépeindre; et, comme Milton aveugle, je suis tenté quelquefois de chanter ce soleil que je ne vois pas.

III

L'autre jour j'ouvris un livre qui venait de paraître, sans nom d'auteur, avec ce simple titre : *Méditations poétiques*. C'étaient des vers.

Je trouvai dans ces vers quelque chose d'André de Chénier. Continuant à les feuilleter, j'établis involontairement un parallèle entre l'auteur de ce livre et le malheureux poëte de la *Jeune Captive*. Dans tous les deux, même originalité, même fraîcheur d'idées, même luxe d'images neuves et vraies; seulement l'un est plus grave et même plus mystique dans ses peintures; l'autre a plus d'enjouement, plus de grâce, avec beaucoup moins de goût et de correction. Tous deux sont inspirés par l'amour. Mais, dans Chénier, ce sentiment est toujours profane; dans l'auteur que je lui compare, la passion terrestre est presque toujours épurée par l'amour divin. Le premier s'est étudié à donner à sa muse les formes simples et sévères de la muse antique, le second, qui a souvent adopté le style des Pères et des prophètes, ne dédaigne pas de suivre quelquefois la muse rêveuse d'Ossian et les déesses fantastiques de Klopstock et de Schiller. Enfin, si je comprends bien des distinctions, du reste assez insignifiantes, le premier est romantique parmi les classiques, le second est classique parmi les romantiques.

IV

Voici donc enfin des poëmes d'un poëte, des poésies qui sont de la poésie !

Je lus en entier ce livre singulier; je le relus encore, et, malgré les négligences, le néologisme, les répétitions et l'obscurité que je pus quelquefois y remarquer, je fus tenté de dire à l'auteur : « Courage,
» jeune homme, vous êtes de ceux que Platon voulait
» combler d'honneurs et bannir de sa république.
» Vous devez vous attendre aussi à vous voir bannir
» de notre terre d'anarchie et d'ignorance, et il man-
» quera à votre exil le triomphe que Platon accordait
» du moins au poëte, les palmes, les fanfares et la
» couronne de fleurs. »

THÉATRE

I

On nomme *action*, au théâtre, la lutte de deux forces opposées. Plus ces forces se contre-balancent, plus la lutte est incertaine; plus il y a alternative de crainte ou d'espérance, plus il y a d'intérêt. Il ne faut pas confondre cet intérêt qui naît de l'action avec une autre sorte d'intérêt que doit inspirer le héros de toute tragédie, et qui n'est qu'un sentiment de terreur, d'admiration ou de pitié. Ainsi il se pourrait très-bien que le principal personnage d'une pièce excitât de l'intérêt, parce que son caractère est noble et sa situation touchante, et que la pièce manquât d'intérêt, parce qu'il n'y aurait point d'alternative de crainte et d'espérance. Si cela n'était pas, plus une situation terrible serait prolongée, plus elle serait belle, et le sublime de la tragédie serait le comte Ugolin enfermé dans une tour avec ses fils pour y mourir de faim : scène de terreur monotone, qui n'a pu réussir même en Allemagne, pays de penseurs profonds, attentifs et fixes.

II

Dans une œuvre dramatique, quand l'incertitude des événements ne naît plus que de l'incertitude des caractères, ce n'est plus la tragédie par force, mais la tragédie par faiblesse. C'est, si l'on veut, le spectacle de la vie humaine, les grands effets par les petites causes : ce sont des hommes ; mais, au théâtre, il faut des anges ou des géants.

III

Il y a des poëtes qui inventent des ressorts dramatiques, et ne savent pas ou ne peuvent pas les faire jouer, semblables à cet artisan grec qui n'eut pas la force de tendre l'arc qu'il avait forgé.

IV

L'amour au théâtre doit toujours marcher en première ligne, au-dessus de toutes les vaines considérations qui modifient d'ordinaire les volontés et les passion des hommes. Il est la plus petite des choses de la terre, s'il n'en est la plus grande. On objectera que, dans cette hypothèse, le Cid ne devrait point se battre avec don Gormas. Eh! point du tout. Le Cid connaît Chimène; il aime mieux encourir sa colère que son mépris, parce que le mépris tue l'amour. L'amour, dans les grandes âmes, c'est une estime céleste.

V

Il est à remarquer que le dénoûment de *Mahomet* est plus manqué qu'on ne le croit généralement. Il suffit, pour s'en convaincre, de le comparer avec celui de *Britannicus*. La situation est semblable. Dans les deux tragédies, c'est un tyran qui perd sa maîtresse au moment où il croit s'en être assuré la possession. La pièce de Racine laisse dans l'âme une impression triste, mais qui n'est pas sans quelque consolation, parce que l'on sent que Britannicus est vengé, et que Néron n'est pas moins malheureux que ses victimes. Il semble qu'il devrait en être de même dans Voltaire; cependant le cœur, qui ne se trompe pas, reste abattu; et, en effet, Mahomet n'est nullement puni. Son amour pour Palmyre n'est qu'une petitesse dans son caractère et qu'un moyen dérisoire dans l'action. Lorsque le spectateur voit cet homme songer à sa grandeur au moment où sa maîtresse se poignarde sous ses yeux, il sent bien qu'il ne l'a jamais aimée, et qu'avant deux heures il se sera consolé de sa perte.

Le sujet de Racine est mieux choisi que celui de Voltaire. Pour le poëte tragique, il y a une profonde et radicale différence entre l'empereur romain et le chamelier-prophète. Néron peut être amoureux, Mahomet non. Néron, c'est un phallus; Mahomet, c'est un cerveau.

VI

Le propre des sujets bien choisis est de porter leur auteur. *Bérénice* n'a pu faire tomber Racine; la Motte n'a pu faire tomber *Inès*.

VII

La différence qui existe entre la tragédie allemande et la tragédie française provient de ce que les auteurs allemands voulurent créer tout d'abord, tandis que les Français se contentèrent de corriger les anciens. La plupart de nos chefs-d'œuvre ne sont parvenus au point où nous les voyons qu'après avoir passé par les mains des premiers hommes de plusieurs siècles. Voilà pourquoi il est si injuste de s'en faire un titre pour écraser les productions originales.

La tragédie allemande n'est autre chose que la tragédie des Grecs, avec les modifications qu'a dû y apporter la différence des époques. Les Grecs aussi avaient voulu faire concourir le faste de la scène aux jeux du théâtre; de là, ces masques, ces chœurs, ces cothurnes; mais, comme chez eux les arts qui tiennent des sciences étaient dans le premier état d'enfance, ils furent bientôt ramenés à cette simplicité que nous admirons. Voyez dans Servius ce qu'il fallait faire pour changer une décoration sur le théâtre des anciens.

Au contraire, les auteurs allemands, arrivant au milieu de toutes les inventions modernes, se servirent des moyens qui étaient à leur portée pour couvrir les défauts de leurs tragédies. Lorsqu'ils ne pouvaient parler au cœur, ils parlèrent aux yeux. Heureux s'ils avaient su se renfermer dans de justes bornes! Voilà pourquoi la plupart des pièces allemandes ou anglaises qu'on transporte sur notre scène produisent moins d'effet que dans l'original; on leur laisse les défauts qui tiennent aux plans et aux caractères, et on leur ôte cette pompe théâtrale qui en est la compensation.

Madame de Staël attribue encore à une autre raison la prééminence des auteurs français sur les auteurs allemands, et elle a observé juste. Les grands hommes français étaient réunis dans le même foyer de lumières;

et les grands hommes allemands étaient disséminés comme dans des patries différentes. Il en est de deux hommes de génie comme des deux fluides sur la batterie : il faut les mettre en contact pour qu'ils vous donnent la foudre.

VIII

On peut observer qu'il y a deux sortes de tragédies : l'une qui est faite avec des sentiments, l'autre qui est faite avec des événements. La première considère les hommes sous le point de vue des rapports établis entre eux par la nature; la seconde sous le point de vue des rapports établis entre eux par la société. Dans l'une, l'intérêt naît du développement d'une des grandes affections auxquelles l'homme est soumis par cela même qu'il est homme, telles que l'amour, l'amitié, l'amour filial et paternel; dans l'autre, il s'agit toujours d'une volonté politique appliquée à la défense ou au renversement des institutions établies. Dans le premier cas, le personnage est événement passif, c'est-à-dire qu'il ne peut se soustraire à l'influence des objets extérieurs : un jaloux ne peut s'empêcher d'être jaloux, un père ne peut s'empêcher de craindre son fils; et peu importe comment ces impressions sont amenées, pourvu qu'elles soient intéressantes; le spectateur appartient toujours à ce qu'il craint ou à ce qu'il désire.

Dans le second cas, au contraire, le personnage est essentiellement actif, parce qu'il n'a qu'une volonté immuable, et que la volonté ne peut se manifester que par des actions. On peut comparer ces deux tragédies, l'une à une statue que l'on taille dans le bloc, l'autre à une statue que l'on jette en fonte. Dans le premier cas, le bloc existe, il lui suffit pour devenir la statue, d'être soumis à une influence extérieure; dans le second, il faut que le métal ait en lui-même la faculté de parcourir le moule qu'il doit remplir. A mesure que toutes les tragédies se rapprochent plus ou moins de ces deux types, elles participent plus ou moins de l'un ou de l'autre; il faut une forte constitution aux tragédies de tête pour se soutenir; les tragédies de cœur ont à peine besoin de s'astreindre à un plan. Voyez *Mahomet* et le *Cid*.

IX

E. vient d'écrire ceci aujourd'hui 25 avril 1819 :

« En général une chose nous a frappé dans les
» compositions de cette jeunesse qui se presse main-
» tenant sur nos théâtres : ils en sont encore à se
» contenter facilement d'eux-mêmes, ils perdent à
» ramasser des couronnes un temps qu'ils devraient
» consacrer à de courageuses méditations. Ils réus-

» sissent, mais leurs rivaux sortent joyeux de leurs
» triomphes. Veillez, veillez, jeunes gens! recueillez
» vos forces, vous en aurez besoin le jour de la ba-
» taille. Les faibles oiseaux prennent leur vol tout d'un
» trait; les aigles rampent avant de s'élever sur leurs
» ailes. »

FANTAISIE

Février 1819.

Ce que je veux, c'est ce que tout le monde veut, ce que tout le monde demande, c'est-à-dire du pouvoir pour le roi et des garanties pour le peuple.

Et, en cela, je suis bien différent de certains honnêtes gens de ma connaissance, qui professent hautement la même maxime, et qui, lorsqu'on en vient aux applications, se trouvent n'en vouloir réellement, les uns qu'une moitié, les autres qu'une autre, c'est-à-dire les uns qu'un peu de despotisme, et les autres que beaucoup de licence, à peu près comme feu mon grand-oncle, qui avait sans cesse à la bouche le fameux précepte de l'école de Salerne : *manger peu, mais souvent;* mais qui n'en admettait que la première partie pour l'usage de la maison.

Février 1819.

L'autre jour je trouvai dans Cicéron ce passage :
« Et il faut que l'orateur, en toutes circonstances, sache prouver le pour et le contre. » *In omni causa duas contrarias orationes explicari.* Eh! dis-je, c'est justement ce qu'il faut dans un siècle où l'on a découvert deux sortes de conscience, celle du cœur et celle de l'estomac.

Voilà pour la conscience de l'orateur selon Cicéron : *vir probus dicendi peritus.* Pour ce qui est de ses mœurs, — ce que j'en écris ici n'est que pour l'instruction de la jeunesse de nos colléges, — on connaît la simplicité des mœurs antiques. Nous n'avons aucune raison de croire que les orateurs fissent autrement que les guerriers. Après qu'Achille et Patrocle ont tant pleuré Briséis, Achille, dit madame Dacier, conduit vers sa tente la belle Diomède, fille du sage Phorbas, et Patrocle s'abandonne au doux sommeil entre les bras de la jeune Iphise, amenée captive de Scyros. C'est comme Pétrarque, qui, après avoir perdu Laure, mourut de douleur à soixante-dix ans, en laissant un fils et une fille.

Et à Athènes, où les pères envoyaient leurs fils à l'école chez Aspasie, à Athènes, cette ville de la politesse et de l'éloquence : — Qu'as-tu fait des cent écus que t'a valus le soufflet que tu reçus l'autre jour de

Midias en plein théâtre? criait Eschine à Démosthène.
— Eh quoi! Athéniens, vous voulez couronner le front qui s'écorche lui-même à dessein d'intenter des accusations lucratives aux citoyens? En vérité, ce n'est pas une tête que porte cet homme sur ses épaules, c'est une ferme.

Que dirai-je du barreau romain? des honnêtetés que se faisaient mutuellement les Scaurus et les Catulus en présence de toute la canaille de Rome assemblée? — On ne m'écoute pas, je suis Cassandre, criait Sextius. Je ne suis pas assez sûr de n'être jamais lu que par des hommes pour rapporter la sanglante réplique de Marc-Antoine. Et au triomphe de César, qui était aussi un orateur : — Citoyens, cachez vos femmes! chantaient ses propres soldats. *Urbani, claudite uxores, mœchum calvum adducimus.*

Je saisis cette occasion pour déclarer que je me repens bien sincèrement de n'être pas né dans les siècles antiques; je compte même écrire contre mon siècle un gros livre dont mon libraire vous prie, en passant, monsieur, de vouloir bien lui prendre quelques petites souscriptions.

Et, en effet, ce devait être un bien beau temps que celui où, quand le peuple avait faim, on l'apaisait avec une fable longue, et plate, qui pis est! *O tempora! o mores!* vont à leur tour s'écrier nos ministres.

Et où, monsieur, pourvu que l'on ne fût ni borgne, ni bossu, ni boiteux, ni bancal, ni aveugle;

Pourvu, d'ailleurs, que l'on ne fût ni trop faible,

ni trop puissant, ni trop méchant homme, ni trop homme de bien ;

Et surtout, ce qui était de rigueur, pourvu que l'on eût la précaution de ne point bâtir sa maison sur une butte ;

Alors, dis-je, en tant que l'on ne fût point emporté par la lèpre ou par la peste, on pouvait raisonnablement espérer de mourir tranquillement dans son lit ; ce qui, à la vérité, n'est guère héroïque ;

Et où, monsieur, pour peu que l'on se sentît tant soit peu grand homme, — comme vous et moi, monsieur, — c'est-à-dire que l'on eût le noble désir d'être utile à la patrie par quelque action vaillante ou quelque invention merveilleuse, — désir qui, comme on sait, n'engage à rien, — alors, monsieur, il n'y avait rien aussi à quoi un honnête citoyen ne pût raisonnablement prétendre, qui sait, peut-être même à être pendu comme Phocion, ou comme Duilius, l'accrocheur de vaisseaux, à être conduit par la ville avec une flûte et deux lanternes, à peu près comme de nos jours l'âne savant.

Avril 1819.

Il pourrait, à mon sens, jaillir des réflexions utiles de la comparaison entre les romans de le Sage et ceux de Walter Scott, tous deux supérieurs dans leur genre. Le Sage, ce me semble, est plus spirituel ; Walter Scott est plus original ; l'un excelle à raconter les aventures d'un homme, l'autre mêle à l'histoire d'un individu la peinture de tout un peuple, de tout un siècle ; le premier se rit de toute vérité de lieux, de mœurs, d'histoire ; le second, scrupuleusement fidèle à cette vérité même, lui doit l'éclat magique de ses tableaux. Dans tous les deux, les caractères sont tracés avec art ; mais dans Walter Scott ils paraissent mieux soutenus, parce qu'ils sont plus saillants, d'une nature plus fraîche et moins polie. Le Sage sacrifie souvent la conscience de ses héros au comique d'une intrigue ; Walter Scott donne à ses héros des âmes plus sévères ; leurs principes, leurs préjugés même, ont quelque chose de noble en ce qu'ils ne savent point plier devant les événements. On s'étonne, après avoir lu un roman de le Sage, de la prodigieuse variété du plan ; on s'étonne encore plus, en achevant un roman de Scott, de la simplicité du canevas ; c'est que le premier met son imagination dans les faits, et le second dans les détails. L'un peint la vie, l'autre peint le cœur. Enfin, la lecture des ouvrages de le Sage donne, en quelque sorte, l'expérience du sort ; la lecture de ceux de Walter Scott donne l'expérience des hommes.

« C'était un homme merveilleux et aussi grotesque
» qu'il y en ait jamais eu dans le peuple latin. Il met-
» tait ses collections dans ses chaussons, et quand, dans
» l'ardeur de la dispute, nous lui contestions quelque

» chose, il appelait son valet : — Hem, hem, hem!
» Dave, apporte-moi le chausson de la tempérance,
» le chausson de la justice, ou le chausson de Platon,
» ou celui d'Aristote, selon les matières qui étaient
» mises sur le tapis. Cent choses de cette sorte me fai-
» saient rire de tout mon cœur, et j'en ris encore à
» présent comme si j'étais à même. » Les savants
chaussons de Giraldo Giraldi méritaient, certes, d'être
aussi célèbres que la perruque de Kant, laquelle s'est
vendue 30 000 florins à la mort du philosophe, et n'a
plus été payée que 1200 écus à la dernière foire de
Leipzig; ce qui prouverait, à mon sens, que l'enthousiasme pour Kant et son idéologie diminue en Allemagne. Cette perruque, dans les variations de son prix,
pourrait être considérée comme le thermomètre des
progrès du système de Kant.

Avril 1820.

L'année littéraire s'annonce médiocrement. Aucun livre important, aucune parole forte; rien qui enseigne, rien qui émeuve. Il serait temps cependant que quelqu'un sortît de la foule, et dît : Me voilà! Il serait temps qu'il parût un livre ou une doctrine, un Homère ou un Aristote. Les oisifs pourraient du moins se disputer, cela les dérouillerait.

Mais que faire de la littérature de 1820, encore plus plate que celle de 1810, et plus impardonnable, puisqu'il n'y a plus là de Napoléon pour résorber tous les génies et en faire des généraux? Qui sait? Ney, Murat et Davoust auraient peut-être été de grands poëtes. Ils se battaient comme on voudrait écrire.

Pauvre temps que le nôtre! Force vers, point de poésie ; force vaudevilles, point de théâtre. Talma, voilà tout.

J'aimerais mieux Molière.

On nous promet le *Monastère*, nouveau roman de Walter Scott. Tant mieux, qu'il se hâte, car tous nos faiseurs semblent possédés de la rage des mauvais romans. J'en ai là une pile que je n'ouvrirai jamais, car je ne serais pas sûr d'y trouver seulement ce que le chien dont parle Rabelais demandait en rongeant son os : *rien qu'ung peu de mouëlle*.

L'année littéraire est médiocre, l'année politique est lugubre. M. le duc de Berry poignardé à l'Opéra, des révolutions partout.

M. le duc de Berry, c'est la tragédie. Voici la parodie maintenant.

Une grande querelle politique vient de s'émouvoir, ces jours-ci, à propos de M. Decazes. M. Donnadieu contre M. Decazes. M. d'Argout contre M. Donnadieu. M. Clausel de Coussergues contre M. d'Argout.

M. Decazes s'en mêlera-t-il enfin lui-même? Toutes ces batailles nous rappellent les anciens temps où de pieux chevaliers allaient provoquer dans son fort quelque géant félon. Au bruit du cor un nain paraissait.

Nous avons déjà vu plusieurs nains apparaître; nous n'attendons plus que le géant.

Le fait politique de l'année 1820, c'est l'assassinat de M. le duc de Berry; le fait littéraire, c'est je ne sais quel vaudeville. Il y a trop de disproportion. Quand donc ce siècle aura-t-il une littérature au niveau de son mouvement social, des poëtes aussi grands que ses événements?

C'est sans doute par une conviction intime de mon ignorance que je tremble à l'approche d'une tête savante et que je recule à l'aspect d'un livre érudit. Quand le talent de critique se trouva dans mon cerveau, je savais tout juste assez de latin pour entendre ce que signifiait *genus irritabile*, et j'avais tout juste assez d'esprit et d'expérience pour comprendre que cette qualification s'applique au moins aussi bien aux savants qu'aux poëtes. Me voyant donc forcé d'exercer mon talent de critique sur l'une ou l'autre de ces deux classes constituantes du *genus irritabile*, je me promis bien de n'établir jamais ma juridiction que sur la dernière, parce qu'elle est réellement la seule qui ne puisse démontrer l'ineptie ou l'ignorance d'un critique. Vous dites à un poëte tout ce qui vous passe par la tête, vous lui dictez des arrêts, vous lui inventez des défauts. S'il se fâche, vous citez Aristote, Quintilien, Longin, Horace, Boileau. S'il n'est pas étourdi de tous ces grands noms, vous invoquez le *goût;* qu'a-t-il à répondre? Le goût est semblable à ces anciennes divinités païennes qu'on respectait d'autant plus qu'on ne savait où les trouver, ni sous quelle forme les adorer. Il n'en est pas de même avec les savants. *Ce sont gens,* comme disait Laclos, *qui ne se battent qu'à coups de faits;* et il est fort désagréable pour un grave journaliste, lequel n'a ordinairement d'un érudit que le pédantisme, de se voir rendre, par quelque savant irrité, les coups de férule qu'il lui avait administrés étourdiment. Joignez à cela qu'il n'y a rien de terrible comme la colère d'un savant attaqué sur son terrain favori. Cette espèce d'hommes-là ne sait dire d'injures que par in-folio ; il semble que la langue ne leur fournisse point de termes assez forts pour exprimer leur indignation. Visdelou, cet amant platonique de la lexicologie, raconte, dans son *Supplément à la bibliothèque orientale,* que l'impératrice chinoise Uu-heu commit plusieurs *crimes,* tels que d'assassiner son mari, son frère, ses fils; mais un surtout qu'il appelle un *attentat inouï,* c'est d'avoir ordonné, au mépris de toutes les lois de grammaire, qu'on l'appelât *empereur* et non *impératrice.*

Tout le monde a entendu parler de Jean Alary, l'inventeur de la *pierre philosophale des sciences ;* voici quelques détails sur cet homme célèbre pour le peintre qui se proposera de faire son portrait : « Alary portait

» au milieu de la cour même une longue et épaisse
» barbe, un chapeau d'une forme haute et carrée qui
» n'était pas celle du temps, et un long manteau dou-
» blé de longue peluche qui lui descendait plus bas que
» les talons, et qu'il portait même souvent pendant les
» grandes chaleurs de l'été, ce qui le distinguait des au-
» tres hommes, et le faisait connaître du peuple, qui
» l'appelait hautement le *philosophe crotté*, de quoi,
» dit Colletet, sa modestie ne s'offensait jamais. »

Colletet appelait Alary le *philosophe crotté*, Boileau appelait Colletet le *poëte crotté*. C'est qu'alors l'esprit et le savoir, ces deux démons si redoutés aujourd'hui, étaient de fort pauvres diables. Aujourd'hui ce qui salit le poëte et le philosophe, ce n'est pas la pauvreté, c'est la vénalité; ce n'est pas la crotte, c'est la boue.

On considère maintenant en France, et avec raison, comme le complément nécessaire d'une éducation élégante, une certaine facilité à manier ce qu'on est convenu d'appeler le style épistolaire. En effet, le genre auquel on donne ce nom — s'il est vrai que ce soit un genre — est dans la littérature comme ces champs du domaine public que tout le monde est en droit de cultiver : cela vient de ce que le genre épistolaire tient plus de la nature que de l'art. Les productions de cette sorte sont, en quelque façon, comme les fleurs, qui croissent d'elles-mêmes, tandis que toutes les autres compositions de l'esprit humain ressemblent, pour ainsi dire, à des édifices qui, depuis leurs fondements jusqu'à leur faîte, doivent être laborieusement bâtis d'après des lois générales et des combinaisons particulières. La plupart des auteurs épistolaires ont ignoré qu'ils fussent auteurs; ils ont fait des ouvrages comme ce M. Jourdain, tant de fois cité, faisait de la prose, sans le savoir. Ils n'écrivaient pas pour écrire, mais parce qu'ils avaient des parents et des amis, des affaires et des affections. Ils n'étaient nullement préoccupés, dans leurs correspondances, du souci de l'immortalité, mais tout bourgeoisement des soins matériels de la vie. Leur style est simple comme l'intimité, et cette simplicité en fait le charme. C'est parce qu'ils n'ont envoyé leurs lettres qu'à leurs familles qu'elles sont parvenues à la postérité. Nous croyons qu'il est impossible de dire quels sont les éléments du style épistolaire; les autres genres ont des règles, celui-là n'a que des secrets.

SATIRIQUES ET MORALISTES

Celui qui, tourmenté du généreux démon de la satire, prétend dire des vérités dures à son siècle, doit, pour mieux terrasser le vice, attaquer en face l'homme vicieux; pour le flétrir, il doit le nommer; mais il ne peut acquérir ce droit qu'en se nommant lui-même. De cette manière il s'assure en quelque sorte la victoire; car, plus son ennemi est puissant, plus il se montre courageux, lui, et la puissance recule toujours devant le courage. D'ailleurs, la vérité veut être dite à haute voix, et une médisance anonyme est peut-être plus honteuse qu'une calomnie signée. Il n'en est pas de même du moraliste paisible qui ne se mêle dans la société que pour en observer en silence les ridicules et les travers, le tout à l'avantage de l'humanité. S'il examine les individus en particulier, il ne critique que l'espèce en général. L'étude à laquelle il se livre est donc absolument innocente, puisqu'il cherche à guérir tout le monde sans blesser personne. Cependant, pour remplir avec fruit son utile fonction, sa première précaution doit être de garder l'incognito. Quelque bonne opinion que nous ayons de nous-mêmes, il y a toujours en nous une certaine conscience qui nous fait considérer comme hostile la démarche de tout homme qui vient scruter notre caractère. Cette conscience est celle de

> L'endroit que l'on sent faible et qu'on veut se cacher.

Aussi, si nous sommes forcés de vivre avec celui que nous regarderons comme un importun surveillant, nous envelopperons nos actions d'un voile de dissimulation, et il perdra toutes ses peines. Si, au contraire, nous pouvons l'éviter, nous le ferons fuir de tout le monde, en le dénonçant comme un fâcheux. Le philosophe observateur, à la manière des acteurs anciens, ne peut remplir son rôle s'il ne porte un masque. Nous recevrons fort mal le maladroit qui nous dira : Je viens compter vos défauts et étudier vos vices. Il faut, comme dit Horace, qu'il mette du foin à ses cornes, autrement nous crierons tous : Haro! Et celui qui se charge d'exploiter le domaine du ridicule, toujours si vaste en France, doit se glisser plutôt que se présenter dans la société, remarquer tout sans se faire remarquer lui-même, et ne jamais oublier ce vers de *Mahomet* :

> Mon empire est détruit si l'homme est reconnu.

———

Il ne faut pas juger Voltaire sur ses comédies, Boileau sur ses odes pindariques, ou Rousseau sur ses *allégories* marotiques. La critique ne doit pas s'emparer méchamment des faiblesses que présentent souvent les plus beaux talents, de même que l'histoire ne doit point abuser des petitesses qui se rencontrent dans presque tous les grands caractères. Louis XIV se serait cru déshonoré si son valet de chambre l'eût vu sans perruque; Turenne, seul dans l'obscurité, tremblait comme un enfant; et l'on sait que César avait peur de verser en montant sur son char de triomphe.

En 1676, Corneille, l'homme que les siècles n'oublieront pas, était oublié de ses contemporains, lorsque Louis XIV fit représenter à Versailles plusieurs de ses tragédies. Ce souvenir du roi excita la reconnaissance du grand homme, la *veine* de Corneille se ranima, et le dernier cri de joie du vieillard fut peut-être un des plus beaux chants du poëte :

> Est-il vrai, grand monarque, et puis-je me vanter
> Que tu prennes plaisir à me ressusciter?
> Qu'au bout de quarante ans, Cinna, Pompée, Horace,
> Reviennent à la mode et retrouvent leur place;
> Et que l'heureux brillant de mes jeunes rivaux
> N'ôte point leur vieux lustre à mes premiers travaux?
> ....
> Tel Sophocle à cent ans charmait encore Athènes,
> Tel bouillonnait encor son vieux sang dans ses veines,
> Diraient-ils à l'envi, lorsque Œdipe aux abois
> De ses juges pour lui gagna toutes les voix.
> Je n'irai pas si loin, et, si mes quinze lustres
> Font encor quelque peine aux modernes illustres,
> S'il en est de fâcheux jusqu'à s'en chagriner,
> Je n'aurai pas longtemps à les importuner.

> Quoi que je m'en promette, ils n'en ont rien à craindre.
> C'est le dernier éclat d'un feu prêt à s'éteindre ;
> Au moment d'expirer il tâche d'éblouir,
> Et ne frappe les yeux que pour s'évanouir.

Ces vers m'ont toujours profondément ému. Corneille, aigri par l'envie, rebuté par l'indifférence, y laisse entrevoir toute la fière mélancolie de sa grande âme. Il sentait sa force, et il n'en était que plus amer pour lui de se voir méconnu. Ce mâle génie avait reçu à un haut degré de la nature la conscience de lui-même. Qu'on juge cependant à quel point les attaques réitérées de ses Zoïles durent influer sur ses idées, pour l'amener à dire avec une sorte de conviction :

> Sed neque Godœis accedat musa tropæis,
> Nec Cappellanum fas mihi velle sequi.

De pareils vers, écrits sérieusement par Corneille, sont une bien sanglante épigramme contre son siècle.

SUR ANDRÉ DE CHÉNIER

1819.

Un livre de poésie vient de paraître, et quoique l'auteur soit mort, les critiques pleuvent. Peu d'ouvrages ont été plus rudement traités par les *connaisseurs* que ce livre. Il ne s'agit pas cependant de torturer un vivant, de décourager un jeune homme, d'éteindre un talent naissant, de tuer un avenir, de ternir une aurore. Non, cette fois la critique, chose étrange, s'acharne sur un cercueil! Pourquoi? en voici la raison en deux mots : c'est que c'est bien un poëte mort, il est vrai, mais c'est aussi une poésie nouvelle qui vient de naître. Le tombeau du poëte n'obtient pas grâce pour le berceau de sa muse.

Pour nous, nous laisserons à d'autres le triste courage de triompher de ce jeune lion arrêté au milieu de ses forces. Qu'on invective ce style incorrect et parfois barbare, ces idées vagues et incohérentes, cette effervescence d'imagination, rêve tumultueux du talent qui s'éveille; cette manie de mutiler la phrase, et, pour ainsi dire, de la tailler à la grecque; les mots dérivés des langues anciennes employés dans toute l'étendue de leur acception maternelle; des coupes bizarres, etc. Chacun de ces défauts du poëte est peut-être le germe d'un perfectionnement pour la poésie. En tout cas, ces défauts ne sont point dangereux, et il s'agit de rendre justice à un homme qui n'a point joui de sa gloire. Qui osera lui reprocher ses imperfections lorsque la hache révolutionnaire repose encore toute sanglante au milieu de ses travaux inachevés?

Si d'ailleurs l'on vient à considérer quel fut celui dont nous recueillons aujourd'hui l'héritage, nous ne pensons pas que le sourire effleure facilement les lèvres. On verra ce jeune homme, d'un caractère noble et modeste, enclin à toutes les douces affections de l'âme, ami de l'étude, enthousiaste de la nature. En ce même temps, la révolution est imminente; la renaissance des siècles antiques est proclamée : Chénier devait être trompé, il le fut. Jeunes gens, qui de nous n'aurait point voulu l'être? Il suit le fantôme, il se mêle à tout ce peuple qui marche avec une ivresse délirante par le chemin des abîmes. Plus tard on ouvrit les yeux, les hommes égarés tournèrent la tête; il n'était plus temps pour revenir en arrière, il était encore temps pour mourir avec honneur. Plus heureux que son frère, Chénier vint désavouer son siècle sur l'échafaud.

Il s'était présenté pour défendre Louis XVI, et, quand le martyr fut envoyé au ciel, il rédigea cette lettre par laquelle la dernière ressource de l'appel au peuple fut en vain offerte à la conscience des bourreaux.

Cet homme si digne de sympathie n'eut pas le temps de devenir un poëte parfait; mais, en parcourant les fragments qu'il nous a laissés, on rencontre des détails qui font oublier tout ce qui lui manque. Nous allons en signaler quelques-uns. Voyons d'abord le tableau de Thésée tuant un centaure :

> Il va fendre sa tête ;
> Soudain le fils d'Égée, invincible, sanglant,
> L'aperçoit, à l'autel prend un chêne brûlant,
> Sur sa croupe indomptée, avec un cri terrible,
> S'élance, va saisir sa chevelure horrible,
> L'entraîne, et, quand sa bouche, ouverte avec effort,
> Crie, il y plonge ensemble et la flamme et la mort.

Ce morceau présente ce qui constitue l'originalité des poëtes anciens, la trivialité dans la grandeur! D'ailleurs, l'action est vive, toutes les circonstances sont bien saisies et les épithètes sont pittoresques. Que lui manque-t-il? Une coupe *élégante*? nous préférons cependant une pareille « barbarie » à ces vers qui n'ont d'autre mérite qu'une irréprochable médiocrité.

Il y a dans Ovide :

> Nec dicere Rhœtus
> Plura sinit, rutilasque ferox per aperta loquentis
> Condidit ora viri, perque os in pectore flammas.

C'est ainsi que Chénier imite. En maître. Il avait dit des serviles imitateurs :

> La nuit vient, le corps reste et son ombre s'enfuit.

Voyez encore ces vers de l'apothéose d'Hercule :

> Il monte, sous ses pieds
> Étend du vieux lion la dépouille héroïque,
> Et, l'œil au ciel, la main sur la massue antique,
> Attend sa récompense et l'heure d'être un dieu.

> Le vent souffle et mugit, le bûcher tout en feu
> Brille autour du héros, et la flamme rapide
> Porte aux palais divins l'âme du grand Alcide.

Nous préférons cette image à celle d'Ovide, qui peint Hercule étendu sur son bûcher, avec un visage aussi calme que s'il était couché sur le lit des festins. Remarquons seulement que l'image d'Ovide est païenne, celle d'André de Chénier est chrétienne.

Veut-on maintenant des vers bien faits, des vers où brille le mérite de la difficulté vaincue, tournons la page, car, pour citer, on n'a guère que l'embarras du choix :

> Toujours ce souvenir m'attendrit et me touche,
> Quand lui-même, appliquant la flûte sur ma bouche,
> Riant et m'asseyant près de lui sur son cœur,
> M'appelait son rival et déjà son vainqueur;
> Il façonnait ma lèvre inhabile et peu sûre
> A souffler une haleine harmonieuse et pure,
> Et ses savantes mains, prenant mes jeunes doigts,
> Les levaient, les baissaient, recommençaient vingt fois,
> Leur enseignant ainsi, quoique faibles encore,
> A fermer tour à tour les trous du buis sonore.

Veut-on des images gracieuses :

> J'étais un faible enfant, qu'elle était grande et belle;
> Elle me souriait et m'appelait près d'elle;
> Debout sur ses genoux, mon innocente main
> Parcourait ses cheveux, son visage, son sein;
> Et sa main, quelquefois aimante et caressante,
> Feignait de châtier mon enfance imprudente.
> C'est devant ses amants, auprès d'elle confus,
> Que la fière beauté me caressait le plus.
> Que de fois (mais, hélas! que sent-on à cet âge?),
> Que de fois ses baisers ont pressé mon visage!
> Et les bergers disaient, me voyant triomphant :
> Oh! que de biens perdus! O trop heureux enfant!

Les idylles de Chénier sont la partie la moins travaillée de ses ouvrages, et cependant nous connaissons peu de poëmes dans la langue française dont la lecture soit plus attachante ; cela tient à cette vérité de détails, à cette abondance d'images qui caractérisent la poésie antique. On a observé que telle églogue de Virgile pourrait fournir des sujets à toute une galerie de tableaux.

Mais c'est surtout dans l'élégie qu'éclate le talent d'André de Chénier. C'est là qu'il est original, c'est là qu'il laisse tous ses rivaux en arrière. Peut-être l'habitude de l'antiquité nous égare, peut-être avons-nous lu avec trop de complaisance les premiers essais d'un poëte malheureux ; cependant nous osons croire, et nous ne craignons pas de le dire, que, malgré tous ses défauts, André de Chénier sera regardé parmi nous comme le père et le modèle de la véritable élégie. C'est ici qu'on est saisi d'un profond regret, en voyant combien ce jeune talent marchait déjà de lui-même vers un perfectionnement rapide. En effet, élevé au milieu des muses antiques, il ne lui manquait que la familiarité de sa langue ; d'ailleurs, il n'était dépourvu ni de sens ni de lecture, et encore moins de ce goût qui n'est que l'instinct du vrai beau. Aussi voit-on ses défauts faire rapidement place à des beautés hardies, et, s'il se débarrasse encore quelquefois des entraves grammaticales, ce n'est plus guère qu'à la manière de la Fontaine, pour donner à son style plus de mouvement, de grâce et d'énergie. Nous citerons ces vers :

Et c'est Glycère, amis, chez qui la table est prête ?
Et la belle Amélie est aussi de la fête ?
Et Rose, qui jamais ne lasse les désirs,
Et dont la danse molle aiguillonne aux plaisirs !
....
J'y consens, avec vous je suis prêt à m'y rendre :
Allons ! Mais si Camille, ô dieux ! vient à l'apprendre !
Quel orage suivra ce banquet tant vanté,
S'il faut qu'à son oreille un mot en soit porté !
Oh ! vous ne savez pas jusqu'où va son empire.
Si j'ai loué des yeux, une bouche, un sourire,
Ou si, près d'une belle assis en un repas,
Nos lèvres en riant ont murmuré tout bas,
Elle a tout vu. Bientôt, cris, reproches, injure,
Un mot, un geste, un rien, tout était un parjure.
« Chacun pour cette belle avait vu mes égards ;
» Je lui parlais des yeux, je cherchais ses regards. »
Et puis des pleurs, des pleurs... que Memnon sur sa cendre
A sa mère immortelle en a moins fait répandre !
Que dis-je ? sa colère ose en venir aux coups...

Et ceux-ci, où éclatent, à un égal degré, la variété des coupes et la vivacité des tournures :

Une amante moins belle aime mieux, et du moins,
Humble et timide, à plaire elle est pleine de soins ;
Elle est tendre, elle a peur de pleurer votre absence ;
Fidèle, peu d'amants attaquent sa constance ;
Et son égale humeur, sa facile gaieté,
L'habitude, à son front tiennent lieu de beauté.
Mais celle qui partout fait conquête nouvelle,
Celle qu'on ne voit point sans dire : Qu'elle est belle !
Insulte en son triomphe aux soupirs de l'amour.
Souveraine au milieu d'une tremblante cour,
Dans son léger caprice, inégale et soudaine,
Tendre et bonne aujourd'hui, demain froide et hautaine,
Si quelqu'un se dérobe à ses enchantements,
Qu'est-ce enfin qu'un de moins dans un peuple d'amants ?
On brigue ses regards, elle s'aime et s'admire
Et ne connaît d'amour que celui qu'elle inspire.

En général, quelle que soit l'inégalité du style de Chénier, il est peu de pages dans lesquelles on ne rencontre des images pareilles à celles-ci :

> Oh! si tu la voyais, cette belle coupable,
> Rougir, et s'accuser, et se justifier,
> Sans implorer sa grâce et sans s'humilier!
> Pourtant, de l'obtenir doucement inquiète,
> Et les cheveux épars, immobile, muette,
> Les bras, la gorge nue, en un mol abandon,
> Tourner sur toi des yeux qui demandent pardon,
> Crois qu'abjurant soudain le reproche farouche,
> Tes baisers porteraient le pardon sur sa bouche!

Voici encore un morceau d'un genre différent, aussi énergique que celui-là est gracieux. On croirait lire des vers de quelqu'un de nos vieux poëtes :

> Souvent las d'être esclave et de boire la lie
> De ce calice amer que l'on nomme la vie,
> Las du mépris des sots qui suit la pauvreté,
> Je regarde la tombe, asile souhaité!
> Je souris à la mort volontaire et prochaine.
> Je me prie en pleurant d'oser rompre ma chaîne.
> Le fer libérateur qui percerait mon sein
> Déjà frappe mes yeux et frémit sous ma main;
> Et puis mon cœur s'écoute et s'ouvre à la faiblesse;
> Mes parents, mes amis, l'avenir, ma jeunesse,
> Mes écrits imparfaits : car, à ses propres yeux,
> L'homme sait se cacher d'un voile spécieux...
> A quelque noir destin qu'elle soit asservie,
> D'une étreinte invincible il embrasse la vie,
> Et va chercher bien loin, plutôt que de mourir,
> Quelque prétexte ami de vivre et de souffrir.
> Il a souffert, il souffre, aveugle d'espérance,
> Il se traîne au tombeau de souffrance en souffrance,
> Et la mort, de nos maux ce remède si doux,
> Lui semble un nouveau mal, le plus cruel de tous!

Il est hors de doute que si Chénier avait vécu, il se serait placé un jour au rang des premiers poëtes lyriques. Jusque dans ses essais informes on trouve déjà tout le mérite du genre, la verve, l'entraînement, et cette fierté d'idées d'un homme qui pense par lui-même ; d'ailleurs, partout la même flexibilité de style ; là des images gracieuses ; ici des détails rendus avec la plus énergique trivialité. Ses odes, à la manière antique, écrites en latin, seraient citées comme des modèles d'élévation et d'énergie ; encore, toutes latines qu'elles sont, il n'est point rare d'y trouver des strophes dont aucun poëte français ne désavouerait la teinte ferme et originale.

> Vain espoir ! inutile soin !
> Ramper est des humains l'ambition commune ;
> C'est leur plaisir, c'est leur besoin.
> Voir fatigue leurs yeux, juger les importune.
> Ils laissent juger la fortune,
> Qui fait juste celui qu'elle fait tout-puissant.
> Ce n'est point la vertu, c'est la seule victoire
> Qui donne et l'honneur et la gloire.
> Teint du sang des vaincus, tout glaive est innocent.

Et plus loin :

> C'est bien. Fais-toi justice, ô peuple souverain !
> Dit cette cour lâche et hardie.
> Ils avaient dit : C'est bien, quand, la lyre à la main,
> L'incestueux chanteur, ivre de sang romain,
> Applaudissait à l'incendie.

Il n'y aura point d'opinion mixte sur André de Chénier. Il faut jeter le livre ou se résoudre à le relire souvent; ses vers ne veulent pas être jugés, mais sentis. Ils survivront à bien d'autres qui aujourd'hui paraissent meilleurs. Peut-être, comme le disait naïvement la Harpe, peut-être parce qu'ils renferment en effet quelque chose. En général, en lisant Chénier, substituez aux termes qui vous choquent leurs équivalents latins, il sera rare que vous ne rencontriez pas de beaux vers. D'ailleurs, vous trouverez dans Chénier la manière franche et large des anciens; rarement de vaines antithèses, plus souvent des pensées nouvelles, des peintures vivantes, partout l'empreinte de cette sensibilité profonde sans laquelle il n'est point de génie, et qui est peut-être le génie elle-même. Qu'est-ce, en effet qu'un poëte? Un homme qui sent fortement, exprimant ses sensations dans une langue plus expressive. La poésie, ce n'est presque que sentiment.

Il y a déjà dans la nouvelle génération née avec ce siècle des commencements de grands poëtes.

Attendez quelques années encore.

Les fils des dents du dragon n'avaient pas besoin d'être entièrement sortis de la terre pour qu'on reconnût en eux des guerriers; et, lorsque vous aviez vu seulement les gantelets d'Érix, vous pouviez juger les forces de l'athlète.

Homère.

LITTÉRATURE, ETC.

A UN TRADUCTEUR D'HOMÈRE

Les grands poëtes sont comme les grandes montagnes : ils ont beaucoup d'échos. Leurs chants sont répétés dans toutes les langues, parce que leurs noms se trouvent dans toutes les bouches. Homère a dû, plus que tout autre, à son immense renommée le privilége ou le malheur d'une foule d'interprètes. Chez tous les peuples, d'impuissants copistes et d'insipides traducteurs ont défiguré ses poëmes; depuis Accius Labeo, qui s'écriait :

> Crudum manduces Priamum Priamique puellos;
> « Mange tout crus Priam et ses enfants; »

jusqu'à ce brave contemporain de Marot qui faisait dire au chantre d'Achille :

> Lors, face à face, on vit ces deux grands ducs
> Piteusement sur la terre étendus;

depuis le siècle du grammairien Zoïle jusqu'à nos jours, il est impossible de calculer le nombre des pygmées qui ont tour à tour essayé de soulever la massue d'Hercule.

Croyez-moi, ne vous mêlez pas à ces nains. Votre traduction est encore en portefeuille; vous êtes bien heureux d'être à temps pour la brûler.

Une traduction d'Homère en vers français! c'est monstrueux et insoutenable, monsieur. Je vous affirme, en toute conscience, que je suis indigné de votre traduction.

Je ne la lirai certes pas. Je veux en être quitte pour la peur. Je déclare qu'une traduction en vers de n'importe qui, par n'importe qui, me semble chose absurde, impossible et chimérique. Et j'en sais quelque chose, moi qui ai rimé en français (ce que j'ai caché soigneusement jusqu'à ce jour) quatre ou cinq mille vers d'Horace, de Lucain et de Virgile; moi qui sais tout ce qui se perd d'un hexamètre qu'on transvase dans un alexandrin.

Mais Homère, monsieur! traduire Homère!

Savez-vous bien que la seule simplicité d'Homère a, de tout temps, été l'écueil des traducteurs? Madame Dacier l'a changée en platitude; Lamotte-Houdard, en sécheresse; Bitaubé, en fadaise. François Porto dit qu'il faudrait être un second Homère pour louer dignement le premier. Qui faudrait-il donc être pour le traduire?

EN VOYANT

DES ENFANTS SORTIR DE L'ÉCOLE

Juin 1820.

Je ris quand chaque soir de l'école voisine
Sort et s'échappe en foule une troupe enfantine,
Quand j'entends sur le seuil le sévère mentor
Dont les derniers avis les poursuivent encor :
— Hâtez-vous, il est tard, vos mères vous attendent !
Inutiles clameurs que les vents seuls entendent !
Il rentre. Alors la bande, avec des cris aigus,
Se sépare, oubliant les ordres de l'argus.
Les uns courent sans peur pendant qu'il fait un somme,
Simuler des assauts sur le foin du bonhomme ;
D'autres jusqu'en leurs nids surprennent les oiseaux
Qui le soir le charmaient, errant sous ses berceaux ;
Ou, se glissant sans bruit, vont voir avec mystère
S'ils ont laissé des noix au clos du presbytère.
Sans doute vous blâmez tous ces jeux dont je ris ;
Mais Montaigne, en songeant qu'il naquit dans Paris,
Vantait son air impur, la fange de ses rues ;
Montaigne *aimait Paris jusque dans ses verrues.*
J'ai passé par l'enfance, et cet âge chéri
Plaît, même en ses écarts, à mon cœur attendri.
Je ne sais, mais pour moi sa naïve ignorance
Couvre encor ses défauts d'un voile d'innocence.
Le lierre des rochers déguise le contour,
Et tout paraît charmant aux premiers feux du jour.

Age serein où l'âme, étrangère à l'envie,
Se prépare en riant aux douleurs de la vie,
Prend son penchant pour guide, et, simple en ses transports,
Fait le bien sans orgueil et le mal sans remords !

A DES PETITS ENFANTS EN CLASSE

Juin 1820.

Vous qui, les yeux fixés sur un gros caractère,
L'imitez vainement sur l'arène légère,
Et voyez chaque fois, malgré vos soins nouveaux,
Le cylindre fatal effacer vos travaux,
Ce triste passe-temps, mes enfants, c'est la vie :
Un jour, vers le bonheur tournant un œil d'envie,
Vous ferez comme moi, sur ce modèle heureux,
Bien des projets charmants, bien des plans généreux ;
Et puis viendra le sort, dont la main inquiète
Détruira dans un jour votre ébauche imparfaite !

Êtres purs et joyeux, meilleurs que nous ne sommes,
Enfants, pourquoi faut-il que vous deveniez hommes ?
Pourquoi faut-il qu'un jour vous soyez comme nous,
Esclaves ou tyrans, enviés ou jaloux ?

Il n'y a plus rien d'original aujourd'hui à pécher contre la grammaire; beaucoup d'écrivains nous ont lassés de cette originalité-là. Il faut aussi éviter de tirer parti des petits détails, genre qui montre de la recherche et de l'affectation. Il faut laisser ces puérils moyens d'amuser à ces gens qui mettent des intentions dans une virgule et des réflexions dans un trait suspensif, font de l'esprit sur tout et de l'érudition sur rien; et qui, dernièrement encore, à propos de ces piqueurs qui ont alarmé tout Paris, remirent sur la scène les hommes de tous les siècles et de tous les pays, depuis Caligula, qui piquait les mouches, jusqu'à don Quichotte, qui piquait les moines.

Campistron, comme Lagrange-Chancel, avait montré de bonne heure des dispositions pour la poésie, et cependant ils ne se sont jamais élevés tous les deux au-dessus du médiocre. Il est rare, en effet, que des talents si précoces parviennent jamais à la maturité du génie. C'est une vérité dont nous pouvons tous les jours nous convaincre davantage. Nous voyons des jeunes gens faire à dix-neuf ans ce que Racine n'aurait pas fait à vingt-cinq; mais à vingt-cinq ils sont arrivés à l'apogée de leur talent, et à vingt-huit ans ils ont déjà fait la moitié de leur gloire. On nous objectera que Voltaire aussi avait fait des vers dès son enfance; mais il est à remarquer que, dès quinze ans, Campistron et Lagrange-Chancel étaient connus dans les salons et considérés comme des petits grands hommes; tandis qu'au même âge Voltaire était déjà en fuite de chez son père; et, en général, ce n'est pas dans des cages, fussent-elles dorées, qu'il faut élever les aigles.

Quand un écrivain a pour qualité principale l'originalité, il perd souvent quelque chose à être cité. Ses peintures et ses réflexions, dictées par un esprit organisé d'une façon particulière, veulent être vues à la place où l'auteur les a disposées, précédées de ce qui les amène, suivies de ce qu'elles entraînent. Liées à l'ouvrage, la couleur bien appareillée des parties concourt à l'harmonie de l'ensemble; détachées du tout, cette même couleur devient disparate et forme une dissonance avec tout ce dont on l'entoure. Le style du critique, qui doit être simple et coulant, et qui est maintes fois plat et commun, présente un contraste choquant avec le style large, hardi et souvent brusque de l'auteur original. Une citation de tel grand poëte ou de tel grand écrivain encadrée dans la prose luisante récurée et bourgeoise de tel critique, c'est un effet pareil à celui que ferait une figure de Michel-Ange au milieu des casseroles trompe-l'œil de M. Drolling.

Il est difficile de ne point avoir de prévention contre cette manie, aujourd'hui si commune à nos auteurs, de réunir des imaginations toujours diverses et souvent contraires pour concourir au même ouvrage. Cowley, pressé par le marquis de Twikenham de s'adjoindre dans ses travaux je ne sais quel poëte obscur, répondit à Sa Seigneurie qu'un âne et un cheval traîneraient mal un chariot. Deux auteurs perdent souvent, en le mettant en commun, tout le talent qu'ils pourraient avoir chacun séparément. Il est impossible que deux têtes humaines conçoivent le même sujet absolument de la même manière; et l'absolue unité de la conception est la première qualité d'un ouvrage. Autrement les idées des divers collaborateurs se heurtent sans se lier, et il résulte de l'ensemble une discordance inévitable qui choque sans qu'on s'en rende raison. Les auteurs excellents, anciens et modernes, ont toujours travaillé seuls, et voilà pourquoi ils sont excellents.

UN FEUILLETON

Décembre 1820.

THÉATRE-FRANÇAIS — JEAN DE BOURGOGNE

TRAGÉDIE EN CINQ ACTES

C'est un inconvénient des sujets historiques d'embarrasser l'intelligence de notre savant parterre. Il arrive devant la toile sans rien connaître des événements qui vont se passer sous ses yeux, et auxquels ne l'initie qu'assez superficiellement une exposition toujours mal écoutée ou mal entendue. C'est dans le journal du lendemain que les spectateurs iront le plus souvent chercher de quelle race sortait le héros, à quelle famille appartenait l'héroïne, sur quel pays régnait le tyran, désappointés si le critique n'éclaire pas leur ignorance, et ne leur dit pas, comme au valet Hector, de quel pays était le *galant homme Sénèque*.

Nous nous dispenserons toutefois d'obéir à l'usage, d'abord parce que longtemps avant que nous nous mêlassions de régenter les théâtres, les petits précis historiques des feuilletons nous avaient toujours paru fort ennuyeux; ensuite parce que nous ne pouvons décemment nous flatter de réussir mieux au métier d'historien que tant de critiques plus habiles que nous, nos devanciers; et, sur ce, fort de l'avis de Barnes, qu'il suffit, pour gagner une cause, de trouver *deux raisons, bonnes ou mauvaises,* nous passons à *Jean de Bourgogne.*

Dès les premières scènes de cette pièce, nous voyons se dessiner trois principaux caractères, ce qui nous donne deux actions distinctes, ou, si l'on veut, deux faits en question différents, savoir : la question entre le Dauphin et le duc de Bourgogne, ou la France sera-t-elle sauvée? et la question entre le duc de Bourgogne et Valentine de Milan, ou la mort du duc d'Orléans sera-t-elle vengée? A cette inadvertance de diviser ainsi l'attention du spectateur en présentant deux héros à son affection, l'auteur a joint le tort beaucoup plus grand de ne pas réunir les deux affections qui en résultent en un seul et même intérêt. En effet, s'il nous montre le Dauphin prêt à tout sacrifier pour sauver la France, il nous montre en même temps la duchesse prête à tout sacrifier, même la France, pour sauver son mari; il suit de là que le spectateur, qui s'intéresse à l'une des deux actions, ne s'intéresse pas à l'autre, et réciproquement, de telle sorte que la moitié de la pièce est frappée de mort. Cette combinaison est d'autant plus malheureuse, qu'elle ne paraissait nullement nécessaire. Dès que l'auteur voulait commencer sa pièce par rappeler les crimes de Jean de Bourgogne, idée juste et tragique, il n'avait pas besoin de l'intervention personnelle de la duchesse d'Orléans; une lettre eût suffi, et le spectateur se serait trouvé transporté tout de suite au milieu des scènes animées du second acte, seul point véritable de la pièce où commence l'action.

Lorsque nous disons que l'action commence, nous sentons avec peine que nous nous servons d'une expression impropre ; c'est *paraît devoir commencer* que nous devrions dire. En effet, la tragédie nouvelle, estimable sous d'autres rapports, n'est encore, quant au plan, qu'une pièce comme tant d'autres, une tragédie sans action, une sorte de lanterne magique où tous les personnages courent les uns après les autres sans pouvoir jamais s'atteindre.

Ainsi, lorsque le Dauphin est à délibérer dans son conseil sur l'accusation portée contre le duc de Bourgogne, tout à coup celui-ci se présente, et, loin de se justifier, déclare la guerre à son souverain. Voilà une situation ; mais que produit-elle? Rien. Les deux partis se séparent avec des menaces réciproques. Cependant Tannegui-Duchâtel est là qui doit assassiner le prince un jour et qui devrait, ce semble, profiter de l'occasion. Et de deux choses l'une : ou le duc de Bourgogne a les moyens de s'emparer de la personne de son maître, et alors pourquoi ne le fait-il pas? ou il n'en a pas le pouvoir, et alors pourquoi vient-il s'exposer, par une bravade inutile, aux suites d'un premier mouvement, incalculables dans tout autre personnage qu'un héros aussi patient que le Dauphin?

Et plus loin encore, nous retrouvons la même situation, mais dégagée de tout ce qui peut la rendre décisive. On vient annoncer au Dauphin que le duc de Bourgogne est maître de Paris et qu'il marche sur le palais. Voilà le Dauphin en péril, comment fera-t-il pour en sortir? Rien de plus simple : il sort par une porte et le duc de Bourgogne entre par l'autre. Mais, dira l'auteur, le Dauphin se laisse entraîner. Et voilà justement le malheur, les grands caractères doivent toujours agir par eux-mêmes, autrement était-ce la peine de nous annoncer des géants, si auparavant vous aviez pris soin de leur attacher les jambes?

Cependant le duc de Bourgogne, resté seul, se garde bien de poursuivre le Dauphin, ce qui le mettrait dans la nécessité d'être vainqueur ou d'être vaincu. Il s'amuse à composer avec les Armagnacs, à rabattre les prétentions des Anglais, et même à offrir des places au chancelier. Puis il part pour Montereau. Tout à coup on apprend qu'il a accepté une entrevue avec le Dauphin et qu'il a été assassiné. Il est évident que si le commencement de la pièce nous a fait voir de grands événements ne produisant que de petits résultats, la balance se rétablit bien au dernier acte, et qu'il est difficile de voir un événement plus important produit par une cause plus légère et plus inattendue.

Nous venons d'exposer en peu de mots le plan de *Jean de Bourgogne*, dégagé de toutes les scènes épisodiques; il nous reste à examiner comment un auteur, qui est loin de manquer de talent, a pu être conduit à travailler sur un canevas aussi imparfait.

Le malheur de l'auteur vient d'avoir confondu les

deux espèces de tragédie : la tragédie de sentiments et la tragédie d'événements. Il suffit, pour s'en convaincre, d'établir entre ses deux héros quelques-uns des rapports naturels de frère à frère ou de père à fils ; nous allons voir disparaître toutes les difformités de son action. Par exemple, qu'un fils accusé d'un crime déclare la guerre à son père, doit-on être étonné que les deux personnages, eussent-ils la faculté de s'exterminer mutuellement, se séparent avec de simples menaces ? Y a-t-il rien de honteux dans la fuite d'un père devant un fils rebelle ? Et si ce fils périt assassiné malgré les ordres du père, la situation de celui-ci en sera-t-elle moins noble et moins touchante ? Nous venons, sans nous en apercevoir, de retracer l'aventure de David et d'Absalon, l'une des plus tragiques qui soient dans les livres saints.

Dans le cas actuel, dès que l'auteur voulait nous représenter la mort du duc de Bourgogne, il fallait choisir entre les deux hypothèses d'un meurtre fortuit ou d'un assassinat prémédité. La première était impraticable, puisqu'une tragédie doit avoir un commencement, une fin et un milieu. En admettant la seconde, il fallait, dès les premières scènes, poser la question tragique : le duc sera-t-il assassiné, ou ne le sera-t-il pas ? et faire naître l'intérêt de la lutte des circonstances qui le détournent de sa perte ou qui l'y entraînent. Mais, dans la tragédie telle qu'elle est faite, le spectateur, conduit d'incidents en incidents vers la catastrophe, sans que rien lie la catastrophe aux incidents, aperçoit à peine çà et là quelques intentions dramatiques, quelques combinaisons théâtrales qui font naufrage au milieu du flux et du reflux des épisodes.

———

Walter Scott cache son nom sous le nom de Jedediah Cleishbotham. Je ne vois pas pourquoi on l'en blâme.

Si un sot parvient à la célébrité, il ne lâche plus deux pages de son écriture sans les protéger de son nom, espérant que sa réputation fera celle de son livre, tandis que souvent celle de son livre défait la sienne. L'homme de mérite, dès qu'il est arrivé à la gloire, évite quelquefois de décorer de son nom les nouveaux écrits qu'il livre au public. Il a assez d'orgueil pour savoir que son nom influerait sur l'opinion, et assez de modestie pour ne pas le vouloir. Il aime à redevenir ignoré, pour se ménager, en quelque sorte, une nouvelle gloire. Il y a quelque chose de fanfaron dans ces guerriers d'Homère qui préludaient au combat en déclinant leurs noms et leurs généalogies; ce sont des héros plus vrais, ces chevaliers français qui combattaient la visière baissée, et ne découvraient le visage qu'après que le bras avait été reconnu.

LES VOUS ET LES TU

D'APRÈS LA RÉVOLUTION

ARISTIDE A BRUTUS

> Quien haga aplicaciones
> Con su pan se lo como.
> YRIARTE.

Brutus, te souvient-il, dis-moi,
Du temps où, las de ta livrée,
Tu vins en veste déchirée
Te joindre à ce bon peuple-roi
Fier de sa majesté sacrée
Et formé de gueux comme toi?
Dans ce beau temps de république,
Boire et jurer fut ton emploi.
Ton bonnet, ton jargon cinique,
Ton air sombre, inspiraient l'effroi;
Et, plein d'un feu patriotique,
Pour gagner le laurier civique,
Tous nos hameaux t'ont vu, je croi,
Fraterniser à coups de pique
Et piller au nom de la loi.

Las! l'autre jour, monsieur le prince,
Pour vous parler des intérêts
D'un vieil ami de ma province,
J'entrai dans votre beau palais.
D'abord, je fis, de mon air mince,
Rire un régiment de valets;
Puis, relégué dans l'antichambre,
Tout mouillé des pleurs de décembre,

J'attendis près du feu cloué,
Et comme un sage du Pirée,
Opposant, de tous bafoué,
Au sot orgueil de la livrée
La fierté du manteau troué.
On m'appelle enfin : je m'élance,
Et l'huissier de Votre Grandeur
Me fait traverser en silence
Quatre salons « dont l'élégance
» Égalait seule la splendeur ».
Bientôt, monseigneur, plein de joie,
Je vois, sur des carreaux de soie,
Votre Altesse en son cabinet,
Portant sur son sein, avec gloire,
Un beau cordon, brillant de moire,
De la couleur de ton bonnet.

Quoi! c'était donc un prince en herbe
Que mon cher Brutus d'autrefois!
On vous admire, je le vois :
Votre savoir passe en proverbe;
Vos festins sont dignes des rois;
Vos cadeaux sont d'un goût superbe;
Homme d'État, votre talent
Éclate en vos moindres saillies,
Et si vous dites des folies,
Vous les dites d'un ton galant.
Quant à moi, je ris en silence;
Car, puisque aujourd'hui l'opulence
Donne tout, grâce, esprit, vertus,
Les bons mots de Votre Excellence
Étaient les jurons de Brutus.

Adieu, monseigneur, sans rancune,
Briguez les sourires des rois
Et les faveurs de la fortune.
Pour moi, je n'en attends aucune.
Ma bourse, vide tous les mois,
Me force à changer de retraites;
Vous, dans un poste hasardeux,
Tâchez de rester où vous êtes,

Et puissions-nous vivre tous deux,
Vous sans remords, et moi sans dettes.

Excusez si, parfois encor,
J'ose rire de la bassesse
De ces courtisans brillants d'or
Dont la foule à grands flots vous presse,
Lorsque, entrant d'un air de noblesse
Dans les salons éblouissants
Du pouvoir et de la richesse,
L'illustre pied de Votre Altesse
Vient salir ces parquets glissants
Que tu frottais dans ta jeunesse.

Combien de malheureux, qui auraient pu mieux faire, se sont mis en tête d'écrire, parce qu'en fermant un beau livre ils s'étaient dit : J'en pourrais faire autant! Et cette réflexion-là ne prouvait rien, sinon que l'ouvrage était inimitable. En littérature comme en morale, plus une chose est belle, plus elle semble facile. Il y a quelque chose dans le cœur de l'homme qui lui fait prendre quelquefois le désir pour le pouvoir. C'est ainsi qu'il croit aisé de mourir comme d'Assas ou d'écrire comme Voltaire.

Si Walter Scott est Écossais, ses romans suffiraient pour nous l'apprendre. Son amour exclusif pour les sujets écossais prouve son amour pour l'Écosse; passionné pour les vieilles coutumes de sa patrie, il se dédommage, en les peignant fidèlement, de ne pouvoir plus les suivre avec religion, et son admiration pieuse pour le caractère national éclate jusque dans sa complaisance à en détailler les défauts. Une Irlandaise, lady Morgan, s'est offerte, pour ainsi dire, comme la rivale de Walter Scott, en s'obstinant [1], comme lui, à ne traiter que des sujets nationaux; mais il y a dans ses écrits beaucoup plus d'amour pour la célébrité que d'attachement pour son pays, et beaucoup moins d'orgueil national que de vanité personnelle. Lady Morgan paraît peindre avec plaisir les Irlandais; mais il est une Irlandaise qu'elle peint surtout et partout avec enthousiasme, et cette Irlandaise, c'est elle. Miss O'Hallogan dans *O'Donnell*, et lady Clancare dans *Florence Maccarthy*, ne sont autre chose que lady Morgan, flattée par elle-même.

Il faut le dire, auprès des tableaux pleins de vie et de chaleur de Scott, les croquis de lady Morgan ne sont que de pâles et froides esquisses. Les romans historiques de cette dame se laissent lire; les histoires romanesques de l'Écossais se font admirer. La raison en est simple : lady Morgan a assez de tact pour observer ce qu'elle voit, assez de mémoire pour retenir ce qu'elle observe, et assez de finesse pour rapporter à propos ce qu'elle a retenu; sa science ne va pas plus loin. Voilà pourquoi ses caractères, bien tracés quelquefois, ne sont pas soutenus; à côté d'un trait dont la vérité vous

---

[1] Il faut en excepter toutefois son roman sur la France.

frappe, parce qu'elle l'a copié sur la nature, vous en trouvez un autre choquant de fausseté, parce qu'elle l'invente. Walter Scott, au contraire, conçoit un caractère, après n'en avoir souvent observé qu'un trait; il le voit dans un mot, et le peint de même. Son excellent jugement fait qu'il ne s'égare point, et ce qu'il crée est presque toujours aussi vrai que ce qu'il observe. Quand le talent est poussé à ce point, il est plus que du talent; aussi peut-on réduire le parallèle en deux mots : lady Morgan est une femme d'esprit; Walter Scott est un homme de génie.

LA SAINT-CHARLES DE 1820

Je disais l'an passé : — Voici le jour de fête,
Charles m'attend; je veux ceignant de fleurs ma tête,
M'offrir avec ma fille à son premier coup d'œil;
Quand ce jour reviendra, ramené par l'année,
Si je lui porte un fils, fruit de mon hyménée,
 Mon bonheur sera de l'orgueil.

L'année a fui : voici le jour de fête!
Est-ce une fête, hélas! que l'on apprête?
Qu'est devenu ce jour jadis si doux?
De pleurs amers j'ai salué l'aurore;
Pourtant un Charle à mes vœux reste encore.
J'embrasse un fils, mais je n'ai plus d'époux.

Veuve, deux orphelins m'attachent à la terre.
Mon bien-aimé près d'eux ne viendra pas s'asseoir;

Ils ne dormiront pas sous les yeux de leur père,
Et j'irai sur leurs fronts, plaintive et solitaire,
　　Déposer le baiser du soir.

　　O vain regret ! félicité passée !
　　Voici le jour où, sur son sein pressée,
　　A mon époux je redisais ma foi,
　　Et je gémis sur une urne glacée,
　　Près de ce cœur qui ne bat plus pour moi ! —

　　　　Ainsi la veuve désolée,
　　　　Digne du martyr au cercueil,
　　　　D'un doux souvenir accablée,
　　　　Pleurait auprès du mausolée
　　　　Son court bonheur et son long deuil.

Nous voyions cependant, échappés aux naufrages,
Briller l'arc du salut au milieu des orages ;
Le ciel ne s'armait plus de présages d'effroi ;
De l'héroïque mère exauçant l'espérance,
Le Dieu qui fut enfant avait à notre France
　　Donné l'enfant qui sera roi.

———

Défiez-vous de ces gens armés d'un lorgnon qui s'en vont partout criant : J'observe mon siècle ! Tantôt leurs lunettes grossissent les objets, et alors des chats leur semblent des tigres ; tantôt elles les rapetissent, et alors des tigres leur paraissent des chats. Il faut observer avec ses yeux. Le moraliste, en effet, ne doit jamais parler que d'après son expérience immédiate, s'il veut jouir du bonheur ineffable, vanté par Addison, de trouver un jour dans la bibliothèque d'un inconnu son livre relié en maroquin, doré sur tranche et plié en plusieurs endroits.

Il est encore pour le moraliste une condition dont nous avons déjà parlé ailleurs, celle de rester inconnu des individus qu'il étudie; il faut qu'il entre chez eux, disait encore le même Addison, aussi librement qu'un chien, un chat, ou tout autre animal domestique.

Là-dessus nous pensons comme le *Spectateur*. L'observateur qui se vante de son rôle ressemble à Argus changé en paon, orgueilleux de ses cent yeux qui ne peuvent plus voir.

Quand une langue a déjà eu, comme la nôtre, plusieurs siècles de littérature, qu'elle a été créée et perfectionnée, maniée et torturée, qu'elle est faite à presque tous les styles, pliée à presque tous les genres, qu'elle a passé non-seulement par toutes les formes matérielles du rhythme, mais encore par je ne sais combien de cerveaux comiques, tragiques et lyriques, il s'échappe, comme une écume, de l'ensemble des ouvrages qui composent sa richesse littéraire, une certaine quantité, ou, pour ainsi dire, une certaine masse flottante de phrases convenues, d'hémistiches plus ou moins insignifiants,

Qui sont à tout le monde et ne sont à personne.

C'est alors que l'homme le moins inventif pourra, avec un peu de mémoire, s'amasser, en puisant dans ce réservoir public, une tragédie, un poëme, une ode, qui seront en vers de douze, ou huit, ou six syllabes, lesquels auront de bonnes rimes et d'excellentes césures, et ne manqueront même pas, si l'on veut, d'une élégance, d'une harmonie, d'une facilité quelconque. Là-dessus notre homme publiera son œuvre en un bon gros volume vide, et se croira poëte lyrique, épique ou tragique, à la façon de ce fou qui se croyait propriétaire de son hôpital. Cependant l'envie, protectrice de la médiocrité, sourira à son ouvrage; d'altiers critiques, qui voudront faire comme Dieu et créer quelque chose de rien, s'amuseront à lui bâtir une réputation; des connaisseurs, qui ne s'obstineront pas ridiculement à vouloir que des mots expriment des idées, vanteront, d'après le journal du matin, la clarté, la sagesse, le goût du nouveau poëte; les salons, échos des journaux, s'extasieront, et la publication dudit ouvrage n'aura d'autre inconvénient que d'user les bords du chapeau de Piron.

Ceux qui ne savent pas admirer par eux-mêmes se lassent bien vite d'admirer. Il y a au fond de presque tous les hommes je ne sais quel sentiment d'envie qui veille incessamment sur leur cœur pour y comprimer l'expression de la louange méritée, ou y enchaîner l'élan du juste enthousiasme. L'homme le plus vulgaire n'accordera à l'ouvrage le plus supérieur qu'un éloge assez restreint, pour qu'on ne puisse le croire incapable d'en faire autant. Il pensera presque que louer un autre, c'est proscrire son propre droit à la louange, et ne consentira au génie de tel poëte qu'autant qu'il ne paraîtra pas abdiquer le sien; et je parle ici, non de ceux qui écrivent, mais de ceux qui lisent, de ceux qui, la plupart n'écriront jamais. D'ailleurs, il est de mauvais ton d'applaudir, l'admiration donne à la physionomie une expression ridicule, et un transport d'enthousiasme peut déranger le pli d'une cravate.

Voilà, certes, de hautes raisons pour que des hommes immortels, qui honorent leur siècle parmi les siècles, traînent des vies d'amertume et de dégoûts; pour que le génie s'éteigne découragé sur un chef-d'œuvre, pour qu'un Camoëns mendie, pour qu'un Milton languisse dans la misère; pour que d'autres que nous ignorons, plus infortunés et plus grands peut-être, meurent sans même avoir pu révéler leurs noms et leurs talents, comme ces lampes qui s'allument et s'éteignent dans un tombeau!

Ajoutez à cela que, tandis que les illustrations les plus méritées sont refusées au génie, il voit s'élever sur lui une foule de réputations inexplicables et de renommées usurpées; il voit le petit nombre d'écrivains plus ou moins médiocres qui dirigent pour le moment l'opinion, exalter les médiocrités, qu'ils ne craignent pas, en déprimant sa supériorité, qu'ils redoutent. Qu'importe toute cette sollicitude du néant pour le néant! On réussira, à la vérité, à user l'âme, à empoisonner l'existence du grand homme; mais le temps et la mort viendront et feront justice. Les réputations dans l'opinion publique sont comme des liquides de différents poids dans un même vase. Qu'on agite le vase, on parviendra aisément à mêler les liqueurs; qu'on le laisse reposer, elles reprendront toutes, lentement et d'elles-mêmes, l'ordre que leurs pesanteurs et la nature leur assignent.

———

Des réflexions amères viennent à l'esprit quand on songe à l'extinction, aujourd'hui inévitable, de cette illustre race de Condé, qui, sans jamais s'asseoir sur le trône, avait toujours été remarquable entre toutes les races royales de l'Europe, et avait fondé dans la maison de France une sorte de dynastie militaire, accoutumée à régner au milieu des camps et des champs de bataille. Si, dans quelques années, de nouvelles convulsions politiques amenaient (ce qu'à Dieu ne plaise!) de nouvelles guerres civiles, nous tous qui servons aujourd'hui la cause monarchique, nous serions bien alors des exilés, des bannis, des proscrits; mais nous ne serions plus, comme les vainqueurs de Berstheim et de Biberach, des condéens. Car, du moins, pour ces fidèles guerriers sans foyer et sans asile, le nom de leur chef sexagénaire, ce grand nom de Condé, était devenu comme une patrie.

———

La peinture des passions, variables comme le cœur humain, est une source inépuisable d'expressions et d'idées neuves ; il n'en est pas de même de la volupté. Là, tout est matériel, et, quand vous avez épuisé l'albâtre, la rose et la neige, tout est dit.

———

Ceux qui observent avec un curieux plaisir les divers changements que le temps et les temps amènent dans l'esprit d'une nation considérée comme grand individu, peuvent remarquer en ce moment un singulier phénomène littéraire, né d'un autre phénomène politique, la révolution française. Il y a aujourd'hui en France combat entre une opinion littéraire encore trop puissante et le génie de ce siècle. Cette opinion, aride héritage légué à notre époque par le siècle de Voltaire, ne veut marcher qu'escortée de toutes les gloires du siècle de Louis XIV. C'est elle qui ne voit de poésie que sous la forme étroite du vers ; qui, semblable aux juges de Galilée, ne veut pas que la terre tourne et que le talent crée ; qui ordonne aux aigles de ne voler qu'avec des ailes de cire; qui mêle, dans son aveugle admiration, à des renommées immortelles, qu'elle eût persécutées si elles avaient paru de nos jours, je ne sais quelles vieilles réputations usurpées que les siècles se passent avec indifférence et dont elle se fait des autorités contre les réputations contemporaines; en un mot, qui poursuivrait du nom de Corneille mort Corneille renaissant.

Cette opinion décourageante et injurieuse condamne toute originalité comme une hérésie. Elle crie que le règne des lettres est passé, que les muses se sont exilées et ne reviendront plus, et chaque jour de jeunes lyres lui donnent d'harmonieux démentis, et la poésie française se renouvelle glorieusement autour de nous. Nous sommes à l'aurore d'une grande ère littéraire, et cette flétrissante opinion voudrait que notre époque, si éclatante de son propre éclat, ne fût que le pâle reflet des deux époques précédentes! La littérature funeste du siècle passé a, pour ainsi parler, exhalé cette opinion antipoétique dans notre siècle comme un miasme chargé de principes de mort, et, pour dire la vérité entière, nous conviendrons qu'elle dirige l'immense majorité des esprits qui composent parmi nous le public littéraire. Les chefs qui l'ont donnée ont disparu; mais elle gouverne toujours la masse, elle surnage encore comme un navire qui a perdu ses mâts. Cependant il s'élève de jeunes têtes, pleines de sève et de vigueur, qui ont médité la Bible, Homère et Dante, qui se sont abreuvées aux sources primitives de l'inspiration, et qui portent en elles la gloire de notre siècle. Ces jeunes hommes seront les chefs d'une école nouvelle et pure, rivale et non ennemie des écoles anciennes, d'une opinion poétique qui sera un jour aussi celle de la masse. En attendant, ils auront bien des combats à livrer, bien des luttes à soutenir; mais ils supporteront avec le courage du génie les adversités de la gloire. La routine reculera bien lentement devant eux, mais il viendra un jour où elle tombera pour leur faire place, comme la scorie desséchée d'une vieille plaie qui se cicatrise.

———

Tous ces hommes graves qui sont si clairvoyants en grammaire, en versification, en prosodie, et si aveugles en poésie, nous rappellent ces médecins qui connaissent la moindre fibre de la machine humaine, mais qui nient l'âme et ignorent la vertu.

———

DU GÉNIE

Toute passion est éloquente; tout homme persuadé persuade; pour arracher des pleurs, il faut pleurer; l'enthousiasme est contagieux, a-t-on dit.

Prenez une femme et arrachez-lui son enfant; rassemblez tous les rhéteurs de la terre, et vous pourrez dire : *A la mort, et allons dîner*. Écoutez la mère : d'où vient qu'elle a trouvé des cris, des pleurs qui vous ont attendri, et que la sentence vous est tombée des mains? On a parlé comme d'une chose étonnante de l'éloquence de Cicéron et de la clémence de César; si Cicéron eût été le père de Ligarius, qu'en eût-on dit? Il n'y avait rien là que de simple.

Et, en effet, il est un langage qui ne trompe point, que tous les hommes entendent, et qui a été donné à tous les hommes, c'est celui des grandes passions comme des grands événements, *sunt lacrymæ rerum;* il est des moments où toutes les âmes se comprennent, où Israël se lève tout entier comme un seul homme.

Qu'est-ce que l'éloquence? dit Démosthène. L'action, l'action, et puis encore l'action. — Mais, en morale comme en physique, pour imprimer du mouvement, il faut en posséder soi-même. Comment se communique-t-il? Ceci vient de plus haut; qu'il vous suffise que les choses se passent ainsi. Voulez-vous émouvoir, soyez ému; pleurez, vous tirerez des pleurs : c'est un cercle où tout vous ramène et d'où vous ne pouvez sortir. Et en effet, je vous le demande, à quoi nous eût servi le don de nous communiquer nos idées si, comme à Cassandre, il nous eût été refusé la faculté de nous faire croire? Quel fut le plus beau moment de l'orateur romain? Celui où les tribuns du peuple lui interdisaient la parole. — Romains, s'écria-t-il, je jure que j'ai sauvé la république! Et tout le peuple se leva, criant : Nous jurons qu'il a dit la vérité.

Et ce que nous venons de dire de l'éloquence, nous le dirons de tous les arts, car tous les arts ne sont que la même langue différemment parlée. Et, en effet, qu'est-ce que nos idées? Des sensations, et des sensations comparées. Qu'est-ce que les arts, sinon les diverses manières d'exprimer nos idées?

Rousseau, s'examinant soi-même et se confrontant avec ce modèle idéal que tous les hommes portent gravé dans leur conscience, traça un plan d'éducation par lequel il garantissait son élève de tous ses vices, mais en même temps de toutes ses vertus. Le grand homme ne s'aperçut pas qu'en donnant à son Émile ce qui lui manquait, il lui ôtait ce qu'il possédait lui-même. Et en effet, cet homme élevé au milieu du rire et de la joie serait comme un athlète élevé loin des combats. Pour être un Hercule, il faut avoir étouffé les serpents dès le berceau. Tu veux lui épargner la lutte des passions, mais est-ce donc vivre que d'avoir évité la vie? Qu'est-ce qu'exister? dit Locke. C'est sentir. Les grands hommes sont ceux qui ont beaucoup senti, beaucoup vécu; et souvent, en quelques années, on a vécu bien des vies. Qu'on ne s'y trompe pas, les hauts sapins ne croissent que dans la région des orages. Athènes, ville du tumulte, eut mille grands hommes; Sparte, ville de l'ordre, n'en eut qu'un, Lycurgue; et Lycurgue était né avant ses lois.

Aussi voyons-nous la plupart des grands hommes apparaître au milieu des grandes fermentations populaires : Homère, au milieu des siècles héroïques de la Grèce; Virgile, sous le triumvirat; Ossian, sur les débris de sa patrie et de ses dieux; le Dante, l'Arioste, le Tasse, au milieu des convulsions renaissantes de l'Italie; Corneille et Racine, au siècle de la Fronde; et enfin Milton, entonnant la première révolte au pied de l'échafaud sanglant de White-Hall.

Et si nous examinons quel fut en particulier le destin de ces grands hommes, nous les voyons tous tourmentés par une vie agitée et misérable. Camoëns fend les mers son poëme à la main; d'Ercilla écrit ses vers sur des peaux de bêtes dans les forêts du Mexique. Ceux-là que les souffrances du corps ne distraient pas des souffrances de l'âme traînent une vie orageuse, dévorés par une irritabilité de caractère qui les rend à charge à eux-mêmes et à ceux qui les entourent. Heureux ceux qui ne meurent pas avant le temps, consumés par l'activité de leur propre génie, comme Pascal; de douleur, comme Molière et Racine; ou vaincus par les terreurs de leur propre imagination, comme ce Tasse infortuné !

Admettant donc ce principe reconnu de toute l'antiquité, que les grandes passions font les grands hommes, nous reconnaîtrons en même temps que, de même qu'il y a des passions plus ou moins fortes, de même il existe divers degrés de génie.

Et, examinant maintenant quelles sont les choses les plus capables d'exciter la violence de nos passions, c'est-à-dire de nos désirs, qui ne sont eux-mêmes que des volontés plus ou moins prononcées, jusqu'à cette volonté ferme et constante par laquelle on désire une chose de toute sa vie, tout ou rien, comme César, levier terrible par lequel l'homme se brise lui-même, nous tomberons d'accord que s'il existe une chose capable d'exciter une volonté pareille dans une âme noble et ferme, ce doit être sans contredit ce qu'il y a de plus grand parmi les hommes.

Or, jetant maintenant les yeux autour de nous, considérons s'il est une chose à laquelle cette dénomination sublime ait été justement attribuée par le consentement unanime de tous les temps et de tous les peuples.

Et nous voici, jeunes gens, arrivés en peu de paroles à cette vérité ravissante devant laquelle toute la philosophie antique et le grand Platon lui-même avaient reculé, que le génie, c'est la vertu!

Poëtes, ayez toujours l'austérité d'un but moral devant les yeux. N'oubliez jamais que par hasard des enfants peuvent vous lire. Ayez pitié des têtes blondes.

On doit encore plus de respect à la jeunesse qu'à la vieillesse.

L'homme de génie ne doit reculer devant aucune difficulté; il fallait de petites armes aux hommes ordinaires; aux grands athlètes, il leur fallait les cestes d'Hercule.

PLAN DE TRAGÉDIE FAIT AU COLLÉGE

Deux des successeurs d'Alexandre, Cassandre et Alexandre, fils de Polyperchon, se disputent l'empire de la Grèce. Le premier est retranché dans la citadelle d'Athènes, le second campe sous les murailles. Athènes, entre ces deux puissants ennemis, menacée à tout moment de sa ruine, est encore tourmentée par des dissensions intérieures. Le peuple penche pour le parti d'Alexandre, qui promet de rétablir le gouvernement populaire; le sénat tient pour Cassandre, qui a rétabli le gouvernement aristocratique. De là la haine violente du peuple contre Phocion, chef du sénat et le plus grand ennemi des caprices de la multitude. Phocion, dans cette crise, où il s'agit de lui autant que de l'État, insensible à tout autre intérêt qu'à celui de ses concitoyens, ne songe qu'au salut de la république; il y travaille avec toute l'imprudence d'une belle âme. Les moyens qu'il emploie pour sauver la patrie sont ceux qu'on emploie pour le perdre lui-même. Il parvient à déterminer les deux chefs rivaux à s'éloigner de l'Attique et à respecter Athènes ; et dans le même moment il est accusé de trahison, traduit devant le peuple et condamné. Voilà, en peu de mots, toute l'action de la tragédie ; elle est simple, et peut-être noble pourtant. C'est le tableau des agitations populaires et de la vertu malheureuse, c'est-à-dire le plus grand exemple qu'on puisse mettre sous les yeux des hommes, et le spectacle digne des dieux.

D'un côté, la haine du peuple, les ennemis de Phocion, sa vertu imprudente, qui leur donne des armes contre lui, enfin Alexandre et son armée ; de l'autre, les troupes de Cassandre, le parti des bons citoyens, la vieille autorité du sénat, enfin l'ascendant éternel de la vertu, qui fait triompher Phocion toutes les fois qu'il se trouve en présence de la multitude. Ainsi la balance théâtrale est établie ; l'action se déroule par une suite de révolutions inattendues ; les moyens d'attaque et de résistance ont entre eux des proportions qui rendent l'anxiété possible.

Ainsi, lorsque au troisième acte Phocion n'a pas craint de se rendre au camp d'Alexandre, son ennemi, et qu'il l'a déterminé à accepter une entrevue avec Cassandre, il semble que cette démarche courageuse va désarmer l'ingratitude du peuple et fermer la bouche à ses accusateurs. Mais Phocion s'est exposé à la mort sans mandat ; il a méprisé pour sauver le peuple, un décret populaire qui le destituait de sa charge, décret que le sénat n'avait pas sanctionné. Ainsi, lorsque le spectateur croit que l'action marche vers un heureux dénoûment, il se trouve que le péril est au comble. Le peuple, en pleine révolte, assiége la demeure de Phocion. Il ne se présente aucun moyen de salut. Le sénat est sans force, et Cassandre est trop éloigné. Il n'y a plus qu'à mourir. On propose à Phocion d'armer ses esclaves et de vendre chèrement sa vie. Mais le grand homme refuse. Le peuple se précipite sur la scène en criant : — La mort ! la mort ! Phocion n'en est point ému. Les orateurs agitent la multitude par leurs cris. Phocion la harangue ; mais, voyant que le tumulte redouble et qu'il ne peut parvenir à la ramener à des sentiments humains, il monte sur son tribunal, et à ce mouvement la révolution théâtrale est opérée. Ce n'est plus le vieillard disputant sa vie contre une populace effrénée, c'est un juge suprême qui foudroie des révoltés. Les assassins tombent aux genoux de Phocion. Le vieillard, profondément ému de l'ingratitude de ses concitoyens, ne leur demande pas vengeance, il ne leur demande pas même la vie, il ne leur demande que de le laisser vivre encore un jour pour les sauver. Ainsi la face de la scène est changée ; le peuple est apaisé ; les deux rois vont se rendre dans la ville pour conclure une trêve ; il semble que Phocion n'ait plus rien à craindre. Tout à coup Agnonide se lève et conseille de se saisir des deux rois et de mettre ainsi fin aux malheurs de la Grèce. A cette proposition perfide, dont il ne développe que trop bien les avantages, l'incertitude renaît ; on sent tout de suite quel effet la réponse de Phocion va produire sur un peuple chez qui Aristide n'osa pas une seconde fois préférer le juste à l'utile. Phocion voit le piége, et il n'en est point étonné. Il fait ce qu'Aristide n'aurait point osé faire, il reste du parti de la chose juste contre la chose utile. L'entrevue des deux rois est rompue, et Phocion est cité devant l'assemblée du peuple comme coupable d'avoir laissé échapper l'occasion de sauver la république.

Ici l'action se presse. Phocion est sur le point d'être traîné devant cette assemblée, composée d'un ramassis d'esclaves et d'étrangers ameutés par ses ennemis, lorsqu'on apprend que Cassandre descend de l'Acropolis et marche à son secours. Le vieillard, quoique l'on viole les lois pour le faire condamner, ne veut pas être sauvé malgré les lois. Il marche lui-même au-devant de ses libérateurs et les force à rentrer dans la citadelle; il revient ensuite se présenter devant le peuple. Il est au moment d'être absous, lorsque tout à coup l'armée d'Alexandre paraît sous les remparts. Le peuple se révolte, l'autorité du sénat est méconnue, et Phocion est condamné. Il prend la coupe et boit gravement le poison.

Cette tragédie pourrait être belle; cependant elle n'obtiendrait qu'un succès d'estime. Cela tient à ce qu'elle serait froide : au théâtre un conte d'amour vaut mieux que toute l'histoire.

Campistron a déjà mis le sujet de Phocion sur la scène. Sa pièce, comme toutes celles qu'il a faites, est assez bien conçue et n'est pas mal conduite. Il y a quelque invention dans les caractères, mais il n'a point su les soutenir. C'est ce qui arrive souvent aux gens qui, comme lui, n'ont ni vu ni observé, et qui s'imaginent qu'on fait de l'amour avec des exclamations, et de la vertu avec des maximes.

Ainsi, dans une scène, d'ailleurs assez bien écrite, si l'on admet que le style des tragédies de Voltaire est un bon style, entre le tyran et Phocion, celui-ci, après avoir dit en vrai capitan :

> Un homme tel que moi, loin de s'humilier,
> Conte ce qu'il a fait pour se justifier ;
> Ose toi-même ici rappeler mon histoire.
> Elle ne t'offrira que des jours pleins de gloire ;
> Chaque instant est marqué par quelque exploit fameux...
> Mais que dis-je ? où m'emporte un mouvement honteux ?

se reprend tout à coup, et il ajoute avec une emphase de modestie aussi ridicule que sa jactance :

> Est-ce à moi de conter la gloire de ma vie ?
> D'en retracer le cours quand Athènes l'oublie ?
> J'en rougis ; je suis prêt à me désavouer.
> Prononce : j'aime mieux mourir que me louer.

Et plus loin, Campistron, ne sachant comment faire revenir Phocion mourant sur la scène, s'avise de lui faire demander une entrevue au tyran. Le tyran, très-surpris, accorde par pur motif de curiosité ; mais, comme ce ne serait pas le compte de l'auteur de mettre en tête-à-tête deux personnages qui n'ont réellement rien à se dire, au moment d'entretenir Phocion, on vient chercher le tyran pour une révolte. Celui-ci, comme de raison, oublie de donner contre-ordre pour l'entrevue. Phocion arrive, et, ne trouvant pas le tyran, il cherche dans sa tête quelle raison peut lui avoir fait quitter la scène, et il n'en trouve pas de meilleure, sinon que c'est qu'il lui fait peur, et il ajoute, avec une bonhomie tout à fait comique :

> Sans armes et mourant je le force à me craindre.
> Que le sort d'un tyran, justes dieux ! est à plaindre !

Et plus loin encore, Phocion mourant, qui se promène durant tout le cinquième acte au milieu de la sédition, se rencontre avec sa fille Chrysis, et il s'occupe, en bon père, à lui chercher un mari. Le passage est réellement curieux. Savez-vous sur qui son choix s'arrête ? Sur le fils du tyran. Il semble, comme dit le proverbe, qu'il n'y a qu'à se baisser et en prendre.

> Et voulant, en mourant, vous choisir un époux,
> Je ne trouve que lui qui soit digne de vous.

La réponse de la fille est peut-être encore plus singulière :

> Qu'entends-je ! ô ciel ! seigneur, m'en croyez-vous capable ?
> Je ne vous cèle point qu'il me paraît aimable.

C'est cette même Chrysis qui, voyant mourir son

O fortune contraire,
J'ose, après de tels coups, défier ta colère !

LITTÉRATURE, ETC.

père et son amant, trop bien élevée pour les suivre, s'écrie avec une naïveté si touchante :

> O fortune contraire,
> J'ose, après de tels coups, défier ta colère !

Et elle s'en va, et la toile tombe. En pareil cas Corneille est sublime, il fait dire à Eurydice :

> Non, je ne pleure pas, madame, mais je meurs.

En 1793, la France faisait front à l'Europe, la Vendée tenait tête à la France. La France était plus grande que l'Europe, la Vendée était plus grande que la France.

Décembre.

Le tout jeune homme qui s'éveille de nos jours aux idées politiques est dans une perplexité étrange. En général, nos pères sont bonapartistes, nos mères sont royalistes.

Nos pères ne voient dans Napoléon que l'homme qui leur donnait des épaulettes; nos mères ne voient dans Buonaparte que l'homme qui leur prenait leurs fils.

Pour nos pères, la révolution c'est la plus grande chose qu'ait pu faire le génie d'une assemblée; l'empire c'est la plus grande chose qu'ait pu faire le génie d'un homme. Pour nos mères, la révolution c'est une guillotine, l'empire c'est un sabre.

Nous autres enfants nés sous le consulat, nous avons tous grandi sur les genoux de nos mères, nos pères étant au camp; et, bien souvent privées, par la fantaisie conquérante d'un homme, de leurs maris, de leurs frères, elles ont fixé sur nous, frais écoliers de huit ou dix ans, leurs doux yeux maternels remplis de larmes, en songeant que nous aurions dix-huit ans en 1820, et qu'en 1825 nous serions colonels ou morts.

L'acclamation qui a salué Louis-XVIII en 1814, ç'a été un cri de joie des mères.

En général, il est peu d'adolescents de notre génération qui n'aient sucé avec le lait de leurs mères la haine des deux époques violentes qui ont précédé la restauration. Le croquemitaine des enfants de 1802, c'était Robespierre; le croquemitaine des enfants de 1815, c'était Buonaparte.

Dernièrement, je venais de soutenir ardemment, en présence de mon père, mes opinions vendéennes. Mon père m'a écouté parler en silence, puis il s'est tourné vers le général L****, qui était là, et il lui a dit: *Lais-*

sons faire le temps. L'enfant est de l'opinion de sa mère, l'homme sera de l'opinion de son père.

Cette prédiction m'a laissé tout pensif.

Quoi qu'il arrive, et en admettant même jusqu'à un certain point que l'expérience puisse modifier l'impression que nous fait le premier aspect des choses à notre entrée dans la vie, l'honnête homme est sûr de ne point errer en soumettant toutes ces modifications à la sévère critique de sa conscience. Une bonne conscience qui veille dans un esprit le sauve de toutes les mauvaises directions où l'honnêteté peut se perdre. Au moyen âge, on croyait que tout liquide où un saphir avait séjourné était un préservatif contre la peste, le charbon et la lèpre et *toutes ses espèces*, dit Jean-Baptiste de Rocoles.

Ce saphir, c'est la conscience.

JOURNAL

DES IDÉES ET DES OPINIONS

D'UN RÉVOLUTIONNAIRE

DE 1830

AOUT

Après juillet 1830, il nous faut la chose *république* et le mot *monarchie*.

A ne considérer les choses que sous le point de vue de l'expédient politique, la révolution de juillet nous a fait passer brusquement du constitutionnalisme au républicanisme. La machine anglaise est désormais hors de service en France; les whigs siégeraient à l'extrême droite de notre Chambre. L'opposition a changé de terrain comme le reste. Avant le 30 juillet, elle était en Angleterre, aujourd'hui elle est en Amérique.

Les sociétés ne sont bien gouvernées en fait et en droit que lorsque ces deux forces, l'intelligence et le pouvoir, se superposent. Si l'intelligence n'éclaire encore qu'une tête au sommet du corps social, que cette tête règne; les théocraties ont leur logique et leur beauté. Dès que plusieurs ont la lumière, que plusieurs gouvernent, les aristocraties sont alors légitimes. Mais, lorsqu'enfin l'ombre a disparu de partout, quand toutes les têtes sont dans la lumière, que tous régissent tout. Le peuple est mûr à la république; qu'il ait la république.

Tout ce que nous voyons maintenant, c'est une aurore. Rien n'y manque, pas même le coq.

La fatalité, que les anciens disaient aveugle, y voit clair et raisonne. Les événements se suivent, s'enchaînent et se déduisent dans l'histoire avec une logique qui effraye. En se plaçant un peu à distance, on peut saisir toutes leurs démonstrations dans leurs rigoureuses et colossales proportions, et la raison humaine brise sa courte mesure devant ces grands syllogismes du destin.

Il ne peut y avoir rien que de factice, d'artificiel et de plâtre dans un ordre de choses où les inégalités sociales contrarient les inégalités naturelles.

L'équilibre parfait de la société résulte de la superposition immédiate de ces deux inégalités.

Les rois ont le jour, les peuples ont le lendemain!

Donneurs de places! preneurs de places! demandeurs de places! gardeurs de places! — C'est pitié de voir tous ces gens qui mettent une cocarde tricolore à leur marmite.

Il y a, dit Hippocrate, l'inconnu, le mystérieux, le *divin* des maladies. *Quid divinum.* Ce qu'il dit des maladies, on peut le dire des révolutions.

La dernière raison des rois, le boulet. La dernière raison des peuples, le pavé.

Je ne suis pas de vos gens coiffés du bonnet rouge et entêtés de la guillotine.

Pour beaucoup de raisonneurs à froid qui font après coup la théorie de la Terreur, 93 a été une amputation brutale, mais nécessaire. Robespierre est un Dupuytren politique. Ce que nous appelons la guillotine n'est qu'un bistouri.

C'est possible. Mais il faut désormais que les maux de la société soient traités non par le bistouri, mais par la lente et graduelle purification du sang, par la résorption prudente des humeurs extravasées, par la saine alimentation, par l'exercice des forces et des facultés, par le bon régime. Ne nous adressons plus au chirurgien, mais au médecin.

Beaucoup de bonnes choses sont ébranlées et toutes tremblantes encore de la brusque secousse qui vient d'avoir lieu. Les hommes d'art en particulier sont fort stupéfaits et courent dans toutes les directions après leurs idées éparpillées. Qu'ils se rassurent. Ce tremblement de terre passé, j'ai la ferme conviction que nous retrouverons notre édifice de poésie debout et plus solide de toutes les secousses auxquelles il aura résisté. C'est aussi une question de liberté que la nôtre, c'est aussi une révolution. Elle marchera intacte à côté de sa sœur la politique. Les révolutions, comme les loups, ne se mangent pas.

SEPTEMBRE

Notre maladie depuis six semaines, c'est le ministère et la majorité de la Chambre qui nous l'ont faite; c'est une révolution rentrée.

On a tort de croire que l'équilibre européen ne sera pas dérangé par notre révolution. Il le sera. Ce qui nous rend forts, c'est que nous pouvons lâcher son peuple sur tout roi qui nous lâchera son armée. Une révolution combattra pour nous partout où nous le voudrons.

L'Angleterre seule est redoutable pour mille raisons.

Le ministère anglais nous fait bonne mine parce que nous avons inspiré au peuple anglais un enthousiasme qui pousse le gouvernement. Cependant Wellington sait par où nous prendre; il nous entamera, l'heure venue, par Alger ou par la Belgique. Or, nous devions chercher à nous lier de plus en plus étroitement avec la population anglaise, pour tenir en respect son ministère ; et, pour cela, envoyer en Angleterre un ambassadeur populaire. Benjamin Constant, par exemple, dont on eût dételé la voiture de Douvres à Londres avec douze cent mille Anglais en cortége. De cette façon, notre ambassadeur eût été le premier personnage d'Angleterre, et qu'on juge le beau contre-coup qu'eût produit à Londres, à Manchester, à Birmingham, une déclaration de guerre à la France ! Planter l'idée française dans le sol anglais, c'eût été grand et politique.

L'union de la France et de l'Angleterre peut produire des résultats immenses pour l'avenir de l'humanité.

La France et l'Angleterre sont les deux pieds de la civilisation.

———

Chose étrange que la figure des gens qui passent dans les rues le lendemain d'une révolution ! A tout moment vous êtes coudoyé par le vice et l'impopularité en personne avec cocarde tricolore. Beaucoup s'imaginent que la cocarde couvre le front.

Nous assistons en ce moment à une averse de places qui a des effets singuliers. Cela débarbouille les uns. Cela crotte les autres.

———

On est tout stupéfait des existences qui surgissent toutes faites dans la nuit qui suit une révolution. Il y a du champignon dans l'homme politique. Hasard et intrigue. Coterie et loterie.

———

Charles X croit que la révolution qui l'a renversé est une conspiration creusée, minée, chauffée de longue main. Erreur! c'est tout simplement une ruade du peuple.

———

Mon ancienne conviction royaliste-catholique de 1820 s'est écroulée pièce à pièce depuis dix ans devant l'âge et l'expérience. Il en reste pourtant encore quelque chose dans mon esprit, mais ce n'est qu'une religieuse et poétique ruine. Je me détourne quelquefois pour la considérer avec respect, mais je n'y viens plus prier.

L'ordre sous la tyrannie, c'est, dit Alfieri quelque part, *une vie sans âme*.

L'idée de Dieu et l'idée du roi sont deux et doivent être deux. La monarchie à la Louis XIV les confond au détriment de l'ordre temporel, au détriment de l'ordre spirituel. Il résulte de ce monarchisme une sorte de mysticisme politique, de fétichisme royaliste, je ne sais quelle religion de la personne du roi, du corps du roi, qui a un palais pour temple et des gentilshommes de la chambre pour prêtres, avec l'étiquette pour Décalogue. De là toutes ces fictions qu'on appelle *droit divin, légitimité, grâce de Dieu*, et qui sont tout au rebours du véritable droit divin, qui est la justice; de la véritable légitimité, qui est l'intelligence; de la véritable grâce de Dieu, qui est la raison. Cette religion des courtisans n'aboutit à autre chose qu'à substituer la chemise d'un homme à la bannière de l'Église.

Nous sommes dans le moment des peurs paniques. Un club, par exemple, effraye : et c'est tout simple ; c'est un mot que la masse traduit par un chiffre : 93. Et, pour les basses classes, 93, c'est la disette ; pour les classes moyennes, c'est le maximum ; pour les hautes classes, c'est la guillotine.

Mais nous sommes en 1830.

La république, comme l'entendent certaines gens, c'est la guerre de ceux qui n'ont ni un sou, ni une idée, ni une vertu, contre quiconque a l'une de ces trois choses.

La république, selon moi, la république, qui n'est pas encore mûre, mais qui aura l'Europe dans un siècle, c'est la société souveraine de la société ; se protégeant, garde nationale ; se jugeant, jury ; s'administrant, commune ; se gouvernant, collége électoral.

Les quatre membres de la monarchie, l'armée, la magistrature, l'administration, la pairie, ne sont pour cette république que quatre excroissances gênantes qui s'atrophient et meurent bientôt.

— Ma vie a été pleine d'épines.

— Est-ce pour cela que votre conscience est si déchirée?

Il y a toujours deux choses dans une charte : la solution d'un peuple et d'un siècle, et une feuille de papier. Tout le secret, pour bien gouverner le progrès politique d'une nation, consiste à savoir distinguer ce qui est la solution sociale de ce qui est la feuille de papier. Tous les principes que les révolutions antécédentes ont dégagés forment le fond, l'essence même de la charte; respectez-les. Ainsi, liberté de culte, liberté de pensée, liberté de presse, liberté d'association, liberté de commerce, liberté d'industrie, liberté de chaire, de tribune, de théâtre, de tréteau, égalité devant la loi, libre accessibilité de toutes les capacités à tous les emplois, toutes choses sacrées et qui font choir, comme la torpille, les rois qui osent y toucher. Mais de la feuille de papier, de la forme, de la rédaction, de la lettre, des questions d'âge, de cens, d'éligibilité, d'hérédité, d'inamovibilité, de pénalité, inquiétez-vous-en peu et réformez à mesure que le temps et la société marchent. La lettre ne doit jamais se pétrifier quand les choses sont progressives. Si la lettre résiste, il faut la briser.

———

Il faut quelquefois violer les chartes pour leur faire des enfants.

———

En matière de pouvoir, toutes les fois que le fait n'a pas besoin d'être violent pour être, le fait est droit.

———

Une guerre générale éclatera quelque jour en Europe : la guerre des royaumes contre les patries.

———

M. de Talleyrand a dit à Louis-Philippe, avec un gracieux sourire, en lui prêtant serment : — Hé! hé! sire, c'est le treizième.

———

M. de Talleyrand disait il y a un an, à une époque où l'on parlait beaucoup trilogie en littérature : —

Je veux avoir fait aussi, moi, ma trilogie : j'ai fait Napoléon, j'ai fait la maison de Bourbon, je finirai par la maison d'Orléans.

Pourvu que la pièce que M. de Talleyrand nous joue n'ait en effet que trois actes!

Les révolutions sont de magnifiques improvisatrices. Un peu échevelées quelquefois.

Effrayante charrue que celle des révolutions! ce sont des têtes humaines qui roulent au tranchant du soc des deux côtés du sillon.

Ne détruisez pas notre architecture gothique. Grâce pour les vitraux tricolores!

Napoléon disait : Je ne veux pas du coq, le renard le mange. Et il prit l'aigle. La France a repris le coq. Or, voici tous les renards qui reviennent dans l'ombre à la file, se cachant l'un derrière l'autre : P*** derrière T***, V*** derrière M***. *Eia! vigila, Galle!*

Il y a des gens qui se croient bien avancés et qui ne sont encore qu'en 1688. Il y a pourtant longtemps déjà que nous avons dépassé 1789.

La nouvelle génération a fait la révolution de 1830, l'ancienne prétend la féconder. Folie, impuissance! Une révolution de vingt-cinq ans, un parlement de soixante, que peut-il résulter de l'accouplement?

Vieillards, ne vous barricadez pas ainsi dans la législature; ouvrez la porte bien plutôt, et laissez passer la jeunesse. Songez qu'en lui fermant la Chambre, vous la laissez sur la place publique.

Vous avez une belle tribune de marbre, avec des bas-reliefs de M. Lemot, et vous n'en voulez que pour vous ; c'est fort bien. Un beau matin, la génération nouvelle renversera un tonneau sur le cul, et cette tribune-là sera en contact immédiat avec le pavé qui a écrasé une monarchie de huit siècles. Songez-y.

Remarquez d'ailleurs que, tout vénérables que vous êtes par votre âge, ce que vous faites depuis août 1830 n'est que précipitation, étourderie et imprudence. Des jeunes gens n'auraient peut-être pas fait la part au feu si large. Il y avait dans la monarchie de la branche aînée beaucoup de choses utiles que vous vous êtes trop hâtés de brûler et qui auraient pu servir, ne fût-ce que comme fascines, pour combler le fossé profond qui nous sépare de l'avenir. Nous autres jeunes ilotes politiques, nous vous avons blâmés plus d'une fois, dans l'ombre oisive où vous nous laissez, de tout démolir trop vite et sans discernement, nous qui rêvons pourtant une reconstruction générale et complète. Mais pour la démolition comme pour la reconstruction, il fallait une longue et patiente attention, beaucoup de temps, et le respect de tous les intérêts qui s'abritent et poussent si souvent de jeunes et vertes branches sous les vieux édifices sociaux. Au jour de l'écroulement, il faut faire aux intérêts un toit provisoire.

Chose étrange ! vous avez la vieillesse, et vous n'avez pas la maturité.

Voici des paroles de Mirabeau qu'il est l'heure de méditer :

« Nous ne sommes point des sauvages arrivant nus
» des bords de l'Orénoque pour former une société.
» Nous sommes une nation vieille, et sans doute trop
» vieille pour notre époque. Nous avons un gouverne-
» ment préexistant, un roi préexistant, des préjugés
» préexistants : il faut, autant qu'il est possible, assor-
» tir toutes ces choses à la révolution et sauver la sou-
» daineté du passage. »

Dans la constitution actuelle de l'Europe, chaque État a son esclave, chaque royaume traîne son boulet. La Turquie a la Grèce, la Russie a la Pologne, la Suède a la Norvége, la Prusse a le grand-duché de Posen, l'Autriche a la Lombardie, la Sardaigne a le Piémont, l'Angleterre a l'Irlande, la France a la Corse, la Hollande a la Belgique. Ainsi, à côté de chaque peuple maître, un peuple esclave; à côté de chaque nation dans l'état naturel, une nation hor de l'état naturel. Édifice mal bâti, moitié marbre, moitié plâtras.

OCTOBRE

L'esprit de Dieu, comme le soleil, donne toujours à la fois toute sa lumière. L'esprit de l'homme ressemble à cette pâle lune, qui a ses phases, ses absences et ses retours, sa lucidité et ses taches, sa plénitude et sa disparition, qui emprunte toute sa lumière des rayons du soleil et qui pourtant ose les intercepter quelquefois.

Avec beaucoup d'idées, beaucoup de vues, beaucoup de probité, les saint-simoniens se trompent. On ne fonde pas une religion avec la seule morale. Il faut le dogme, il faut le culte. Pour asseoir le culte et le dogme, il faut les mystères. Pour faire croire aux mystères, il faut des miracles. — Faites donc des miracles. — Soyez prophètes, soyez dieux d'abord, si vous pouvez, et puis après prêtres, si vous voulez.

L'Église affirme, la raison nie. Entre le *oui* du prêtre et le *non* de l'homme, il n'y a plus que Dieu qui puisse placer son mot.

———

Tout ce qui se fait maintenant dans l'ordre politique n'est qu'un pont de bateaux. Cela sert à passer d'une rive à l'autre. Mais cela n'a pas de racines dans le fleuve d'idées qui coule dessous et qui a emporté dernièrement le vieux pont de pierre des Bourbons.

———

Les têtes comme celle de Napoléon sont le point d'intersection de toutes les facultés humaines. Il faut bien des siècles pour reproduire le même accident.

———

Avant une république, ayons, s'il se peut, une chose publique.

———

J'admire encore la Rochejaquelein, Lescure, Cathelineau, Charette même ; je ne les aime plus. J'admire toujours Mirabeau et Napoléon ; je ne les hais plus.

Le sentiment de respect que m'inspire la Vendée n'est plus chez moi qu'une affaire d'imagination et de vertu. Je ne suis plus Vendéen de cœur, mais d'âme seulement.

Copie textuelle d'une lettre anonyme adressée ces jours-ci à M. Dupin.

« Monsieur le sauveur, vous vous f..... sur le pied de vexer les mendiants ! Pas tant de bagout, ou tu sauteras le pas ! J'en ai tordu de plus malins que toi ! A revoir, porte-toi bien en attendant que je te tue. »

Mauvais éloge d'un homme que de dire : Son opinion politique n'a pas varié depuis quarante ans. C'est dire que pour lui il n'y a eu ni expérience de chaque jour, ni réflexion, ni repli de la pensée sur les faits. C'est louer une eau d'être stagnante, un arbre d'être mort ; c'est préférer l'huître à l'aigle. Tout est variable au contraire dans l'opinion; rien n'est absolu dans les choses politiques, excepté la moralité inférieure de ces choses. Or, cette moralité est affaire de conscience et non d'opinion. L'opinion d'un homme peut donc changer honorablement, pourvu que sa conscience ne change pas. Progressif ou rétrograde, le mouvement est essentiellement vital, humain, social.

Ce qui est honteux, c'est de changer d'opinion pour son intérêt, et que ce soit un écu ou un galon qui vous fasse brusquement passer du blanc au tricolore, et vice versâ.

———

Nos chambres décrépites procréent à cette heure une infinité de petites lois culs-de-jatte, qui, à peine nées, branlent la tête comme des vieilles femmes et n'ont plus de dents pour mordre les abus.

———

L'égalité devant la loi, c'est l'égalité devant Dieu traduite en langue politique. Toute charte doit être une version de l'Évangile.

———

Les whigs? dit O'Connell, des tories sans places.

Toute doctrine sociale qui cherche à détruire la famille est mauvaise, et, qui plus est, inapplicable. Sauf à se recomposer plus tard, la société est soluble, la famille non. C'est qu'il n'entre dans la composition de la famille que des lois naturelles; la société, elle, est soluble par tout l'alliage de lois factices, artificielles, transitoires, expédientes, contingentes, accidentelles, qui se mêle à sa constitution. Il peut souvent être utile, être nécessaire, être bon de dissoudre une société quand elle est mauvaise, ou trop vieille, ou mal venue. Il n'est jamais utile, ni nécessaire, ni bon, de mettre en poussière la famille. Quand vous décomposez une société, ce que vous trouverez pour dernier résidu, ce n'est pas l'individu, c'est la famille. La famille est le cristal de la société.

NOVEMBRE

Il y a de grandes choses qui ne sont pas l'œuvre d'un homme, mais d'un peuple. Les pyramides d'Égypte sont anonymes; les journées de juillet aussi.

Au printemps, il y aura une fonte de Russes.

TRÈS-BONNE LOI ÉLECTORALE

(Quand le peuple saura lire.)

Article Ier. — Tout Français est électeur.
Article II. — Tout Français est éligible.

DÉCEMBRE

9 décembre 1830. — Benjamin Constant, qui est mort hier, était un de ces hommes rares qui fourbissent, polissent et aiguisent les idées générales de leur temps, ces armes des peuples qui brisent toutes celles des armées. Il n'y a que les révolutions qui puissent jeter de ces hommes-là dans la société. Pour faire la pierre ponce, il faut le volcan.

On vient d'annoncer dans la même journée la mort de Gœthe, la mort de Benjamin Constant, la mort de Pie VIII[1]. Trois papes de morts.

[1] Cette triple nouvelle circula en effet dans Paris le même jour. Elle ne se réalisa pour Gœthe que quinze mois plus tard.

NAPOLÉON.

Voyez-vous cette étoile?

CAULAINCOURT.

Non.

NAPOLÉON.

Eh bien, moi, je la vois.

Si le clergé n'y prend garde et ne change de vie, on ne croira bientôt plus en France à d'autre trinité qu'à celle du drapeau tricolore.

Citadelle inexpugnable que la France aujourd'hui! Pour remparts, au midi, les Pyrénées; au levant, les Alpes; au nord, la Belgique avec sa haie de forteresses; au couchant, l'Océan pour fossé. En deçà des Pyrénées, en deçà des Alpes, en deçà du Rhin et des forteresses belges, trois peuples en révolution, Espagne, Italie, Belgique, nous montent la garde; en deçà de la mer, la république américaine. Et, dans cette France imprenable, pour garnison, trois millions de baïonnettes; pour veiller aux créneaux des Alpes, des Pyrénées et de la Belgique, quatre cent mille soldats; pour défendre le terrain, un garde national par pied carré. Enfin, nous tenons le bout de mèche de toutes les révolutions dont l'Europe est minée. Nous n'avons qu'à dire : Feu!

J'ai assisté à une séance du procès des ministres, à l'avant-dernière, à la plus lugubre, à celle où l'on entendait le mieux rugir le peuple dehors. J'écrirai cette journée-là.

Une pensée m'occupait pendant la séance : c'est que le pouvoir occulte qui a poussé Charles X à sa ruine, le mauvais génie de la restauration, ce gouvernement qui traitait la France en accusée, en criminelle, et lui faisait sans relâche son procès, avait fini, tant il y a une raison intérieure dans les choses, par ne plus pouvoir avoir pour ministres que des procureurs généraux.

Et, en effet, quels étaient les trois hommes assis près de M. de Polignac comme ses agents les plus immédiats? M. de Peyronnet, procureur général; M. de Chantelauze, procureur général; M. de Guernon-Ranville, procureur général. Qu'est-ce que M. Mangin, qui eût probablement figuré à côté d'eux, si la révolution de juillet avait pu se saisir de lui? Un procureur général. Plus de ministre de l'intérieur, plus de ministre de l'instruction publique, plus de préfet de police : des procureurs généraux partout. La France n'était plus ni administrée, ni gouvernée au conseil du roi, mais accusée, mais jugée, mais condamnée.

Ce qui est dans les choses sort toujours au dehors par quelque côté.

La licence se crève ses cent yeux avec ses cent bras.

Quelques rochers n'arrêtent pas un fleuve ; à travers les résistances humaines, les événements s'écoulent sans se détourner.

Chacun se dépopularise à son tour. Le peuple finira peut-être par se dépopulariser.

Il y a des hommes malheureux : Christophe Colomb ne peut attacher son nom à sa découverte; Guillotin ne peut détacher le sien de son invention.

Le mouvement se propage du centre à la circonférence; le travail se fait en dessous, mais il se fait. Les pères ont vu la révolution de France, les fils verront la révolution d'Europe.

———

Les droits politiques, les fonctions de juré, d'électeur et de garde national, entrent évidemment dans la constitution normale de tout membre de la cité. Tout homme du peuple est, à priori, homme de la cité.

Cependant les droits politiques doivent, évidemment aussi, sommeiller dans l'individu, jusqu'à ce que l'individu sache clairement ce que c'est que des droits politiques, ce que cela signifie, et ce qu'on en fait. Pour exercer il faut comprendre. En bonne logique, l'intelligence de la chose doit toujours précéder l'action de la chose.

Il faut donc, on ne saurait trop insister sur ce point, éclairer le peuple pour pouvoir le constituer un jour. Et c'est un devoir sacré pour les gouvernants de se hâter de répandre la lumière dans ces masses obscures où le droit définitif repose. Tout tuteur honnête presse l'émancipation de son pupille. Multipliez donc les chemins qui mènent à l'intelligence, à la science, à l'aptitude. La Chambre, j'ai presque dit le trône, doit être le dernier échelon d'une échelle dont le premier échelon est une école.

Et puis, instruire le peuple, c'est l'améliorer; éclairer le peuple, c'est le moraliser; lettrer le peuple, c'est le civiliser. Toute brutalité se fond au feu doux des bonnes lectures quotidiennes : *Humaniores litteræ*. Il faut faire faire au peuple ses humanités.

Ne demandez pas de droits pour le peuple, tant que le peuple demandera des têtes.

JANVIER

La chose la plus remarquable de ce mois-ci, c'est cet échantillon de style de tribune. La phrase a été textuellement prononcée à la chambre des députés par un des principaux orateurs :

« . . . . . . C'est proscrire les véritables bases du lien social. »

FÉVRIER

Le roi Ferdinand de Naples, père de celui qui vient de mourir, disait qu'il ne fallait que trois F pour gouverner un peuple : *Festa, Forca, Farina*.

On veut démolir Saint-Germain l'Auxerrois pour un alignement de place ou de rue; quelque jour on détruira Notre-Dame pour agrandir le parvis; quelque jour on rasera Paris pour agrandir la plaine des Sablons.

Alignement, nivellement, grands mots, grands principes, pour lesquels on démolit tous les édifices, au propre et au figuré, ceux de l'ordre intellectuel comme ceux de l'ordre matériel, dans la société comme dans la cité.

———

Il faut des monuments aux cités de l'homme; autrement où serait la différence entre la ville et la fourmilière?

MARS

Il y avait quelque chose de plus beau que la brochure de M. de C***; c'était son silence. Il a eu tort de le rompre. Les Achilles dans leur tente sont plus formidables que sur le champ de bataille.

---

13 mars. — Combinaison Casimir Périer. Un homme qui engourdira la plaie, mais ne la fermera pas; un palliatif, non la guérison; un ministère au laudanum.

« Quelle administration ! quelle époque! où il faut
» tout craindre et tout braver; où le tumulte renaît du
» tumulte; où l'on produit une émeute par les moyens
» qu'on prend pour la prévenir; où il faut sans cesse
» de la mesure, et où la mesure paraît équivoque,
» timide, pusillanime; où il faut déployer beaucoup de
» force, et où la force paraît tyrannie; où l'on est

» assiégé de mille conseils, et où il faut prendre con-
» seil de soi-même; où l'on est obligé de redouter jus-
» qu'à des citoyens dont les intentions sont pures, mais
» que la défiance, l'inquiétude, l'exagération, rendent
» presque aussi redoutables que des conspirateurs; où
» l'on est réduit même, dans des occasions difficiles, à
» céder par sagesse, à conduire le désordre pour le
» retenir, à se charger d'un emploi glorieux, il est vrai,
» mais environné d'alarmes cruelles; où il faut encore,
» au milieu de si grandes difficultés, déployer un front
» serein, être toujours calme, mettre de l'ordre jusque
» dans les plus petits objets, n'offenser personne, guérir
» toutes les jalousies, servir sans cesse, et chercher à
» plaire comme si l'on ne servait point! »

Voilà, certes, des paroles qui caractérisent admirablement le moment présent, et qui se superposent étroitement dans leurs moindres détails aux moindres détails de notre situation politique. Elles ont quarante ans de date. Elles ont été prononcées par Mirabeau, le 19 octobre 1789. Ainsi les révolutions ont de certaines phases qui reviennent invariablement. La révolution de 1789 en était alors où en est la révolution de 1830 aujourd'hui, à la période des insurrections.

Une révolution, quand elle passe de l'état de théorie à l'état d'action, débouche d'ordinaire par l'émeute. L'émeute est la première des diverses formes violentes qu'il est dans la loi d'une révolution de prendre. L'émeute, c'est l'engorgement des intérêts nouveaux, des idées nouvelles, des besoins nouveaux, à toutes les portes trop étroites du vieil édifice politique. Tous veulent entrer à la fois dans toutes les jouissances sociales. Aussi est-il rare qu'une révolution ne commence pas par enfoncer les portes. Il est de l'essence de l'émeute révolutionnaire, qu'il ne faut pas confondre avec les autres sortes d'émeute, d'avoir presque toujours tort dans la forme et raison dans le fond.

DERNIERS FEUILLETS SANS DATE

Une ancienne prophétie de Mahomet dit qu'*un soleil se lèvera au couchant*. Est-ce de Napoléon qu'il voulait parler ?

Vous voyez ces deux hommes : Robespierre et Mirabeau. L'un est de plomb, l'autre est de fer. La fournaise de la révolution fera fondre l'un, qui s'y dissoudra; l'autre y rougira, y flamboiera, y deviendra éclatant et superbe.

Il fallait être géant comme Annibal, comme Charlemagne, comme Napoléon, pour enjamber les Alpes.

Les révolutions sont commencées par des hommes qui font les circonstances, et terminées par des hommes qui font les événements.

———

Sous la monarchie, une lettre de cachet prenait la liberté d'un individu, et la mettait dans la Bastille.

Toute la liberté individuelle de France était venue ainsi s'accumuler goutte à goutte, homme à homme, dans la Bastille, depuis plusieurs siècles. Aussi, la Bastille brisée, la liberté s'est répandue à flots par la France et par l'Europe.

———

Un classique jacobin : un bonnet rouge sur une perruque.

———

Plusieurs ont créé des mots dans la langue : Vaugelas a fait *pudeur;* Corneille, *invaincu;* Richelieu, *généralissime.*

———

La civilisation est toute-puissante. Tantôt elle s'accommode d'un désert de sable, comme, sous Rome, de l'Afrique; tantôt d'une région de neiges, comme actuellement de la Russie.

L'empereur disait : officiers français et soldats russes.

Gloire, ambition, armées, flottes, trônes, couronnes : polichinelles des grands enfants.

Le boucher Legendre assommait Lanjuinais de coups de poing à la tribune de la Convention : « Fais donc d'abord décréter que je suis un bœuf! » dit Lanjuinais.

La France est toujours à la mode en Europe.

L'Écriture conte qu'il y a eu un roi qui fut pendant sept ans bête fauve dans les bois, puis reprit sa forme humaine. Il arrive parfois que c'est le tour du peuple. Il fait aussi ses sept années de bête féroce, puis redevient homme. Ces métamorphoses s'appellent révolutions.

Le peuple, comme le roi, y gagne la sagesse.

TOAST :

A l'abolition de la loi salique !

Que désormais la France soit régie par une reine, et que cette reine s'appelle la loi.

Singulier parallélisme des destinées de Rome! après un sénat qui faisait des dieux, un conclave qui fait des saints.

Qu'est-ce que c'est donc que cette sagesse humaine qui ressemble si fort à la folie quand on la voit d'un peu haut?

Les empires ont leurs crises comme les montagnes ont leur hivre. Une parole dite trop haut y produit une avalanche.

Richelieu.

LITTÉRATURE, ETC.

En 1797, on disait : la coterie de Bonaparte; en 1807 : l'empire de Napoléon.

———

Les grands hommes sont les coefficients de leur siècle.

———

Richelieu s'appelait le *marquis du Chillou;* Mirabeau, *Riquetti;* Napoléon, *Buonaparte.*

———

Décret publié à Pékin, dans la *Gazette de la Chine,* vers la fin d'août 1830 :

L'Académie astronomique a rendu compte que, dans la nuit du 15ᵉ jour de la 7ᵉ lune (20 août), deux étoiles ont été observées, et des vapeurs blanches sont tombées près du signe du zodiaque Tsyvéi-tchoun. Elles se sont fait voir à l'heure où la garde de nuit est relevée pour la quatrième fois (à près de minuit) *et annoncent des troubles dans l'Ouest.* »

Napoléon disait : Avec Anvers, je tiens un pistolet chargé sur le cœur de l'Angleterre.

———

Dieu nous garde de ces réformateurs qui *lisent les lois de Minos, parce qu'ils ont une constitution à faire pour mardi !*

———

Le cocher qui conduisait Bonaparte le soir du 3 nivôse s'appelait César.

———

L'Espagne a eu, l'Angleterre a la plus grande marine de la terre.

Le midi de l'Amérique parle espagnol, le nord parle anglais.

———

L'incendie de Moscou, aurore boréale allumée par Napoléon.

NOBLESSE.	PEUPLE.
Le comte de Mirabeau.	Franklin.
Napoléon Buonaparte, gentilhomme corse.	Washington.
Le marquis Simon de Bolivar.	Sieyès.
Le marquis de la Fayette.	Bentham.
Lord Byron.	Schiller.
M. de Gœthe.	Canaris.
Sir Walter Scott.	Danton.
Le comte Henri de Saint-Simon.	Talma.
Le vicomte de Chateaubriand.	Cuvier.
Madame de Staël.	
Le comte de Maistre.	
F. de la Mennais.	
O'Connell, gentilhomme irlandais.	
Mina, hidalgo catalan.	
Benjamin de Constant.	
La Rochejaquelein.	
Riego.	

Luther disait : *Je bouleverse le monde en buvant mon pot de bière.* Cromwell disait : *J'ai le roi dans mon sac et le parlement dans ma poche.* Napoléon disait : *Lavons notre linge sale en famille.*

Avis aux faiseurs de tragédies qui ne comprennent pas les grandes choses sans les grands mots.

Échecs d'hommes secondaires, éclipses de lune.

———

« Il avait (Louis XIV), beaucoup d'esprit naturel,
» mais il était très-ignorant; il en avait honte. Aussi
» était-on obligé de tourner les savants en ridicule. »
(*Mémoires de la Princesse palatine.*)

———

Genève : une république et un océan en petit.

———

Je reviens d'Angleterre, écrivait, il y a vingt ans, Henri de Saint-Simon, et je n'y ai trouvé sur le chantier aucune idée capitale neuve.

———

Il en est d'un grand homme comme du soleil. Il n'est jamais plus beau pour nous qu'au moment où nous le voyons près de la terre : à son lever, à son coucher.

Parmi les colosses de l'histoire, Cromwell, demi-fanatique et demi-politique, marque la transition de Mahomet à Napoléon.

―――

Les Gaulois brûlèrent Lutèce devant César (*vid. Comm.*). Deux mille ans après les Russes brûlent Moscou devant Napoléon.

―――

Il ne faut pas voir toutes les choses de la vie à travers le prisme de la poésie. Il ressemble à ces verres ingénieux qui grandissent les objets. Ils vous montrent dans toute leur lumière et dans toute leur majesté les sphères du ciel ; rabaissez-les sur la terre, et vous ne verrez plus que des formes gigantesques, à la vérité, mais pâles, vagues et confuses.

―――

Napoléon exprimé en blason, c'est une couronne gigantale surmontée d'une couronne royale.

Une révolution est la larve d'une civilisation.

La Providence est ménagère de ses grands hommes. Elle ne les prodigue pas; elle ne les gaspille pas. Elle les émet et les retire au bon moment, et ne leur donne jamais à gouverner que des éléments de leur taille. Quand elle a quelque mauvaise besogne à faire, elle la fait faire par de mauvaises mains; elle ne remue le sang et la boue qu'avec de vils outils. Ainsi Mirabeau s'en va avant la Terreur; Napoléon ne vient qu'après. Entre les deux géants, la fourmilière des hommes petits et méchants, la guillotine, les massacres, les noyades, 93. Et à 93 Robespierre suffit : il est assez bon pour cela.

J'ai entendu des hommes éminents du siècle, en politique, en littérature, en science, se plaindre de l'envie, des haines, des calomnies, etc. Ils avaient tort. C'est la loi, c'est la gloire. Les hautes renommées subissent ces épreuves. La haine les poursuit partout. Rien ne lui est sacré. Le théâtre lui livrait plus à nu Shakspeare et Molière; la prison ne lui dérobait pas Christophe Colomb; le cloître n'en préservait pas saint Bernard; le trône n'en sauvait pas Napoléon. Il n'y a pour le génie qu'un lieu sur la terre qui jouisse du droit d'asile, c'est le tombeau.

1823-1824

SUR VOLTAIRE

Décembre 1823.

François-Marie Arouet, si célèbre sous le nom de Voltaire, naquit à Chatenay le 20 février 1694, d'une famille de magistrature. Il fut élevé au collége des jésuites, où l'un de ses régents, le père Lejay, lui prédit, à ce qu'on assure, qu'il serait en France le coryphée du déisme.

A peine sorti du collége, Arouet, dont le talent s'éveillait avec toute la force et toute la naïveté de la jeunesse, trouva d'un côté, dans son père, un inflexible contempteur, et, de l'autre, dans son parrain, l'abbé de Châteauneuf, un pervertisseur complaisant. Le père condamnait toute étude littéraire sans savoir pourquoi, et par conséquent avec une obstination insurmontable. Le parrain, qui encourageait au contraire les essais d'Arouet, aimait beaucoup les vers, surtout ceux que rehaussait une certaine saveur de licence ou d'impiété. L'un voulait emprisonner le poëte dans une étude de procureur; l'autre égarait le jeune homme dans tous les salons. M. Arouet interdisait toute lecture à son fils; Ninon de Lenclos léguait une bibliothèque à l'élève de son ami Châteauneuf. Ainsi le génie de Voltaire subit dès sa naissance le malheur de deux actions contraires et également funestes : l'une qui tendait à étouffer violemment ce feu sacré qu'on ne peut éteindre; l'autre qui l'alimentait inconsidérément, aux dépens de tout ce qu'il y a de noble et de respectable dans l'ordre intellectuel et dans l'ordre social. Ce sont peut-être ces deux impulsions opposées, imprimées à la fois au premier essor de cette imagination puissante, qui en ont vicié pour jamais la direction. Du moins peut-on leur attribuer les premiers écarts du talent de Voltaire, tourmenté ainsi tout ensemble du frein et de l'éperon.

Aussi, dès le commencement de sa carrière, lui attribua-t-on d'assez méchants vers fort impertinents qui le firent mettre à la Bastille, punition rigoureuse pour de mauvaises rimes. C'est durant ce loisir forcé que Voltaire, âgé de vingt-deux ans, ébaucha son poëme blafard de la *Ligue*, depuis la *Henriade*, et termina son remarquable drame d'*Œdipe*. Après quelques mois de Bastille, il fut à la fois délivré et pensionné par le régent d'Orléans, qu'il remercia de vouloir bien se charger de son entretien, en le priant de ne plus se charger de son logement.

Œdipe fut joué avec succès en 1718. Lamotte, l'oracle de cette époque, daigna consacrer ce triomphe par quelques paroles sacramentelles, et la renommée de Voltaire commença. Aujourd'hui Lamotte n'est peut-être immortel que pour avoir été nommé dans les écrits de Voltaire.

La tragédie d'*Artémire* succéda à *Œdipe*. Elle tomba. Voltaire fit un voyage à Bruxelles pour y voir J.-B. Rousseau, qu'on a singulièrement appelé grand. Les deux poëtes s'estimaient avant de se connaître, ils se séparèrent ennemis. On a dit qu'ils étaient réciproquement envieux l'un de l'autre. Ce ne serait pas un signe de supériorité.

Artémire, refaite et rejouée en 1724 sous le nom de *Marianne*, eut beaucoup de succès sans être meilleure. Vers la même époque parut la *Ligue* ou la *Henriade*, et la France n'eut pas un poëme épique. Voltaire substitua dans son poëme Mornay à Sully, parce qu'il avait à se plaindre du descendant de ce grand ministre. Cette vengeance peu philosophique est cependant excusable, parce que Voltaire, insulté lâchement devant l'hôtel de Sully par je ne sais quel chevalier de Rohan, et abandonné par l'autorité judiciaire, ne put en exercer d'autre.

Justement indigné du silence des lois envers son méprisable agresseur, Voltaire, déjà célèbre, se retira en Angleterre, où il étudia des sophistes. Cependant tous ses loisirs n'y furent pas perdus; il fit deux nouvelles tragédies, *Brutus* et *César*, dont Corneille eût avoué plusieurs scènes.

Revenu en France, il donna successivement *Éryphile*, qui tomba, et *Zaïre*, chef-d'œuvre conçu et terminé en dix-huit jours, auquel il ne manque que la couleur du lieu et une certaine sévérité de style. *Zaïre* eut un succès prodigieux et mérité. La tragédie d'*Adélaïde du Guesclin* (depuis le *Duc de Foix*) succéda à *Zaïre* et fut loin d'obtenir le même succès. Quelques publications moins importantes, le *Temple du Goût*, les *Lettres sur les Anglais*, etc., tourmentèrent pendant quelques années la vie de Voltaire.

Cependant son nom remplissait déjà l'Europe. Retiré à Cirey, chez la marquise du Châtelet, femme qui fut, suivant l'expression même de Voltaire, propre à toutes les sciences, excepté à celle de la vie, il desséchait sa belle imagination dans l'algèbre et la géométrie, écrivait *Alzire*, *Mahomet*, l'*Histoire* spirituelle *de Charles XII*, amassait les matériaux du *Siècle de Louis XIV*, préparait l'*Essai sur les mœurs des nations*, et envoyait des madrigaux à Frédéric, prince héréditaire de Prusse. *Mérope*, également composée à Cirey, mit le sceau à la réputation dramatique de Voltaire. Il crut pouvoir alors se présenter pour remplacer le cardinal Fleury à l'Académie française. Il ne fut pas admis. Il n'avait encore que du génie. Quelque temps après, cependant, il se mit à flatter madame de Pompadour; il le fit avec une si opiniâtre complaisance, qu'il obtint tout à la fois le fauteuil académique, la charge de gentilhomme de la chambre et la place d'historiographe de France. Cette faveur dura peu. Voltaire se retira tour à tour à Lunéville, chez le bon Stanislas, roi de Pologne et duc de Lorraine; à Sceaux, chez madame du Maine, où il fit *Sémiramis*, *Oreste* et *Rome sauvée*, et à Berlin, chez Frédéric, devenu roi de Prusse. Il passa plusieurs années dans cette dernière retraite avec le titre de chambellan, la croix du Mérite de Prusse et une pension. Il était admis aux soupers royaux avec Maupertuis, d'Argens et Lamettrie, athée du roi, de ce roi qui, comme le dit Voltaire même, vivait sans cour, sans conseil et sans culte. Ce n'était point l'amitié sublime d'Aristote et d'Alexandre, de Térence et de Scipion. Quelques années de frottement suffirent pour user ce qu'avaient de commun l'âme du despote philosophe et l'âme du sophiste poëte. Voltaire voulut s'enfuir de Berlin. Frédéric le chassa.

Renvoyé de Prusse, repoussé de France, Voltaire passa deux ans en Allemagne, où il publia ses *Annales de l'Empire*, rédigées par complaisance pour la duchesse de Saxe-Gotha; puis il vint se fixer aux portes de Genève avec madame Denis, sa nièce.

L'Orphelin de la Chine, tragédie où brille encore presque tout son talent, fut le premier fruit de sa retraite, où il eût vécu en paix, si d'avides libraires n'eussent publié son odieuse *Pucelle*. C'est encore à cette époque et dans ses diverses résidences des Délices, de Tournay et de Ferney, qu'il fit le poëme sur le *Tremblement de terre de Lisbonne*, la tragédie de *Tancrède*, quelques contes et différents opuscules. C'est alors qu'il défendit, avec une générosité mêlée de trop d'ostentation, Calas, Sirven, la Barre, Montbailli, Lally, déplorables victimes des méprises judiciaires. C'est alors qu'il se brouilla avec Jean-Jacques, se lia avec Catherine de Russie, pour laquelle il écrivit l'histoire de son aïeul Pierre Ier, et se réconcilia avec Frédéric. C'est encore du même temps que date sa coopération à l'*Encyclopédie*, ouvrage où des hommes qui avaient voulu prouver leur force ne prouvèrent que leur faiblesse, monument monstrueux dont le *Moniteur* de notre révolution est l'effroyable pendant.

Accablé d'années, Voltaire voulut revoir Paris. Il revint dans cette Babylone qui sympathisait avec son génie. Salué d'acclamations universelles, le malheureux vieillard put voir, avant de mourir, combien son œuvre était avancée. Il put jouir ou s'épouvanter de sa gloire. Il ne lui restait plus assez de puissance vitale pour soutenir les émotions de ce voyage, et Paris le vit expirer le 30 mai 1778. Les esprits forts prétendirent qu'il avait emporté l'incrédulité au tombeau. Nous ne le poursuivrons pas jusque-là.

Nous avons raconté la vie privée de Voltaire; nous allons essayer de peindre son existence publique et littéraire.

Nommer Voltaire, c'est caractériser tout le dix-huitième siècle; c'est fixer d'un seul trait la double physionomie historique et littéraire de cette époque, qui ne fut, quoi qu'on en dise, qu'une époque de transition, pour la société comme pour la poésie. Le dix-huitième siècle paraîtra toujours dans l'histoire comme étouffé entre le siècle qui le précède et le siècle qui le suit. Voltaire en est le personnage principal et en quelque sorte typique, et, quelque prodigieux que fût cet homme, ses proportions semblent bien mesquines entre la grande image de Louis XIV et la gigantesque figure de Napoléon.

Il y a deux êtres dans Voltaire. Sa vie eut deux influences. Ses écrits eurent deux résultats. C'est sur cette double action, dont l'une domina les lettres, dont l'autre se manifesta dans les événements, que nous allons jeter un coup d'œil. Nous étudierons séparément chacun de ces deux règnes du génie de Voltaire. Il ne faut pas oublier toutefois que leur double puissance fut intimement coordonnée, et que les effets de cette puissance, plutôt mêlés que liés, ont toujours eu quelque chose de simultané et de commun. Si, dans cette note, nous en divisons l'examen, c'est uniquement parce qu'il serait au-dessus de nos forces d'embrasser d'un seul regard cet ensemble insaisissable; imitant en cela l'artifice de ces artistes orientaux qui, dans l'impuissance de peindre une figure de face, parviennent cependant à la représenter entièrement, en enfermant les deux profils dans un même cadre.

En littérature, Voltaire a laissé un de ces monuments dont l'aspect étonne plutôt par son étendue qu'il n'impose par sa grandeur. L'édifice qu'il a construit n'a rien d'auguste. Ce n'est point le palais des rois, ce n'est point l'hospice du pauvre. C'est un bazar élégant et vaste, irrégulier et commode : étalant dans la boue d'innombrables richesses; donnant à tous les intérêts, à toutes les vanités, à toutes les passions, ce qui leur convient, éblouissant et fétide; offrant des prostitutions pour des voluptés; peuplé de vagabonds, de marchands et d'oisifs, peu fréquenté du prêtre et de l'indigent. Là d'éclatantes galeries inondées incessamment d'une foule émerveillée; là des antres secrets où nul ne se vante d'avoir pénétré. Vous trouverez sous ces arcades somptueuses mille chefs-d'œuvre de goût et d'art, tout reluisants d'or et de diamants; mais n'y cherchez pas la statue de bronze aux formes antiques et sévères. Vous y trouverez des parures pour vos salons et pour vos boudoirs; n'y cherchez pas les ornements qui conviennent au sanctuaire. Et malheur au faible qui n'a qu'une âme pour fortune et qui l'expose aux séductions de ce magnifique repaire : temple monstrueux où il y a des témoignages pour tout ce qui n'est pas la vérité, un culte pour tout ce qui n'est pas Dieu!

Certes, si nous voulons bien parler d'un monument de ce genre avec admiration, on n'exigera pas que nous en parlions avec respect.

Nous plaindrions une cité où la foule serait au bazar et la solitude à l'église, nous plaindrions une littérature qui déserterait le sentier de Corneille et de Bossuet pour courir sur la trace de Voltaire.

Loin de nous toutefois la pensée de nier le génie de cet homme extraordinaire. C'est parce que, dans notre conviction, ce génie était peut-être un des plus beaux qui aient jamais été donnés à aucun écrivain, que nous en déplorons plus amèrement le frivole et funeste emploi. Nous regrettons, pour lui comme pour les lettres, qu'il ait tourné contre le ciel cette puissance intellectuelle qu'il avait reçue du ciel. Nous gémissons sur ce beau génie qui n'a point compris sa sublime mission, sur cet ingrat qui a profané la chasteté de la muse et la sainteté de la patrie, sur ce transfuge qui ne s'est pas souvenu que le trépied du poëte a sa place près de l'autel. Et (ce qui est d'une profonde et inévitable vérité) sa faute même renfermait son châtiment. Sa gloire est beaucoup moins grande qu'elle ne devait l'être, parce qu'il a tenté toutes les gloires, même celle d'Érostrate. Il a défriché tous les champs, on ne peut dire qu'il en ait cultivé un seul. Et, parce qu'il eut la coupable ambition d'y semer également les germes nourriciers et les germes généreux, ce sont, pour sa honte éternelle, les poisons qui ont le plus fructifié. La *Henriade*, comme composition littéraire, est encore bien inférieure à la *Pucelle* (ce qui ne signifie certes pas que ce coupable ouvrage soit supérieur, même dans son genre honteux). Ses satires, empreintes parfois d'un stigmate infernal, sont fort au-dessus de ses comédies, plus innocentes. On préfère ses poésies légères, où son cynisme éclate souvent à nu, à ses poésies lyriques, dans lesquelles on trouve parfois des vers religieux et graves[1]. Ses contes, enfin, si désolants d'incrédulité

---

[1] M. le comte de Maistre, dans son sévère et remarquable portrait de Voltaire, observe qu'il est nul dans l'ode, et attribue avec raison cette nullité au défaut d'enthousiasme. Voltaire, en effet, qui ne se livrait à la poésie qu'avec antipathie, et seulement pour justifier sa prétention à l'universalité, Voltaire était étranger à toute profonde exaltation : il ne connaissait d'émotion véritable que celle de la colère, et encore cette

et de scepticisme, valent mieux que ses histoires, où le même défaut se fait un peu moins sentir, mais où l'absence perpétuelle de dignité est en contradiction avec le genre même de ces ouvrages. Quant à ses tragédies, où il se montre réellement grand poëte, où il trouve souvent le trait du caractère, le mot du cœur, on ne peut disconvenir, malgré tant d'admirables scènes, qu'il ne soit encore resté assez loin de Racine, et surtout du vieux Corneille. Et ici notre opinion est d'autant moins suspecte, qu'un examen approfondi de l'œuvre dramatique de Voltaire nous a convaincu de sa haute supériorité au théâtre. Nous ne doutons pas que si Voltaire, au lieu de disperser les forces colossales de sa pensée sur vingt points différents, les eût toutes réunies vers un même but, la tragédie, il n'eût surpassé Racine et peut-être égalé Corneille. Mais il dépensa le génie en esprit. Aussi fut-il prodigieusement spirituel. Aussi le sceau du génie est-il plutôt empreint sur le vaste ensemble de ses ouvrages que sur chacun d'eux en particulier. Sans cesse préoccupé de son siècle, il négligeait trop la postérité, cette image austère qui doit dominer toutes les méditations du poëte. Luttant de caprice et de frivolité avec ses frivoles et capricieux contemporains, il voulut leur plaire et se moquer d'eux. Sa muse, qui eût été si belle de sa beauté, emprunta souvent ses prestiges aux enluminures du fard et aux grimaces de la coquetterie, et l'on est perpé-

---

colère n'allait-elle pas jusqu'à l'indignation, jusqu'à cette sainte indignation qui fait poëte, comme Juvénal : *facit indignatio versum*.

tuellement tenté de lui adresser ce conseil d'amant jaloux :

> Épargne-toi ce soin ;
> L'art n'est pas fait pour toi, tu n'en as pas besoin.

Voltaire paraissait ignorer qu'il y a beaucoup de grâce dans la force, et que ce qu'il y a de plus sublime dans les œuvres de l'esprit humain est peut-être aussi ce qu'il y a de plus naïf. Car l'imagination sait révéler sa céleste origine sans recourir à des artifices étrangers. Elle n'a qu'à marcher pour se montrer déesse. *Et vera incessu patuit dea.*

S'il était possible de résumer l'idée multiple que présente l'existence littéraire de Voltaire, nous ne pourrions que la classer parmi ces prodiges que les Latins appelaient *monstra*. Voltaire, en effet, est un phénomène peut-être unique, qui ne pouvait naître qu'en France et au dix-huitième siècle. Il y a cette différence entre sa littérature et celle du grand siècle, que Corneille, Molière et Pascal appartiennent davantage à la société, Voltaire à la civilisation. On sent, en le lisant, qu'il est l'écrivain d'un âge énervé et affadi. Il a de l'agrément et point de grâce, du prestige et point de charme, de l'éclat et point de majesté. Il sait flatter et ne sait point consoler. Il fascine et ne persuade pas. Excepté dans la tragédie, qui lui est propre, son talent manque de tendresse et de franchise. On sent que tout cela est le résultat d'une organisation, et non l'effet d'une inspiration ; et, quand un médecin athée vient vous dire que tout Voltaire était dans ses tendons et dans ses nerfs, vous frémissez qu'il n'ait raison. Au reste, comme un autre ambitieux plus moderne, qui rêvait la suprématie politique, c'est en vain que Voltaire a essayé la suprématie littéraire. La monarchie absolue ne convient pas à l'homme. Si Voltaire eût compris la véritable grandeur, il eût placé sa gloire dans l'unité plutôt que dans l'universalité. La force ne se révèle point par un déplacement perpétuel, par des métamorphoses indéfinies, mais bien par une majestueuse immobilité. La force, ce n'est pas Protée, c'est Jupiter.

Ici commence la seconde partie de notre tâche ; elle sera plus courte, parce que, grâce à la révolution française, les résultats politiques de la philosophie de Voltaire sont malheureusement d'une effrayante notoriété. Il serait cependant souverainement injuste de n'attribuer qu'aux écrits du « patriarche de Ferney » cette fatale révolution. Il faut y voir avant tout l'effet d'une décomposition sociale depuis longtemps commencée. Voltaire et l'époque où il vécut doivent s'accuser et s'excuser réciproquement. Trop fort pour obéir à son siècle, Voltaire était aussi trop faible pour le dominer. De cette égalité d'influence résultait entre son siècle et lui une perpétuelle réaction, un échange mutuel d'impiétés et de folies, un continuel flux et reflux de nouveautés qui entraînait toujours dans ses oscillations quelque vieux pilier de l'édifice social. Qu'on se représente la face politique du dix-huitième siècle, les scandales de la Régence, les turpitudes de Louis XV ; la violence dans le ministère, la violence dans les parlements, la force nulle part; la corruption morale descendant par degrés de la tête au cœur, des grands au peuple; les prélats de cour, les abbés de toilette; l'antique monarchie, l'antique société chancelant sur leur base commune, et ne résistant plus aux attaques des novateurs que par la magie de ce beau nom de Bourbon[1]; qu'on se figure Voltaire jeté sur cette société en dissolution comme un serpent dans un marais, et l'on ne s'étonnera plus de voir l'action contagieuse de sa pensée hâter la fin de cet ordre politique que Montaigne et Rabelais avaient inutilement attaqué dans sa jeunesse et dans sa vigueur. Ce n'est pas lui qui rendit la maladie mortelle, mais c'est lui qui en développa le germe, c'est lui qui en exaspéra les accès. Il fallait tout le venin de Voltaire pour mettre cette fange en ébullition; aussi doit-on imputer à cet infortuné une grande partie des choses monstrueuses de la révolution. Quant à cette révolution en elle-même, elle dut être inouïe. La Providence voulut la placer entre le plus redoutable des sophistes et le plus formidable des despotes. A son aurore, Voltaire apparaît dans une saturnale funèbre[2]; à son déclin, Bonaparte se lève dans un massacre[3].

---

[1] Il faut que la démoralisation universelle ait jeté de bien profondes racines, pour que le ciel ait vainement envoyé, vers la fin de ce siècle, Louis XVI, ce vénérable martyr qui éleva sa vertu jusqu'à la sainteté.

[2] Translation des restes de Voltaire au Panthéon.

[3] Mitraillade de Saint-Roch.

SUR WALTER SCOTT

A PROPOS DE QUENTIN DURWARD

Juin 1823.

Certes, il y a quelque chose de bizarre et de merveilleux dans le talent de cet homme, qui dispose de son lecteur comme le vent dispose d'une feuille; qui le promène à son gré dans tous les lieux et dans tous les temps; lui dévoile, en se jouant, le plus secret repli du cœur, comme le plus mystérieux phénomène de la nature, comme la page la plus obscure de l'histoire; dont l'imagination domine et caresse toutes les imaginations, revêt avec la même étonnante vérité le haillon du mendiant et la robe du roi, prend toutes les allures, adopte tous les vêtements, parle tous les langages; laisse à la physionomie des siècles ce que la sagesse de Dieu a mis d'immuable et d'éternel dans leurs traits, et ce que les folies des hommes y ont jeté de variable et de passager; ne force pas, ainsi que certains romanciers ignorants, les personnages des jours passés à s'enluminer de notre fard, à se frotter de notre vernis; mais contraint, par son pouvoir magique, les lecteurs contemporains à reprendre, du moins pour quelques heures, l'esprit, aujourd'hui si dédaigné, des vieux temps, comme un sage et adroit conseiller qui invite des fils ingrats à revenir chez leur père. L'habile magicien veut cependant avant tout être exact. Il ne refuse à sa plume aucune vérité, pas même celle qui naît de la peinture de l'erreur, cette fille des hommes qu'on pourrait croire immortelle si son humeur capricieuse et changeante ne rassurait sur son éternité. Peu d'historiens sont aussi fidèles que ce romancier. On sent qu'il a voulu que ses portraits fussent des tableaux, et ses tableaux des portraits. Il nous peint nos devanciers avec leurs passions, leurs vices et leurs crimes, mais de sorte que l'instabilité des superstitions et l'impiété du fanatisme n'en fassent que mieux ressortir la pérennité de la religion et la sainteté des croyances. Nous aimons d'ailleurs à retrouver nos ancêtres avec leurs préjugés, souvent si nobles et si salutaires, comme avec leurs beaux panaches et leurs bonnes cuirasses.

Walter Scott a su puiser aux sources de la nature et de la vérité un genre inconnu, qui est nouveau parce qu'il se fait aussi ancien qu'il le veut. Walter Scott allie à la minutieuse exactitude des chroniques la majestueuse grandeur de l'histoire et l'intérêt pressant du roman, génie puissant et curieux qui devine le passé, pinceau vrai qui trace un portrait fidèle d'après une ombre confuse, et nous force à reconnaître même ce que nous n'avons pas vu; esprit flexible et solide qui s'empreint du cachet particulier de chaque siècle et de chaque pays, comme une cire molle, et conserve cette empreinte pour la postérité comme un bronze indélébile.

Peu d'écrivains ont aussi bien rempli que Walter Scott les devoirs du romancier relativement à son art et à son siècle; car ce serait une erreur presque coupable dans l'homme de lettres que de se croire au-dessus de l'intérêt général et des besoins nationaux, d'exempter son esprit de toute action sur les contemporains et d'isoler sa vie égoïste de la grande vie du corps social. Et qui donc se dévouera, si ce n'est le poëte? Quelle voix s'élèvera dans l'orage, si ce n'est celle de la lyre qui peut le calmer? et qui bravera les haines de l'anarchie et les dédains du despotisme, sinon celui auquel la sagesse antique attribuait le pouvoir de réconcilier les peuples et les rois, et auquel la sagesse moderne a donné celui de les diviser?

Ce n'est donc point à de doucereuses galanteries, à de mesquines intrigues, à de sales aventures, que Walter Scott voue son talent. Averti par l'instinct de sa gloire, il a senti qu'il fallait quelque chose de plus à une génération qui vient d'écrire de son sang et de ses larmes la page la plus extraordinaire de toutes les histoires humaines. Les temps qui ont immédiatement précédé et immédiatement suivi notre convulsive révolution étaient de ces époques d'affaissement que le fiévreux éprouve avant et après ses accès. Alors les livres les plus platement atroces, les plus stupidement impies, les plus monstrueusement obscènes, étaient avidement dévorés par une société malade dont les goûts dépravés et les facultés engourdies eussent rejeté tout aliment savoureux ou salutaire. C'est ce qui explique ces triomphes scandaleux, décernés alors par les plébéiens des salons et les patriciens des échoppes à des écrivains ineptes ou graveleux, que nous dédaignerons de nommer, lesquels en sont réduits aujourd'hui à mendier l'applaudissement des laquais et le rire des prostituées. Maintenant la popularité n'est plus distribuée par la populace, elle vient de la seule source qui puisse lui imprimer un caractère d'immortalité ainsi que d'universalité, du suffrage de ce petit nombre d'esprits délicats, d'âmes exaltées et de têtes sérieuses qui représentent moralement les peuples civilisés. C'est celle-là que Scott a obtenue en empruntant aux annales des nations des compositions faites pour toutes les nations, en puisant dans les fastes des siècles des livres écrits pour tous les siècles. Nul romancier n'a caché plus d'enseignement sous plus de charme, plus de vérité sous la fiction. Il y a une alliance visible entre la forme qui lui est propre et toutes les formes littéraires du passé et de l'avenir, et l'on pourrait considérer les romans épiques de Scott comme une transition de la littérature actuelle aux romans grandioses, aux grandes épopées en vers ou en prose que notre ère poétique nous promet et nous donnera.

Quelle doit être l'intention du romancier? C'est d'exprimer dans une fable intéressante une vérité utile. Et, une fois cette idée fondamentale choisie, cette action explicative inventée, l'auteur ne doit-il pas chercher, pour la développer, un mode d'exécution qui rende son roman semblable à la vie, l'imitation pareille au modèle? Et la vie n'est-elle pas un drame bizarre où se mêlent le bon et le mauvais, le beau et le laid, le haut et le bas, loi dont le pouvoir n'expire que hors de la création? Faudra-t-il donc se borner à composer, comme certains peintres flamands, des tableaux entièrement ténébreux, ou, comme les Chinois, des tableaux tout lumineux, quand la nature montre partout la lutte de l'ombre et de la lumière? Or, les romanciers, avant Walter Scott, avaient adopté généralement deux méthodes de composition contraires; toutes deux vicieuses, précisément parce qu'elles sont contraires. Les uns donnaient à leur ouvrage la forme d'une narration divisée arbitrairement en chapitres, sans qu'on devinât trop pourquoi, ou même uniquement pour délasser l'esprit du lecteur, comme l'avoue assez naïvement le titre de *descanso* (repos), placé par un vieil auteur espagnol en tête de ses chapitres [1]. Les autres déroulaient leur fable dans une série de lettres qu'on supposait écrites par les divers acteurs du roman. Dans la narration, les personnages disparaissent, l'auteur seul se montre toujours; dans les lettres, l'auteur s'éclipse pour ne laisser jamais voir que ses personnages.

---

[1] Marcos Obregon de la Ronda.

Le romancier narrateur ne peut donner place au dialogue naturel, à l'action véritable ; il faut qu'il leur substitue un certain mouvement monotone de style, qui est comme un moule où les événements les plus divers prennent la même forme, et sous lequel les créations les plus élevées, les inventions les plus profondes, s'effacent, de même que les aspérités d'un champ s'aplanissent sous le rouleau. Dans le roman par lettres, la même monotonie provient d'une autre cause. Chaque personnage arrive à son tour avec son épître, à la manière de ces acteurs forains qui, ne pouvant paraître que l'un après l'autre, et n'ayant pas la permission de parler sur leurs tréteaux, se présentent successivement, portant au-dessus de leur tête un grand écriteau sur lequel le public lit leur rôle. On peut encore comparer le roman par lettres à ces laborieuses conversations de sourds-muets qui s'écrivent réciproquement ce qu'ils ont à se dire, de sorte que leur colère ou leur joie est tenue d'avoir sans cesse la plume à la main et l'écritoire en poche. Or, je le demande, que devient l'à-propos d'un tendre reproche qu'il faut porter à la poste ? Et l'explosion fougueuse des passions n'est-elle pas un peu gênée entre le préambule obligé et la formule polie qui sont l'avant-garde et l'arrière-garde de toute lettre écrite par un homme bien né ? Croit-on que le cortége des compliments, le bagage des civilités, accélèrent la progression de l'intérêt et pressent la marche de l'action ? Ne doit-on pas enfin supposer quelque vice radical et insurmontable dans un genre de composition qui a pu refroidir parfois l'éloquence même de Rousseau ?

Supposons donc qu'au roman narratif, où il semble qu'on ait songé à tout, excepté à l'intérêt, en adoptant l'absurde usage de faire précéder chaque chapitre d'un sommaire, souvent très-détaillé, qui est comme le récit du récit; supposons qu'au roman épistolaire, dont la forme même interdit toute véhémence et toute rapidité, un esprit créateur substitue le roman dramatique, dans lequel l'action imaginaire se déroule en tableaux vrais et variés, comme se déroulent les événements réels de la vie; qui ne connaisse d'autre division que celle des différentes scènes à développer; qui, enfin, soit un long drame, où les descriptions suppléeraient aux décorations et aux costumes, où les personnages pourraient se peindre par eux-mêmes, et représenter, par leurs chocs divers et multipliés, toutes les formes de l'idée unique de l'ouvrage. Vous trouverez, dans ce genre nouveau, les avantages réunis des deux genres anciens, sans leurs inconvénients. Ayant à votre disposition les ressorts pittoresques, et en quelque façon magiques, du drame, vous pourrez laisser derrière la scène ces mille détails oiseux et transitoires que le simple narrateur, obligé de suivre ses acteurs pas à pas comme des enfants aux lisières, doit exposer longuement s'il veut être clair; et vous pourrez profiter de ces traits profonds et soudains, plus féconds en méditations que des pages entières, que fait jaillir le mouvement d'une scène, mais qu'exclut la rapidité d'un récit.

Après le roman pittoresque, mais prosaïque, de Walter Scott, il restera un autre roman à créer, plus beau et plus complet encore selon nous. C'est le roman à la fois drame et épopée, pittoresque mais poétique, réel mais idéal, vrai mais grand, qui enchâssera Walter Scott dans Homère.

Comme tout créateur, Walter Scott a été assailli jusqu'à présent par d'inextinguibles critiques. Il faut que celui qui défriche un marais se résigne à entendre les grenouilles coasser autour de lui.

Quant à nous, nous remplissons un devoir de conscience en plaçant Walter Scott très-haut parmi les romanciers, et en particulier *Quentin Durward* très-haut parmi les romans. *Quentin Durward* est un beau livre. Il est difficile de voir un roman mieux tissu, et des effets moraux mieux attachés aux effets dramatiques.

L'auteur a voulu montrer, ce nous semble, combien la loyauté, même dans un être obscur, jeune et pauvre, arrive plus sûrement à son but que la perfidie, fût-elle aidée de toutes les ressources du pouvoir, de la richesse et de l'expérience. Il a chargé du premier de ces rôles son Écossais Quentin Durward, orphelin jeté au milieu des écueils les plus multipliés, des piéges les mieux préparés, sans autre boussole qu'un amour presque insensé; mais c'est souvent quand il ressemble à une folie que l'amour est une vertu. Le second est confié à Louis XI, roi plus adroit que le plus adroit courtisan, vieux renard armé des ongles du lion, puissant et fin, servi dans l'ombre comme au jour, incessamment couvert de ses gardes comme d'un bouclier, et accompagné de ses bourreaux comme d'une épée. Ces deux personnages si différents réagissent l'un sur l'autre de manière à exprimer l'idée fondamentale avec une vérité singulièrement frappante. C'est en obéissant fidèlement au roi que le loyal Quentin sert, sans le savoir, ses propres intérêts, tandis que les projets de Louis XI, dont Quentin devait être à la fois l'instrument et la victime, tournent en même temps à la confusion du rusé vieillard et à l'avantage du simple jeune homme.

Un examen superficiel pourrait faire croire d'abord que l'intention première du poëte est dans le contraste historique, peint avec tant de talent, du roi de France Louis de Valois et du duc de Bourgogne Charles le Téméraire. Ce bel épisode est peut-être en effet un défaut dans la composition de l'ouvrage, en ce qu'il rivalise d'intérêt avec le sujet lui-même; mais cette faute, si elle existe, n'ôte rien à ce que présente d'imposant et de comique tout ensemble cette opposition de deux princes, dont l'un, despote souple et ambitieux, méprise l'autre, tyran dur et belliqueux, qui le dédaignerait s'il l'osait. Tous deux se haïssent; mais Louis brave la haine de Charles parce qu'elle est rude et sauvage, Charles craint la haine de Louis parce qu'elle est caressante. Le duc de Bourgogne, au milieu de son camp et de ses États, s'inquiète près du roi de France sans défense, comme le limier dans le voisinage du chat. La cruauté du duc naît de ses passions, celle du roi vient de son caractère. Le Bourguignon est loyal parce qu'il est violent : il n'a jamais songé à cacher ses mauvaises actions; il n'a point de remords, car il

Louis XI et Tristan l'Hermite.

LITTÉRATURE, ETC.

a oublié ses crimes comme ses colères. Louis est superstitieux, peut-être parce qu'il est hypocrite : la religion ne suffit pas à celui que sa conscience tourmente et qui ne veut pas se repentir; mais il a beau croire à d'impuissantes expiations, la mémoire du mal qu'il a fait vit sans cesse en lui près de la pensée du mal qu'il va faire, parce qu'on se rappelle toujours ce qu'on a médité longtemps, et qu'il faut bien que le crime, lorsqu'il a été un désir et une espérance, devienne aussi un souvenir. Les deux princes sont dévots; mais Charles jure par son épée avant de jurer par Dieu, tandis que Louis tâche de gagner les saints par des dons d'argent ou des charges de cour, mêle de la diplomatie à sa prière et intrigue même avec le ciel. En cas de guerre, Louis en examine encore le danger; que Charles se repose déjà de la victoire. La politique du Téméraire est toute dans son bras, mais l'œil du roi atteint plus loin que le bras du duc. Enfin Walter Scott prouve, en mettant en jeu les deux rivaux, combien la prudence est plus forte que l'audace, et comment celui qui paraît ne rien craindre a peur de celui qui semble tout redouter.

Avec quel art l'illustre écrivain nous peint le roi de France se présentant, par un raffinement de fourberie, chez son beau cousin de Bourgogne, et lui demandant l'hospitalité au moment où l'orgueilleux vassal va lui apporter la guerre! Et quoi de plus dramatique que la nouvelle d'une révolte fomentée dans les États du duc par les agents du roi, tombant comme la foudre entre les deux princes à l'instant où la même table les réunit?

Ainsi la fraude est déjouée par la fraude, et c'est le prudent Louis qui s'est lui-même livré sans défense à la vengeance d'un ennemi justement irrité. L'histoire dit bien quelque chose de tout cela; mais ici j'aime mieux croire au roman qu'à l'histoire, parce que je préfère la vérité morale à la vérité historique. Une scène plus remarquable encore peut-être, c'est celle où les deux princes, que les conseils les plus sages n'ont encore pu rapprocher, se réconcilient par un acte de cruauté que l'un imagine et que l'autre exécute. Pour la première fois ils rient ensemble de cordialité et de plaisir; et ce rire, excité par un supplice, efface pour un moment leur discorde. Cette idée terrible fait frissonner d'admiration.

Nous avons entendu critiquer, comme hideuse et révoltante, la peinture de l'orgie. C'est, à notre avis, un des plus beaux chapitres de ce livre. Walter Scott, ayant entrepris de peindre ce fameux brigand surnommé le Sanglier des Ardennes, aurait manqué son tableau s'il n'eût excité l'horreur. Il faut toujours entrer franchement dans une donnée dramatique, et chercher en tout le fond des choses. L'émotion et l'intérêt ne se trouvent que là. Il n'appartient qu'aux esprits timides de capituler avec une conception forte et de reculer dans la voie qu'ils se sont tracée.

Nous justifierons, d'après le même principe, deux autres passages qui ne nous paraissent pas moins dignes de méditation et de louange. Le premier est l'exécution de ce Hayraddin, personnage singulier dont l'auteur aurait peut-être pu tirer encore plus de parti. Le second est le chapitre où le roi Louis XI, arrêté par ordre du duc de Bourgogne, fait préparer dans sa prison, par Tristan l'Hermite, le châtiment de l'astrologue qui l'a trompé. C'est une idée étrangement belle que de nous faire voir ce roi cruel, trouvant encore dans son cachot assez d'espace pour sa vengeance, réclamant des bourreaux pour derniers serviteurs, et éprouvant ce qui lui reste d'autorité par l'ordre d'un supplice.

Nous pourrions multiplier ces observations et tâcher de faire voir en quoi le nouveau drame de sir Walter Scott nous semble défectueux, particulièrement dans le dénoûment; mais le romancier aurait sans doute pour se justifier des raisons beaucoup meilleures que nous n'en aurions pour l'attaquer, et ce n'est point contre un si formidable champion que nous essayerions avec avantage nos faibles armes. Nous nous bornerons à lui faire observer que le mot placé par lui dans la bouche du fou du duc de Bourgogne sur l'arrivée du roi Louis XI à Péronne appartient au fou de François Ier, qui le prononça lors du passage de Charles-Quint en France, en 1535. L'immortalité de ce pauvre Triboulet ne tient qu'à ce mot, il faut le lui laisser. Nous croyons également que l'expédient ingénieux qu'emploie l'astrologue Galeotti pour échapper à Louis XI avait déjà été imaginé quelque mille ans auparavant par un philosophe que voulait mettre à mort Denys de Syracuse. Nous n'attachons pas à ces remarques plus d'importance qu'elles n'en méritent; un romancier n'est pas un chroniqueur. Nous sommes étonné seulement que le roi adresse la parole, dans le conseil de Bourgogne, à des chevaliers du Saint-Esprit, cet ordre n'ayant été fondé qu'un siècle plus tard par Henri III. Nous croyons même que l'ordre de Saint-Michel, dont le noble auteur décore son brave lord Crawfort, ne fut institué par Louis XI qu'après sa captivité. Que sir Walter Scott nous permette ces petites chicanes chronologiques. En remportant un léger triomphe de pédant sur un aussi illustre *antiquaire*, nous ne pouvons nous défendre de cette innocente joie qui transportait son Quentin Durward lorsqu'il eut désarçonné le duc d'Orléans et tenu tête à Dunois, et nous serions tenté de lui demander pardon de notre victoire, comme Charles-Quint au pape : *Sanctissime pater, indulge victori.*

SUR

L'ABBÉ DE LAMENNAIS

A PROPOS DE L'ESSAI

SUR L'INDIFFÉRENCE EN MATIÈRE DE RELIGION

Juillet 1823

Serait-il vrai qu'il existe dans la destinée des nations un moment où les mouvements du corps social semblent ne plus être que les dernières convulsions d'un mourant? Serait-il vrai qu'on puisse voir la lumière disparaître peu à peu de l'intelligence des peuples, ainsi qu'on voit s'effacer graduellement dans le ciel le crépuscule du soir? Alors, disent les voix prophétiques, le bien et le mal, la vie et la mort, l'être et le néant, sont en présence; et les hommes errent de l'un à l'autre, comme s'ils avaient à choisir. L'action de la société n'est plus une action, c'est un tressaillement faible et violent à la fois, comme une secousse de l'agonie. Les développements de l'esprit humain s'arrêtent, ses révolutions commencent. Le fleuve ne féconde plus, il l'engloutit; le flambeau n'éclaire plus, il consume. La pensée, la volonté, la liberté, ces facultés divines concédées par la toute-puissance divine à l'association humaine, font place à l'orgueil, à la révolte, à l'instinct individuel. A la prévoyance sociale succède cette profonde cécité animale à laquelle il n'a pas été donné de distinguer les approches de la mort. Bientôt, en effet, la rébellion des membres amène le déchirement du corps, qui suivra la dissolution du cadavre. La lutte des intérêts passagers remplace l'accord des croyances éternelles. Quelque chose de la brute s'élève dans l'homme, et fraternise avec son âme dégradée; il abdique le ciel et végète au-dessous de sa destinée. Alors deux camps se tracent dans la nation. La société n'est plus qu'une mêlée opiniâtre dans une nuit profonde, où ne brille d'autre lumière que l'éclair des glaives qui se heurtent et l'étincelle des armures qui se brisent. Le soleil se lèverait en vain sur ces malheureux pour leur faire reconnaître qu'ils sont frères; acharnés à leur œuvre sanglante, ils ne le verraient pas. La poussière de leur combat les aveugle.

Alors, pour emprunter l'expression solennelle de Bossuet, *un peuple cesse d'être un peuple*. Les événements qui se précipitent avec une rapidité toujours croissante s'imprègnent de plus en plus d'un sombre caractère de providence et de fatalité, et le petit nombre d'hommes simples restés fidèles aux prédictions antiques, regardent avec terreur si des signes ne se manifestent pas dans les cieux.

Espérons que nos vieilles monarchies n'en sont point encore là. On conserve quelque espoir de guérison tant que le malade ne repousse pas le médecin, et l'enthousiasme avide qu'éveillent les premiers chants de poésie religieuse que ce siècle a entendus prouve qu'il y a encore une âme dans la société.

C'est à fortifier ce souffle divin, à ranimer cette flamme céleste, que tendent aujourd'hui tous les esprits vraiment supérieurs. Chacun apporte son étincelle au foyer commun, et, grâce à leur généreuse activité, l'édifice social peut se reconstruire rapidement, comme ces magiques palais des contes arabes, qu'une légion de génies achevait dans une nuit. Aussi trouvons-nous des méditations dans nos écrivains, et des inspirations dans nos poètes. Il s'élève de toutes parts une génération sérieuse et douce, pleine de souvenirs et d'espérances. Elle demande son avenir aux prétendus philosophes du dernier siècle, qui voudraient lui faire recommencer leur passé. Elle est pure, et par conséquent indulgente, même pour ces vieux et effrontés coupables qui osent réclamer son admiration; mais son pardon pour les criminels n'exclut pas son horreur pour les crimes. Elle ne veut pas baser son existence sur des abîmes, sur l'athéisme et sur l'anarchie; elle répudie l'héritage de mort dont la révolution la poursuit; elle revient à la religion, parce que la jeunesse ne renonce pas volontairement à la vie; c'est pourquoi elle exige du poëte plus que les générations antiques n'en ont reçu. Il ne donnait au peuple que des lois, elle lui demande des croyances.

Un des écrivains qui ont le plus puissamment contribué à éveiller parmi nous cette soif d'émotions religieuses, un de ceux qui savent le mieux l'étancher, c'est sans contredit M. l'abbé F. de Lamennais. Parvenu, dès ses premiers pas, au sommet de l'illustration littéraire, ce prêtre vénérable semble n'avoir rencontré la gloire humaine qu'en passant. Il va plus loin. L'époque de l'apparition de l'*Essai sur l'indifférence* sera une des dates de ce siècle. Il faut qu'il y ait un mystère bien étrange dans ce livre que nul ne peut lire sans espérance ou sans terreur, comme s'il cachait quelque haute révélation de notre destinée. Tour à tour majestueux et passionné, simple et magnifique, grave et véhément, profond et sublime, l'écrivain s'adresse au cœur par toutes les tendresses, à l'esprit par tous les artifices, à l'âme par tous les enthousiasmes. Il éclaire comme Pascal, il brûle comme Rousseau, il foudroie comme Bossuet. Sa pensée laisse toujours dans les esprits trace de son passage; elle abat tous ceux qu'elle ne relève pas. Il faut qu'elle console, à moins qu'elle ne désespère. Elle flétrit tout ce qui ne peut fructifier. Il n'y a point d'opinion mixte sur un pareil ouvrage; on l'attaque comme un ennemi ou on le défend comme un sauveur. Chose frappante! ce livre était un besoin de notre époque, et la mode s'est mêlée de son succès! C'est la première fois sans doute que la mode aura été du parti de l'éternité. Tout en dévorant cet écrit, on a adressé à l'auteur une foule de reproches que chacun en particulier aurait dû adresser à sa conscience. Tous ces vices qu'il voulait bannir du cœur humain ont crié comme les vendeurs chassés du temple. On a craint que l'âme ne restât vide lorsqu'il en aurait expulsé les passions. Nous avons entendu dire que ce livre austère attristait sa vie, que ce prêtre morose arrachait les fleurs du sentier de l'homme. D'accord; mais les fleurs qu'il arrache sont celles qui cachaient l'abîme.

Cet ouvrage a encore produit un autre phénomène, bien remarquable de nos jours : c'est la discussion publique d'une question de théologie. Et ce qu'il y a de singulier, et ce qu'on doit attribuer à l'intérêt extraordinaire excité par l'*Essai,* la frivolité des gens du monde et la préoccupation des hommes d'État ont disparu un instant devant un débat scolastique et religieux. On a cru voir un moment la Sorbonne renaître entre les deux chambres.

M. de Lamennais, aidé dans sa force par la force d'en haut, a accoutumé ses lecteurs à le voir porter, sans perdre haleine, d'un bout à l'autre de son immense composition, le fardeau d'une idée fondamentale, vaste et unique. Partout se révèle en lui la possession d'une grande pensée. Il la développe dans toutes ses parties, l'illumine dans tous ses détails, l'explique dans tous ses mystères, la critique dans tous ses résultats. Il remonte à toutes les causes comme il redescend à toutes les conséquences.

Un des bienfaits de ces sortes d'ouvrages, c'est qu'ils dégoûtent profondément de tout ce qu'ont écrit de dérisoire et d'ironique les chefs de la secte incrédule. Quand une fois on est monté si haut, on ne peut plus redescendre aussi bas. Dès qu'on a respiré l'air et vu la lumière, on ne saurait rentrer dans ces ténèbres et dans ce vide. On est saisi d'une inexprimable compassion en voyant des hommes épuiser leur souffle d'un jour à forger ou à éteindre Dieu. On est tenté de croire que l'athée est un être à part, organisé à sa façon, et qu'il a raison de réclamer sa place parmi les bêtes; car on ne conçoit rien à la révolte de l'intelligence contre l'intelligence. Et puis, n'est-ce pas une étrange société que celle de ces individus ayant chacun un créateur de leur création, une foi selon leur opinion, disposant de l'éternité pendant que le temps les emporte, et cherchant à réaliser cette *multiplex religio*, mot monstrueux trouvé par un païen? On dirait le chaos à la poursuite du néant. Tandis que l'âme du chrétien, pareille à la flamme tourmentée en vain parmi les caprices de l'air, se relève incessamment vers le ciel, l'esprit de ces infidèles est comme le nuage qui change de forme et de route selon le vent qui le pousse. Et l'on rit de les voir juger les choses éternelles du haut de la philosophie humaine, ainsi que des malheureux qui graviraient péniblement au sommet d'une montagne pour mieux examiner les étoiles.

Ceux qui apportent aux nations enivrées par tant de poisons la véritable nourriture de vie et d'intelgence, doivent se confier en la sainteté de leur entreprise. Tôt ou tard les peuples désabusés se pressent autour d'eux, et leur disent comme Jean à Jésus : *Ad quem ibimus? verba vitæ æternæ habes.* « A qui irons-nous? vous avez les paroles de la vie éternelle. »

SUR LORD BYRON

A PROPOS DE SA MORT

Nous sommes en juin 1824. Lord Byron vient de mourir.

On nous demande notre pensée sur lord Byron, et sur lord Byron mort. Qu'importe notre pensée? à quoi bon l'écrire, à moins qu'on ne suppose qu'il est impossible à qui que ce soit de ne pas dire quelques paroles dignes d'être recueillies en présence d'un aussi grand poëte et d'un aussi grand événement? A en croire les ingénieuses fables de l'Orient, une larme devient perle en tombant dans la mer.

Dans l'existence particulière que nous a faite le goût des lettres, dans la région paisible où nous a placé l'amour de l'indépendance et de la poésie, la mort de Byron a dû nous frapper, en quelque sorte, comme une calamité domestique. Elle a été pour nous un de ces malheurs qui touchent de près. L'homme qui a dévoué ses jours au culte des lettres sent le cercle de sa vie physique se resserrer autour de lui, en même temps que la sphère de son existence intellectuelle s'agrandit. Un petit nombre d'êtres chers occupent les tendresses de son cœur, tandis que tous les poëtes, morts et contemporains, étrangers et compatriotes, s'emparent des affections de son âme. La nature lui avait donné une famille, la poésie lui en crée une seconde. Ses sympathies, que si peu d'êtres éveillent auprès de lui, s'en vont chercher, à travers le tourbillon des relations sociales, au delà des temps, au delà des espaces, quelques hommes qu'il comprend et dont il se sent digne d'être compris. Tandis que, dans la rotation monotone des habitudes et des affaires, la foule des indifférents le froisse et le heurte sans émouvoir son attention, il s'établit, entre lui et ces hommes épars que son penchant a choisis, d'intimes rapports et des communications, pour ainsi dire, électriques. Une douce communauté de pensées l'attache, comme un lien invisible et indissoluble, à ces êtres d'élite, isolés dans leur monde ainsi qu'il l'est dans le sien; de sorte que, lorsque par hasard il vient à rencontrer l'un d'entre eux, un regard leur suffit pour se révéler l'un à l'autre; une parole, pour pénétrer mutuellement le fond de leurs âmes et en reconnaître l'équilibre; et, au bout de quelques instants, ces deux étrangers sont ensemble comme deux frères nourris du même lait, comme deux amis éprouvés par la même infortune.

Qu'il nous soit permis de le dire, et, s'il le faut, de

nous en glorifier, une sympathie du genre de celle que nous venons d'expliquer nous entraînait vers Byron. Ce n'était pas certainement l'attrait que le génie inspire au génie; c'était du moins un sentiment sincère d'admiration, d'enthousiasme et de reconnaissance; car on doit de la reconnaissance aux hommes dont les œuvres et les actions font battre noblement le cœur. Quand on nous a annoncé la mort de ce poëte, il nous a semblé qu'on nous enlevait une part de notre avenir. Nous n'avons renoncé qu'avec amertume à jamais nouer avec Byron une de ces poétiques amitiés qu'il nous est si doux et si glorieux d'entretenir avec la plupart des principaux esprits de notre époque, et nous lui avons adressé ce beau vers dont un poëte de son école saluait l'ombre généreuse d'André Chénier :

Adieu donc, jeune ami que je n'ai pas connu.

Puisque nous venons de laisser échapper un mot sur l'école particulière de lord Byron, il ne sera peut-être pas hors de propos d'examiner ici quelle place elle occupe dans l'ensemble de la littérature actuelle, que l'on attaque comme si elle pouvait être vaincue, que l'on calomnie comme si elle pouvait être condamnée. Des esprits faux, habiles à déplacer toutes les questions, cherchent à accréditer parmi nous une erreur bien singulière. Ils ont imaginé que la société présente était exprimée en France par deux littératures absolument opposées; c'est-à-dire que le même arbre portait naturellement à la fois deux fruits d'espèces contraires, que la même cause produisait simultanément deux effets incompatibles. Mais ces ennemis des innovations ne se sont pas même aperçus qu'ils créaient là une logique toute nouvelle. Ils continuent chaque jour de traiter la littérature qu'ils nomment classique comme si elle vivait encore, et celle qu'ils appellent romantique comme si elle allait périr. Ces doctes rhéteurs, qui vont proposant sans cesse de changer ce qui existe contre ce qui a existé, nous rappellent involontairement le Roland fou de l'Arioste qui prie gravement un passant d'accepter une jument morte en échange d'un cheval vivant. Roland, il est vrai, convient que sa jument est morte, tout en ajoutant que c'est là son seul défaut. Mais les Rolands du prétendu genre classique ne sont pas encore à cette hauteur, en fait de jugement ou de bonne foi. Il faut donc leur arracher ce qu'ils ne veulent pas accorder, et leur déclarer qu'il n'existe aujourd'hui qu'une littérature comme il n'existe qu'une société ; que les littératures antérieures, tout en laissant des monuments immortels, ont dû disparaître et ont disparu avec les générations dont elles ont exprimé les habitudes sociales et les émotions politiques. Le génie de notre époque peut être aussi beau que celui des époques les plus illustres, il ne peut être le même ; et il ne dépend pas plus des écrivains contemporains de ressusciter une littérature [1] passée, qu'il ne dépend du

---

[1] Il ne faut pas perdre de vue, en lisant ceci, que par les mots *littérature d'un siècle*, on doit entendre non-seulement l'ensemble des ouvrages produits durant ce siècle, mais encore l'ordre général d'idées et de sentiments qui — le plus souvent à l'insu des auteurs mêmes — a présidé à leur composition.

jardinier de faire reverdir les feuilles de l'automne sur les rameaux du printemps.

Qu'on ne s'y trompe pas : c'est en vain surtout qu'un petit nombre de petits esprits essayent de ramener les idées générales vers le désolant système littéraire du dernier siècle. Ce terrain, naturellement aride, est depuis longtemps desséché. D'ailleurs on ne recommence pas les madrigaux de Dorat après les guillotines de Robespierre, et ce n'est pas au siècle de Bonaparte qu'on peut continuer Voltaire. La littérature réelle de notre âge, celle dont les auteurs sont proscrits à la façon d'Aristide; celle qui, répudiée par toutes les plumes, est adoptée par toutes les lyres; celle qui, malgré une persécution vaste et calculée, voit tous les talents éclore dans sa sphère orageuse, comme ces fleurs qui ne croissent qu'en des lieux battus des vents; celle enfin qui, réprouvée par ceux qui décident sans méditer, est défendue par ceux qui pensent avec leur âme, jugent avec leur esprit et sentent avec leur cœur; cette littérature n'a point l'allure molle et effrontée de la muse qui chanta le cardinal Dubois, flatta la Pompadour et outragea notre Jeanne d'Arc. Elle n'interroge ni le creuset de l'athée ni le scalpel du matérialiste. Elle n'emprunte pas au sceptique cette balance de plomb dont l'intérêt seul rompt l'équilibre. Elle n'enfante pas dans les orgies des chants pour les massacres. Elle ne connaît ni l'adulation ni l'injure. Elle ne prête point de séductions au mensonge. Elle n'enlève point leur charme aux illusions. Étrangère à tout ce qui n'est pas son but véritable, elle puise la poésie aux sources de

la vérité. Son imagination se féconde par la croyance.
Elle suit les progrès du temps, mais d'un pas grave
et mesuré. Son caractère est sérieux, sa voix est mélodieuse et sonore. Elle est, en un mot, ce que doit
être la commune pensée d'une grande nation après
de grandes calamités : triste, fière et religieuse. Quand
il le faut, elle n'hésite pas à se mêler aux discordes
publiques pour les juger ou pour les apaiser. Car nous
ne sommes plus au temps des chansons bucoliques, et
ce n'est pas la muse du dix-neuvième siècle qui peut
dire :

Non me agitant populi fasces, aut purpura regum.

Cette littérature cependant, comme toutes les choses
de l'humanité, présente, dans son unité même, son
côté sombre et son côté consolant. Deux écoles se sont
formées dans son sein, qui représentent la double situation où nos malheurs politiques ont respectivement
laissé les esprits : la résignation et le désespoir. Toutes
deux reconnaissent ce qu'une philosophie moqueuse
avait nié, l'éternité de Dieu, l'âme immortelle, les vérités primordiales et les vérités révélées ; mais celle-ci
pour adorer, celle-là pour maudire. L'une voit tout du
haut du ciel, l'autre du fond de l'enfer. La première
place au berceau de l'homme un ange qu'il retrouve
encore assis au chevet de son lit de mort ; l'autre environne ses pas de démons, de fantômes et d'apparitions
sinistres. La première lui dit de se confier, parce qu'il
n'est jamais seul ; la seconde l'effraye en l'isolant sans

cesse. Toutes deux possèdent également l'art d'esquisser des scènes gracieuses et de crayonner des figures terribles ; mais la première, attentive à ne jamais briser le cœur, donne encore aux plus sombres tableaux je ne sais quel reflet divin ; la seconde, toujours soigneuse d'attrister, répand sur les images les plus riantes comme une lueur infernale. L'une, enfin, ressemble à Emmanuel, doux et fort, parcourant son royaume sur un char de foudre et de lumière ; l'autre est ce superbe Satan [1] qui entraîna tant d'étoiles dans sa chute lorsqu'il fut précipité du ciel. Ces deux écoles jumelles, fondées sur la même base, et nées, pour ainsi dire, au même berceau, nous paraissent spécialement représentées dans la littérature européenne par deux illustres génies : Chateaubriand et Byron.

Au sortir de nos prodigieuses révolutions, deux ordres politiques luttaient sur le même sol. Une vieille société achevait de s'écrouler ; une société nouvelle commençait à s'élever. Ici des ruines, là des ébauches. Lord Byron, dans ses lamentations funèbres, a exprimé les dernières convulsions de la société expirante. M. de Chateaubriand, avec ses inspirations sublimes, a satisfait aux premiers besoins de la société ranimée. La voix de l'un est comme l'adieu du cygne à l'heure de la mort ; la voix de l'autre est pareille au chant du phénix renaissant de sa cendre.

---

[1] Ce n'est ici qu'un simple rapport qui ne saurait justifier le titre d'*école satanique* sous lequel un homme de talent a désigné l'école de lord Byron.

Par la tristesse de son génie, par l'orgueil de son caractère, par les tempêtes de sa vie, lord Byron est le type du genre de poésie dont il a été le poëte. Tous ses ouvrages sont profondément marqués du sceau de son individualité. C'est toujours une figure sombre et hautaine que le lecteur voit passer dans chaque poëme comme à travers un crêpe de deuil. Sujet quelquefois, comme tous les penseurs profonds, au vague et à l'obscurité, il a des paroles qui sondent toute une âme, des soupirs qui racontent toute une existence. Il semble que son cœur s'entr'ouvre à chaque pensée qui en jaillit comme un volcan qui vomit des éclairs. Les douleurs, les joies, les passions, n'ont point pour lui de mystères, et s'il ne fait voir les objets réels qu'à travers un voile, il montre à nu les régions idéales. On peut lui reprocher de négliger absolument l'ordonnance de ses poëmes; défaut grave, car un poëme qui manque d'ordonnance est un édifice sans charpente ou un tableau sans perspective. Il pousse également trop loin le lyrique dédain des transitions; et l'on désirerait parfois que ce peintre si fidèle des émotions intérieures jetât sur les descriptions physiques des clartés moins fantastiques et des teintes moins vaporeuses. Son génie ressemble trop souvent à un promeneur sans but qui rêve en marchant, et qui, absorbé dans une intuition profonde, ne rapporte qu'une image confuse des lieux qu'il a parcourus. Quoi qu'il en soit, même dans ses moins belles œuvres, cette capricieuse imagination s'élève à des hauteurs où l'on ne parvient pas sans des ailes. L'aigle a beau fixer ses yeux sur la terre, il n'en conserve pas moins le regard sublime dont la portée s'étend jusqu'au soleil [1]. On a prétendu que l'auteur de *Don Juan* appartenait, par un côté de son esprit, à l'école de l'auteur de *Candide*. Erreur ! il y a une dif-

---

[1] Dans un moment où l'Europe entière rend un éclatant hommage au génie de lord Byron, avoué grand homme depuis qu'il est mort, le lecteur sera curieux de relire ici quelques phrases de l'article remarquable dont la *Revue d'Édimbourg*, journal accrédité, salua l'illustre poëte à son début. C'est d'ailleurs sur ce ton que certains journaux nous entretiennent chaque matin ou chaque soir des premiers talents de notre époque.

« La poésie de notre jeune lord est de cette classe que ni les dieux ni les hommes ne tolèrent. Ses inspirations sont si plates, qu'on pourrait les comparer à une eau stagnante. Comme pour s'excuser, le noble auteur ne cesse de rappeler qu'il est mineur... Peut-être veut-il nous dire : « Voyez comme un mineur écrit ! » Mais, hélas ! nous nous rappelons tous la poésie de Cowley à dix ans, et celle de Pope à douze. Loin d'apprendre avec surprise que de mauvais vers ont été écrits par un écolier au sortir du collège, nous croyons la chose très-commune ; et, sur dix écoliers, neuf peuvent en faire autant et mieux que lord Byron.

....

» Dans le fait, cette seule considération (celle du rang de l'auteur) nous fait donner une place à lord Byron dans notre journal, outre notre désir de lui conseiller d'abandonner la poésie pour mieux employer ses talents.

» Dans cette intention, nous lui dirons que la rime et le nombre des pieds, quand ce nombre serait toujours régulier, ne constituent pas toute la poésie ; nous voudrions lui persuader qu'un peu d'esprit et d'imagination sont indispensables, et que, pour être lu, un poëme a besoin aujourd'hui de quelque pensée ou nouvelle, ou exprimée de façon à paraître telle.

» Lord Byron devrait aussi prendre garde de tenter ce que de grands poëtes ont tenté avant lui ; car les comparaisons ne sont nullement agréables, comme il a pu l'apprendre de son maître d'écriture.

» Quant à ses imitations de la poésie ossianique, nous nous y connaissons si peu, que nous risquerions de critiquer du Macpherson tout pur en

férence profonde entre le rire de Byron et le rire de Voltaire. Voltaire n'avait pas souffert.

Ce serait ici le moment de dire quelque chose de la vie si tourmentée du noble poëte : mais dans l'incertitude où nous sommes sur les causes réelles des malheurs domestiques qui avaient aigri son caractère, nous aimons mieux nous taire, de peur que notre plume ne s'égare malgré nous. Ne connaissant lord Byron que d'après ses poëmes, il nous est doux de lui supposer une vie selon son âge et son génie. Comme tous les

voulant exprimer notre opinion sur les rapsodies de ce nouvel imitateur... Tout ce que nous pouvons dire, c'est qu'elles ressemblent à du Macpherson ; et nous sommes sûrs qu'elles sont tout aussi stupides et ennuyeuses que celles de notre compatriote.

» Une grande partie du volume est consacrée à immortaliser les occupations de l'auteur pendant son éducation. Nous sommes fâchés de donner une mauvaise idée de la psalmodie du collège par la citation de ces stances attiques... (Suit la citation.)

» Mais quelque jugement qu'on puisse prononcer sur les poésies du noble mineur, il nous semble que nous devons les prendre comme nous les trouvons, et nous en contenter : car ce sont les dernières que nous recevrons de lui... Qu'il réussisse ou non, il est très-peu probable qu'il condescende de nouveau à devenir auteur. Prenons donc ce qui nous est offert, et soyons reconnaissants. De quel droit ferions-nous les délicats, pauvres diables que nous sommes ! C'est trop d'honneur pour nous de tant recevoir d'un homme du rang de ce lord. Soyons reconnaissants, nous le répétons, et ajoutons avec le bon Sancho : Que Dieu bénisse celui qui nous donne ! ne regardons pas le cheval à la bouche quand il ne coûte rien ! »

Lord Byron daigna se venger de ce misérable fatras de lieux communs, thème perpétuel que la médiocrité envieuse reproduit sans cesse contre le génie. Les auteurs de la *Revue d'Édimbourg* furent contraints de reconnaître son talent sous les coups de son fouet satirique. L'exemple paraît bon à suivre ; nous avouerons cependant que nous eussions mieux aimé voir lord Byron garder à leur égard le silence du mépris. Si ce n'eût été le conseil de son intérêt, c'eût été du moins celui de sa dignité.

hommes supérieurs, il a certainement été en proie à la calomnie. Nous n'attribuons qu'à elle les bruits injurieux qui ont si longtemps accompagné l'illustre nom du poëte. D'ailleurs celle que ses torts ont offensée les a sans doute oubliés la première en présence de sa mort. Nous espérons qu'elle lui a pardonné; car nous sommes de ceux qui ne pensent pas que la haine et la vengeance ait quelque chose à graver sur la pierre d'un tombeau.

Et nous, pardonnons-lui de même ses fautes, ses erreurs, et jusqu'aux ouvrages où il a paru descendre de la double hauteur de son caractère et de son talent : pardonnons-lui, il est mort si noblement! il est si bien tombé! Il semblait là comme un belliqueux représentant de la muse moderne dans la patrie des muses antiques. Généreux auxiliaire de la gloire, de la religion et de la liberté, il avait apporté son épée et sa lyre aux descendants des premiers guerriers et des premiers poëtes; et déjà le poids de ses lauriers faisait pencher la balance en faveur des malheureux Hellènes. Nous lui devons, nous particulièrement, une reconnaissance profonde. Il a prouvé à l'Europe que les poëtes de l'école nouvelle, quoiqu'ils n'adorent plus les dieux de la Grèce païenne, admirent toujours ses héros; et que s'ils ont déserté l'Olympe, du moins ils n'ont jamais dit adieu aux Thermopyles.

La mort de Byron a été accueillie dans tout le continent par les signes d'une douleur universelle. Le canon des Grecs a longtemps salué ses restes, et un deuil national a consacré la perte de cet étranger parmi les calamités publiques. Les portes orgueilleuses de Westminster se sont ouvertes comme d'elles-mêmes, afin que la tombe du poëte vînt honorer le sépulcre des rois. Le dirons-nous? au milieu de ces glorieuses marques de l'affliction générale, nous avons cherché quel témoignage solennel d'enthousiasme Paris, cette capitale de l'Europe, rendait à l'ombre héroïque de Byron, et nous avons vu une marotte qui insultait sa lyre et des tréteaux qui outrageaient son cercueil[1] !

[1] Quelques jours après la nouvelle de la mort de lord Byron, on représentait encore à je ne sais quel théâtre du boulevard je ne sais quelle facétie de mauvais ton et de mauvais goût, où ce noble poëte est personnellement mis en scène sous le nom ridicule de *Lord Trois-Étoiles*.

IDÉES AU HASARD

Juillet 1824.

I

Il faut bien que toutes les oreilles possibles s'habituent à l'entendre dire et redire, une révolution est faite dans les arts. Elle a commencé par la poésie, elle s'est continuée dans la musique; la voilà qui renouvelle la peinture; et avant peu elle ressuscitera infailliblement la sculpture et l'architecture, depuis longtemps mortes comme meurent toujours les arts, en pleine académie. Au reste, cette révolution n'est qu'un retour universel à la nature et à la vérité. C'est l'extirpation du faux goût qui, depuis près de trois siècles, substituant sans cesse les conventions de l'école à toutes les réalités, a vicié tant de beaux génies. La génération nouvelle a décidément jeté là le haillon classique, la guenille philosophique, l'oripeau mythologique. Elle a revêtu la robe virile, et s'est débarrassée des préjugés, tout en étudiant les traditions.

Il est risible d'entendre disserter sur un changement invisiblement amené par le cours des événements, cette tourbe innombrable d'esprits faux, de petits docteurs, de grands pédants, de lourds railleurs, de *jugeurs* à verbe haut, de critiques superficiels, également propres à raisonner sur tout parce qu'ils ignorent tout au même degré; d'artistes médiocres, qui ne connaissent le talent que par l'envie dont il les tourmente et l'impuissance dont il les accable. Ces bonnes gens s'imaginent qu'à force de cris, de colère et d'anathèmes, ils parviendront à détruire ou à modifier selon leur fantaisie un ordre d'idées qui résulte nécessairement d'un ordre de choses. Ils ne comprennent pas que, de même qu'un orage change l'état de l'atmosphère, une révolution change l'état de la société. On les voit s'évertuant en efforts inutiles pour corriger la littérature et les arts nés de cette révolution. Je serais curieux de savoir comment ils s'y prendraient pour repeindre l'arc-en-ciel.

En attendant qu'ils aient résolu ce problème, l'arc-en-ciel brillera, et ce siècle sera ce qu'il est dans sa destinée d'être.

Que la nouvelle génération laisse donc des critiques accrédités ou non affirmer, avec une grotesque assurance, que *l'art est chez nous en pleine décadence*. Il faut se souvenir que l'Académie a condamné le *Cid*;

que MM. Morellet et Hoffman ont donné des férules à l'auteur du *Génie du christianisme;* que la *Revue d'Édimbourg* a renvoyé lord Byron à l'école; il faut laisser la médiocrité peser de toutes ses petites forces sur le talent naissant. Elle ne l'étouffera pas. Et, à tout prendre, est-ce donc un spectacle moins amusant qu'un autre, que de voir un homme de génie foudroyé par un professeur de gazette ou d'athénée? C'est l'aigle dans les serres du moineau franc.

II

L'expression de l'amour, dans les poëtes de l'école antique (à quelque nation et à quelque époque qu'ils appartiennent), manque en général de chasteté et de pudeur. Cette observation, peu importante au premier aspect, se rattache cependant aux plus hautes considérations. Si nous voulions l'examiner sérieusement, nous trouverions au fond de cette question toutes les sociétés païennes et tous les cultes idolâtriques. L'*absence de chasteté dans l'amour* est peut-être le signe caractéristique des civilisations et des littératures que n'a point purifiées le christianisme. Sans parler de ces poésies monstrueuses par lesquelles Anacréon, Horace, Virgile même ont immortalisé d'infâmes débauches et de honteuses habitudes, les chants amoureux des poëtes païens anciens et modernes, de Catulle, de Tibulle, de Bertin, de Bernis, de Parny, ne nous offrent rien de cette délicatesse, de cette modestie, de cette retenue sans lesquelles l'amour n'est plus qu'un instinct animal et qu'un appétit charnel. Il est vrai que l'amour chez ces poëtes est aussi raffiné qu'il est grossier. Il est difficile d'exprimer plus ingénieusement ce que sentent les brutes ; et c'est sans doute pour qu'il y ait une différence entre leurs amours et ceux des animaux que ces galants diseurs font des élégies. Ils en sont même venus à convertir en *science* ce qu'il y a de plus naturel au monde ; et l'art d'aimer a été enseigné par Ovide aux païens du siècle d'Auguste, par Gentil-Bernard aux païens du siècle de Voltaire.

Avec quelque attention, on reconnaît qu'il existe une différence entre les premiers et les derniers *artistes* en amour. A une nuance près, leur vermillon est le même. Tous chantent la volupté matérielle. Mais les poëtes païens, grecs et romains, semblent le plus souvent des maîtres qui commandent à des *esclaves*, tandis que les poëtes païens français sont toujours des esclaves implorant leurs *maîtresses*. Et le secret des deux civilisations différentes est tout entier là dedans. Les sociétés polies, mais idolâtres, de Rome et d'Athènes ignoraient la céleste dignité de la femme, révélée plus tard aux hommes par le Dieu qui voulut naître d'une fille d'Ève. Aussi l'amour, chez ces peuples, ne s'adressant qu'aux esclaves et aux courtisanes, avait-il quelque chose d'impérieux et de méprisant. Tout, dans la civilisation chrétienne, tend au contraire à l'ennoblissement du sexe faible et beau ; et l'Évangile paraît avoir rendu leur rang aux femmes, afin qu'elles conduisissent les hommes au plus haut degré possible de perfectionnement social. Ce sont elles qui ont créé la chevalerie; et cette institution merveilleuse, en disparaissant des monarchies modernes, y a laissé l'honneur comme une âme; l'honneur, cet instinct de nature, qui est aussi une superstition de société; cette seule puissance dont un Français supporte patiemment la tyrannie; ce sentiment mystérieux inconnu aux anciens justes, qui est tout à la fois plus et moins que la vertu. A l'heure qu'il est, remarquons bien ceci : l'*honneur* est ignoré des peuples à qui l'Évangile n'a pas encore été révélé, ou chez lesquels l'influence morale des femmes est nulle. Dans notre civilisation, si les lois donnent la première place à l'homme, l'honneur donne le premier rang à la femme. Tout l'équilibre des sociétés chrétiennes est là.

III

Je ne sais par quelle bizarre manie on prétend aujourd'hui refuser au génie le droit d'admirer hautement le génie; on insulte à l'enthousiasme que le chant du poëte inspire à un poëte; et l'on veut que ceux qui ont du talent ne soient jugés que par ceux qui n'en ont pas. On dirait que, depuis le siècle dernier, nous ne sommes plus accoutumés qu'aux jalousies littéraires. Notre âge envieux se raille de cette fraternité poétique si douce et si noble entre rivaux. Il a oublié l'exemple de ces antiques amitiés qui se resserraient dans la gloire ; et il accueillerait d'un rire dédaigneux l'allocution touchante qu'Horace adressait au vaisseau de Virgile.

IV

La composition poétique résulte de deux phénomènes intellectuels, la méditation et l'inspiration. La méditation est une faculté ; l'inspiration est un don. Tous les hommes, jusqu'à un certain degré, peuvent méditer ; bien peu sont inspirés. *Spiritus flat ubi vult.* Dans la méditation, l'esprit agit ; dans l'inspiration, il obéit : parce que la première est en l'homme, tandis que la seconde vient de plus haut. Celui qui nous donne cette force est plus fort que nous. Ces deux opérations de la pensée se lient intimement dans l'âme du poëte. Le poëte appelle l'inspiration par la méditation, comme les prophètes s'élevaient à l'extase par la prière. Pour que la muse se révèle à lui, il faut qu'il ait en quelque sorte dépouillé toute son existence matérielle dans le calme, dans le silence et dans le recueillement. Il faut qu'il se soit isolé de la vie extérieure, pour jouir avec plénitude de cette vie intérieure qui développe en lui comme un être nouveau ; et ce n'est que lorsque le monde physique a tout à fait disparu de ses yeux, que le monde idéal peut lui être manifesté. Il semble que l'exaltation poétique ait quelque chose de trop sublime pour la nature commune de l'homme. L'enfantement du génie ne saurait s'accomplir, si l'âme ne s'est d'abord purifiée de toutes ces préoccupations vulgaires qu'on traîne après soi dans la vie; car la pensée ne peut prendre des ailes avant d'avoir déposé son fardeau. Voilà sans doute pourquoi l'inspiration ne vient que précédée de la méditation. Chez les Juifs, ce peuple dont l'histoire est si féconde en symboles mystérieux, quand le prêtre avait édifié l'autel, il y allumait le feu terrestre, et c'est alors seulement que le rayon divin y descendait du ciel.

Si l'on s'accoutumait à considérer les compositions littéraires sous ce point de vue, la critique prendrait probablement une direction nouvelle; car il est certain que le véritable poëte, s'il est maître du choix de ses méditations, ne l'est nullement de la nature de ses inspirations. Son génie, qu'il a reçu et qu'il n'a point acquis, le domine le plus souvent, et il serait singulier et peut-être vrai de dire que l'on est parfois étranger comme homme à ce que l'on écrit comme poëte. Cette idée paraîtra sans doute paradoxale au premier aperçu. C'est pourtant une question de savoir jusqu'à quel point le chant appartient à la voix, et la poésie au poëte.

Heureux celui qui sent dans sa pensée cette double puissance de méditation et d'inspiration qui est le génie! Quel que soit son siècle, quel que soit son pays, fût-il né au sein des calamités domestiques, fût-il jeté dans un temps de révolutions, ou, ce qui est plus déplorable encore, dans une époque d'indifférence, qu'il se confie à l'avenir; car si le présent appartient aux autres hommes, l'avenir est à lui. Il est du nombre de ces êtres choisis qui doivent venir à un jour marqué. Tôt ou tard ce jour arrive : et c'est alors que, nourri de pensées et abreuvé d'inspirations, il peut se montrer hardiment à la foule, en répétant le cri sublime du poëte :

<blockquote>Voici mon Orient : peuples, levez les yeux !</blockquote>

V

Si jamais composition littéraire a profondément porté l'empreinte ineffaçable de la méditation et de l'inspiration, c'est le *Paradis perdu*. Une idée morale, qui touche à la fois aux deux natures de l'homme; une leçon terrible donnée en vers sublimes; une des plus hautes vérités de la religion et de la philosophie, développée dans une des plus belles fictions de la poésie; l'échelle entière de la création parcourue depuis le degré le plus élevé jusqu'au degré le plus bas; une action qui commence par Jésus et se termine par Satan; Ève entraînée par la curiosité, la compassion et l'imprudence, jusqu'à la perdition; la première femme en contact avec le premier démon : voilà ce que présente l'œuvre de Milton; drame simple et immense, dont tous les ressorts sont des sentiments; tableau magique qui fait graduellement succéder à toutes les teintes de lumière toutes les nuances de ténèbres; poëme singulier, qui charme et qui effraye !

VI

Quand les défauts d'une tragédie ont cela de particulier qu'il faut, pour en être choqué, avoir lu l'histoire et connaître les règles, le grand nombre des spectateurs s'en aperçoit peu, parce qu'il ne sait que sentir. Aussi le grand nombre juge-t-il toujours bien. Et en effet, pourquoi trouver si mauvais qu'un auteur tragique viole quelquefois l'histoire? Si cette licence n'est pas poussée trop loin, que m'importe la vérité historique, pourvu que la vérité morale soit observée! Voulez-vous donc que l'on dise de l'histoire ce qu'on a dit de la *Poétique* d'Aristote : *elle fait faire de bien mauvaises tragédies?* Soyez peintre fidèle de la nature et des caractères, et non copiste servile de l'histoire. Sur la scène, j'aime mieux l'homme vrai que le fait vrai.

VII

Quand on suit attentivement et siècle par siècle, dans les fastes de la France, l'histoire des arts, si étroitement liée à l'histoire politique des peuples, on est frappé, en arrivant jusqu'à notre temps, d'un phénomène singulier. Après avoir retrouvé sur les vitraux des merveilleuses cathédrales du moyen âge comme un reflet de cette belle époque de la grande féodalité, des croisades, de la chevalerie, époque qui n'a laissé ni dans la mémoire des hommes, ni sur la face de la terre, aucun vestige qui n'ait quelque chose de monumental, on passe au règne de François I*er*, si étourdiment appelé *ère de la renaissance des arts*. On voit distinctement le fil qui lie ce siècle ingénieux au moyen âge. Ce sont déjà, moins leur pureté et leur originalité propres, les formes grecques; mais c'est toujours l'imagination gothique. La poésie, naïve encore dans Marot, a pourtant cessé d'être populaire pour devenir mythologique. On sent qu'on vient de changer de route Déjà les études classiques ont gâté le goût national. Sous Louis XIII, la dégénération est sensible; on subit les conséquences du mauvais système où les arts se sont engagés. On n'a plus de Jean Goujon, plus de Jean Cousin, plus de Germain Pilon; et les types vicieux, que leur génie corrigeait par tant de grâce et d'élégance, redeviennent lourds et bâtards entre les mains de leurs copistes. A cette décadence se mêle je ne sais quel faux goût florentin, naturalisé en France par les Médicis. Tout se relève sous le sceptre éclatant de Louis XIV, mais rien ne se redresse. Au contraire, le principe de l'*imitation des anciens* devient loi pour les arts : et les arts restent froids, parce qu'ils restent faux. Quoique imposant, il faut le dire, le génie de ce siècle illustre est incomplet. Sa richesse n'est que de la pompe, sa grandeur n'est que de la majesté.

Enfin, sous Louis XV, tous les germes ont porté

leurs fruits. Les arts selon Aristote tombent de décrépitude avec la monarchie selon Richelieu. Cette noblesse factice que leur imprimait Louis XIV meurt avec lui. L'esprit philosophique achève de mûrir l'œuvre classique; et dans ce siècle de turpitudes, les arts ne sont qu'une turpitude de plus. Architecture, sculpture, peinture, poésie, musique, tout, à bien peu d'exceptions près, montre les mêmes difformités. Voltaire amuse une courtisane régnante des tortures d'une vierge martyre. Les vers de Dorat naissent pour les bergères de Boucher. Siècle ignoble quand il n'est pas ridicule, ridicule quand il n'est pas hideux; et qui, commençant au cabaret pour finir à la guillotine, couronnant ses fêtes par des massacres et ses danses par la Carmagnole, ne mérite de place qu'entre le chaos et le néant.

Le siècle de Louis XIV ressemble à une cérémonie de cour réglée par l'étiquette; le siècle de Louis XV est une orgie de taverne, où la démence s'accouple au vice. Cependant, quelque différentes qu'elles paraissent au premier abord, une cohésion intime existe entre ces deux époques. D'une solennité d'apparat ôtez l'étiquette, il vous restera une cohue; du règne de Louis XIV ôtez la dignité, vous aurez le règne de Louis XV.

Heureusement, et c'est là que nous voulions en venir, le même lien est loin d'enchaîner le dix-neuvième siècle au dix-huitième. Chose étrange! quand on compare notre époque si austère, si contemplative, et déjà si féconde en événements prodigieux, aux trois siècles qui l'ont précédée, et surtout à son devancier immédiat, on a d'abord peine à comprendre comment il se fait qu'elle vienne à leur suite; et son histoire, après la leur, a l'air d'un livre dépareillé. On serait tenté de croire que Dieu s'est trompé de siècle dans sa distribution alternative des temps. De notre siècle à l'autre, on ne peut découvrir la transition. C'est qu'en effet il n'en existe pas. Entre Frédéric et Bonaparte, Voltaire et Byron, Vanloo et Géricault, Boucher et Charlet, il y a un abîme : la révolution.

1827

—

FRAGMENT D'HISTOIRE

Ce ne serait pas, à notre avis, un tableau sans grandeur et sans nouveauté que celui où l'on essayerait de dérouler sous nos yeux l'histoire entière de la civilisation. On pourrait la montrer se propageant par degrés de siècle en siècle sur le globe, et envahissant tour à tour toutes les parties du monde. On la verrait poindre en Asie, dans cette Inde centrale et mystérieuse où la tradition des peuples a placé le paradis terrestre. Comme le jour, la civilisation a son aurore en Orient. Peu à peu elle s'éveille et s'étend dans son vieux berceau asiatique. D'un bras, elle dépose dans un coin du monde la Chine, avec les hiéroglyphes, l'artillerie et l'imprimerie, comme une première ébauche de ses œuvres futures, comme un immuable échantillon de ce qu'elle fera un jour. De l'autre, elle jette à l'Occident ces grands empires d'Assyrie, de Perse, de Chaldée, ces villes prodigieuses, Babylone, Suse, Persépolis, métropoles de la terre, qui n'a pas même gardé leur trace. Alors, tandis que tout le reste du globe est submergé sous de profondes ténèbres, resplendit dans tout son éclat cette haute civilisation théocratique de l'Orient, dont on entrevoit à peine, à travers tant de siècles, quelques rayons éblouissants, quelques gigantesques vestiges, et qui nous paraît fabuleuse, tant elle est lointaine, vague et confuse ! Cependant la civilisation marche et se développe toujours. L'intérieur des terres ne lui suffit plus, elle colonise le bord des mers. Aux populations de laboureurs et de bergers succèdent des races de pêcheurs et de commerçants. De là, les Phéniciens, les Phrygiens, Sidon, Troie, Sarepta et Tyr, qui bat les mers, comme dit l'Écriture, avec les *ailes de mille vaisseaux*. Enfin, prête à déborder l'Asie, elle fonde sur la limite de l'Afrique cette énigmatique Égypte, ce peuple de prêtres et de marchands, de laboureurs et de matelots, qui est en quelque sorte la transition de la civilisation asiatique à la civilisation africaine, des empires théocratiques aux républiques commerçantes, de Babylone à Carthage.

Sur l'Égypte, en effet, s'appuient les trois civilisations successives d'Asie, d'Afrique et d'Europe.

L'Égypte est la clef de voûte de l'ancien continent.

Ici la civilisation se bifurque, pour ainsi parler. Elle prend deux routes, l'une au nord, l'autre au couchant; et, tandis que l'Égypte crée la Grèce en Europe, Sidon apporte Carthage en Afrique. Alors la scène change. L'Asie s'éteint. C'est le tour de l'Afrique. Les Carthaginois complètent l'œuvre des Phéniciens leurs pères. Pendant que derrière eux s'élèvent, comme les arcs-boutants de leur empire, ces royaumes de Nubie, d'Abyssinie, de Nigritie, d'Éthiopie, de Numidie; pendant que se peuple et se féconde cette terre de feu qui doit porter les Juba et les Jugurtha, Carthage s'empare des mers et court les aventures. Elle débarque en Sicile, en Corse, en Sardaigne. Puis la Méditerranée ne lui suffit plus. Ses innombrables vaisseaux franchissent les colonnes d'Hercule, où plus tard la timide navigation des Grecs et des Romains croira voir les bornes du monde. Bientôt les colonies carthaginoises, risquées sur l'Océan, dépassent la péninsule hispanique. Elles montent hardiment vers le nord, et tout en côtoyant la rive occidentale de l'Europe, apportent le dialecte phénicien, d'abord en Biscaye, où on le retrouve colorant de mots étranges l'ancienne langue ibérique, puis en Irlande, au pays de Galles, en Armorique, où il subsiste encore aujourd'hui, mêlé au celte primitif. Elles enseignent à ces sauvages peuplades quelque chose de leurs arts, de leur commerce, de leur religion; le culte monstrueux du Saturne carthaginois, qui devient le Teutatès celte, les sacrifices humains; et jusqu'au mode de ces sacrifices, les victimes brûlées vives dans des cages d'osier à forme humaine. Ainsi Carthage donne aux Celtes ce qu'elle a de la théocratie asiatique, dénaturé par sa féroce civilisation. Les druides sont des mages; seulement ils ont passé par l'Afrique. Tout, chez ces peuples, se ressent de leur contact avec l'Orient. Leurs monuments bruts prennent quelque chose d'égyptien. De grossiers hiéroglyphes, les caractères runiques, commencent à en marquer la face, que jusque-là le fer n'avait pas touchée; et il n'est pas prouvé que ce ne soit point la puissante navigation carthaginoise qui ait déposé sur la grève armoricaine cet autre hiéroglyphe monumental, Karnac, livre colossal et éternel dont les siècles ont perdu le sens et dont chaque lettre est un obélisque de granit. Comme Thèbes, la Bretagne a son palais de Karnac.

L'audace punique ne s'est peut-être pas arrêtée là. Qui sait jusqu'où est allée Carthage? N'est-il pas étrange qu'après tant de siècles on ait retrouvé vivant en Amérique le culte du soleil, le Bélus assyrien, le Mithra persan? N'est-il pas étonnant qu'on y ait retrouvé des vestales (les filles du soleil), débris du sacerdoce asiatique et africain, emprunté aussi par Rome à Carthage? N'est-il pas merveilleux enfin que ces ruines du Pérou et du Mexique, magnifiques témoins d'une ancienne civilisation éteinte, ressemblent si fort par leur caractère et par leurs ornements aux monuments syriaques; par leur forme et par leurs hiéroglyphes, à l'architecture égyptienne?...

Quoi qu'il en soit, le colosse carthaginois, maître des mers, héritier de la civilisation d'Asie, d'un bras s'appuyant sur l'Égypte, de l'autre environnant déjà l'Europe, est un moment le centre des nations, le pivot du globe. L'Afrique domine le monde.

Cependant la civilisation a déposé son germe en Grèce [1]. Il y a pris racine, il s'y est développé, et du premier jet a produit un peuple capable de le défendre contre les irruptions de l'Asie, contre les revendications hautaines de cette vieille mère des nations. Mais, si ce peuple a su défendre le feu sacré, il ne saurait le propager. Manquant de métropole et d'unité; divisée en petites républiques qui luttent entre elles, et dans l'intérieur desquelles se heurtent déjà toutes les formes de gouvernement, démocratie, oligarchie, aristocratie, royauté; ici énervée par des arts précoces, là nouée par des lois étroites, la société grecque a plus de beauté que de puissance,

---

[1] Ceci n'est qu'un premier chapitre. L'auteur n'a pu y indiquer et y classer que les faits les plus généraux et les plus sommaires. Il n'a point négligé pour cela d'autres faits, qui, pour être du second ordre, n'en ont pas moins une haute valeur. On verra dans la suite du livre dont ceci est un fragment, si jamais il termine ce livre, comment il les coordonne et les rattache à l'idée principale. Des preuves arriveront aussi. Il y a bien des cavités à fouiller dans l'histoire, bien des fonds perdus dans cette mer, là même où elle a été le plus explorée, le plus sondée. Et, par exemple, la grande civilisation dominante d'Europe, celle qui d'abord apparaît aux yeux, la civilisation grecque et romaine, n'est qu'un grand palimpseste sous lequel, la première couche enlevée, on retrouve les Pélasges, les Étrusques, les Ibères et les Celtes. Rien que cela ferait un livre.

plus d'élégance que de grandeur, et la civilisation s'y raffine avant de se fortifier. Aussi Rome se hâte-t-elle d'arracher à la Grèce le flambeau de l'Europe, elle le secoue du haut du Capitole et lui fait jeter des rayons inattendus. Rome, pareille à l'aigle, son redoutable symbole, étend largement ses ailes, déploie puissamment ses serres, saisit la foudre et s'envole. Carthage est le soleil du monde, c'est sur Carthage que se fixent ses yeux. Carthage est maîtresse des océans, maîtresse des royaumes, maîtresse des nations. C'est une ville magnifique, pleine de splendeur et d'opulence, toute rayonnante des arts étranges de l'Orient. C'est une société complète, finie, achevée, à laquelle rien ne manque du travail du temps et des hommes. Enfin, la métropole d'Afrique est à l'apogée de sa civilisation, elle ne peut plus monter, et chaque progrès désormais sera un déclin. Rome au contraire n'a rien. Elle a bien pris déjà tout ce qui était à sa portée; mais elle a pris pour prendre plutôt que pour s'enrichir. Elle est à demi sauvage, à demi barbare. Elle a son éducation ensemble et sa fortune à faire. Tout devant elle, rien derrière.

Quelque temps les deux peuples existent de front. L'un se repose dans sa splendeur, l'autre grandit dans l'ombre. Mais peu à peu l'air et la place leur manquent à tous deux pour se développer. Rome commence à gêner Carthage. Il y a longtemps que Carthage importune Rome. Assises sur les deux rives opposées de la Méditerranée, les deux cités se regardent en face. Cette mer ne suffit plus pour les séparer. L'Europe et l'Afrique pèsent l'une sur l'autre. Comme deux nuages surchargés d'électricité, elles se côtoient de trop près. Elles vont se mêler dans la foudre.

Ici est la péripétie de ce grand drame. Quels acteurs sont en présence! deux races, celle-ci de marchands et de marins, celle-là de laboureurs et de soldats; deux peuples, l'un régnant par l'or, l'autre par le fer; deux républiques, l'une théocratique, l'autre aristocratique; Rome et Carthage; Rome avec son armée, Carthage avec sa flotte; Carthage vieille, riche, rusée, Rome jeune, pauvre et forte; le passé et l'avenir; l'esprit de découverte et l'esprit de conquête; le génie des voyages et du commerce, le démon de la guerre et de l'ambition; l'Orient et le Midi d'une part, l'Occident et le Nord de l'autre; enfin, deux mondes, la civilisation d'Afrique et la civilisation d'Europe.

Toutes deux se mesurent des yeux. Leur attitude avant le combat est également formidable. Rome, déjà à l'étroit dans ce qu'elle connaît du monde, ramasse toutes ses forces et tous ses peuples. Carthage, qui tient en laisse l'Espagne, l'Armorique et cette Bretagne que les Romains croyaient au fond de l'univers, Carthage a déjà jeté son ancre d'abordage sur l'Europe.

La bataille éclate. Rome copie grossièrement la marine de sa rivale. La guerre s'allume d'abord dans la Péninsule et dans les îles. Rome heurte Carthage dans cette Sicile où déjà la Grèce a rencontré l'Égypte, dans cette Espagne où plus tard lutteront encore l'Europe et l'Afrique, l'Orient et l'Occident, le Midi et le Septentrion.

Peu à peu le combat s'engage, le monde prend feu. Les colosses s'attaquent corps à corps, ils se prennent, se quittent, se reprennent. Ils se cherchent et se repoussent. Carthage franchit les Alpes, Rome passe les mers. Les deux peuples, personnifiés en deux hommes, Annibal et Scipion, s'étreignent et s'acharnent pour en finir. C'est un duel à outrance, un combat à mort. Rome chancelle, elle pousse un cri d'angoisse : *Annibal ad portas!* Mais elle se relève, épuise ses forces pour un dernier coup, se jette sur Carthage et l'efface monde.

C'est là le plus grand spectacle qui soit dans l'histoire. Ce n'est pas seulement un trône qui tombe, une ville qui s'écroule, un peuple qui meurt. C'est une chose qu'on n'a vue qu'une fois : c'est un astre qui s'éteint ; c'est tout un monde qui s'en va ; c'est une société qui en étouffe une autre.

Elle l'étouffe sans pitié. Il faut qu'il ne reste rien de Carthage. Les siècles futurs ne sauront d'elle que ce qu'il plaira à son implacable rivale. Ils ne distingueront qu'à travers d'épaisses ténèbres cette capitale de l'Afrique, sa civilisation barbare, son gouvernement difforme, sa religion sanglante, son peuple, ses arts, ses monuments gigantesques, ses flottes qui vomissaient le feu grégeois, et cet autre univers connu de ses pilotes, et que l'antiquité romaine nommera dédaigneusement le *monde perdu.*

Rien n'en restera. Seulement, longtemps après encore, Rome, haletant et comme essoufflée de sa victoire, se recueillera en elle-même, et dira dans une sorte de rêverie profonde : *Africa portentosa!*

Prenons haleine avec elle : voilà le grand œuvre accompli. La querelle des deux moitiés de la terre, la voilà décidée. Cette réaction de l'Occident sur l'Orient, déjà la Grèce l'avait tentée deux fois. Argos avait démoli Troie. Alexandre avait été frapper l'Inde à travers la Perse. Mais les rois grecs n'avaient détruit qu'une ville, qu'un empire. Mais l'aventurier macédonien n'avait fait qu'une trouée dans la vieille Asie, qui s'était promptement refermée sur lui. Pour jouer le rôle de l'Europe dans ce drame immense, pour tuer la civilisation orientale, il fallait plus qu'Achille, il fallait plus qu'Alexandre : il fallait Rome.

Les esprits qui aiment à sonder les abîmes ne peuvent s'empêcher de se demander ici ce qui serait advenu du genre humain, si Carthage eût triomphé dans cette lutte. Le théâtre de vingt siècles eût été déplacé. Les marchands eussent régné, et non les soldats. L'Europe eût été laissée aux brouillards et aux forêts. Il se serait établi sur la terre quelque chose d'inconnu.

Il n'en pouvait être ainsi. Les sables et le désert réclamaient l'Afrique ; il fallait qu'elle cédât la scène à l'Europe.

A dater de la chute de Carthage, en effet, la civilisation européenne prévaut. Rome prend un accroissement prodigieux, elle se développe tant, qu'elle commence à se diviser. Conquérante de l'univers connu, quand elle ne peut plus faire la guerre étrangère, elle fait la guerre civile. Comme un vieux chêne, elle s'élargit, mais elle se creuse.

Cependant la civilisation se fixe sur elle. Elle en a été la racine, elle en devient la tige, et elle en devient la tête. En vain les Césars, dans la folie de leur pouvoir, veulent casser la ville éternelle et reporter la métropole du monde à l'Orient. Ce sont eux qui s'en vont; la civilisation ne les suit pas, et ils s'en vont à la barbarie. Byzance deviendra Stamboul. Rome restera Rome.

Le Vatican remplace le Capitole : voilà tout. Tout s'est écroulé de vétusté autour d'elle; la cité sainte se renouvelle. Elle régnait par la force, la voici qui règne par la croyance, plus forte que la force. Pierre hérite de César, Rome n'agit plus, elle parle; et sa parole est un tonnerre. Ses foudres désormais frappent les âmes. A l'esprit de conquête succède l'esprit de prosélytisme. Foyer du globe, elle a des échos dans toutes les nations; et ce qu'un homme, du haut du balcon papal, dit à la ville sacrée, est dit aussi pour l'univers : *Urbi et orbi.*

Ainsi une théocratie fait l'Europe, comme une théocratie a fait l'Afrique, comme une théocratie a fait l'Asie. Tout se résume en trois cités : Babylone, Carthage, Rome. Un docteur dans sa chaire préside les rois sur leurs trônes. Chef-lieu du christianisme, Rome est le chef-lieu nécessaire de la société. Comme une mère vigilante, elle garde la grande famille européenne, et la sauve deux fois des irruptions du Nord, des invasions du Midi. Ses murs font rebrousser Attila et les Vandales. C'est elle qui forge le martel dont Charles pulvérise Abdérame et les Arabes.

On dirait même que Rome chrétienne a hérité de la haine de Rome païenne pour l'Orient. Quand elle voit l'Europe assez forte pour combattre, elle lui prêche les croisades, guerre éclatante et singulière, guerre de chevalerie et de religion, pour laquelle la théocratie arme la féodalité!

Voilà deux mille ans que les choses vont ainsi. Voilà vingt siècles que domine la civilisation européenne, la troisième grande civilisation qui ait ombragé la terre. Peut-être touchons-nous à sa fin. Notre édifice est bien vieux. Il se lézarde de toutes parts. Rome n'en est plus le centre. Chaque peuple tire de son côté. Plus d'unité, ni religieuse ni politique. L'opinion a remplacé la foi. Le dogme n'a plus la discipline des consciences. La révolution française a consommé l'œuvre de la réforme : elle a décapité le catholicisme comme la monarchie, elle a ôté la vie à Rome. Napoléon, en rudoyant la papauté, l'a achevée; il a ôté son prestige au fantôme. Que fera l'avenir de cette société européenne, qui perd de plus en plus, chaque jour, sa forme papale et monarchique? Le moment ne serait-il pas venu où la civilisation que nous avons vue tour à tour déserter l'Asie pour l'Afrique, l'Afrique pour l'Europe, va se remettre en route et continuer son majestueux voyage autour du monde? Ne semble-t-elle pas se pencher vers l'Amérique? n'a-t-elle pas inventé des moyens de franchir l'Océan plus vite qu'elle ne traversait autrefois la Méditerranée? D'ailleurs, lui reste-t-il beaucoup à faire en Europe? Est-il si hasardé de supposer qu'usée et dénaturée dans l'ancien continent, elle aille chercher une terre neuve et vierge pour se rajeunir et la féconder? et pour cette terre nouvelle, ne tient-elle pas tout prêt un principe nouveau; nouveau, quoiqu'il jaillisse aussi, lui, de cet Évangile qui a deux mille ans, si toutefois l'Évangile a un âge? Nous voulons parler ici du principe d'émancipation, de progrès et de liberté, qui semble devoir être désormais la loi de l'humanité. C'est en Amérique que jusqu'ici l'on en a fait les plus larges applications. Là l'échelle d'essai est immense. Là les nouveautés sont à l'aise. Rien ne les gêne. Elles ne trébuchent point à chaque pas contre les tronçons de vieilles institutions en ruine... Aussi, si ce principe est appelé, comme nous le croyons avec joie, à refaire la société des hommes, l'Amérique en sera le centre. De ce foyer s'épandra sur le monde la lumière nouvelle, qui, loin de dessécher les anciens continents, leur redonnera peut-être chaleur, vie et jeunesse. Les quatre mondes deviendront frères dans un perpétuel embrassement. Aux trois théocraties successives d'Asie, d'Afrique et d'Europe succédera la famille universelle. Le principe d'autorité fera place au principe de liberté, qui, pour être plus humain, n'est pas moins divin.

Nous ne savons : mais, si cela doit être, si l'Amérique doit offrir le quatrième acte de ce drame des siècles, il sera certainement bien remarquable qu'à la même époque où naissait l'homme qui devait, préparant l'anarchie politique par l'anarchie religieuse, introduire le germe de mort dans la vieille société royale et pontificale d'Europe, un autre homme ait découvert une nouvelle terre, futur asile de la civilisation fugitive; qu'en un mot, Christophe Colomb ait trouvé un monde au moment où Luther en allait détruire un autre.

Aliquis providet.

1830

SUR M. DOVALLE

Il y a du talent dans les poésies de M. Dovalle; et pourtant sans prôneurs, sans coterie, sans appui extérieur, ce recueil, on peut le prédire, aura tout de suite le succès qu'il mérite. C'est que M. Dovalle n'a besoin maintenant de qui que ce soit pour réussir. En littérature, le plus sûr moyen d'avoir raison, c'est d'être mort.

Et puis, ce manuscrit du poëte tué à vingt ans réveille de si douloureux souvenirs! tant d'émotions se soulèvent en foule sous chacune de ces pages inachevées! On est saisi d'une si profonde pitié au milieu de ces odes, de ces ballades orphelines, de ces chansons toutes saignantes encore! Quelle critique faire après une si poignante lecture? comment raisonner ce qu'on a senti? Quelle tâche impossible pour nous autres surtout, critiques peu déterminés, simples hommes d'art et de poésie! Aussi, après avoir lu ce manuscrit, n'est-ce pas de l'opinion, mais de l'impression qui m'en reste que je parlerais volontiers.

Et d'abord, ce qui frappe en commençant cette lecture, ce qui frappe en la terminant, c'est que tout dans ce livre d'un poëte si fatalement prédestiné, tout est grâce, tendresse, fraîcheur, douceur harmonieuse, suave et molle rêverie. Et, en y réfléchissant, la chose semble plus singulière encore. Un grand mouvement, un vaste progrès, avec lequel sympathisait complétement M. Dovalle, s'accomplit dans l'art. Ce mouvement, nous l'avons déjà dit bien des fois, n'est qu'une conséquence naturelle, qu'un corollaire immédiat de notre grand mouvement social de 1789. C'est le principe de liberté qui, après s'être établi dans l'État et y avoir changé la face de toute chose, poursuit sa marche, passe du monde matériel au monde intellectuel, et vient renouveler l'art comme il a renouvelé la société. Cette régénération, comme l'autre, est générale, universelle, irrésistible. Elle s'adresse à tout, recrée tout, réédifie tout, refait à la fois l'ensemble et le détail, rayonne en tout sens et chemine en toutes voies. Or (pour n'envisager ici que cette particularité), par cela même qu'elle est complète, la révolution de l'art a ses cauchemars, comme la révolution politique a eu ses échafauds. Cela est fatal. Il faut les uns après les madrigaux de Dorat, comme il fallait les autres après les petits soupers de Louis XV. Les esprits, affadis par la comédie en panier et l'élégie en pleureuses, avaient besoin de secousses, et de secousses fortes. Cette soif d'émotions violentes, de beaux et sombres génies sont venus de nos jours la satisfaire. Il ne faut pas leur en vouloir d'avoir jeté dans vos âmes tant de sinistres imaginations, tant de rêves horribles, tant de visions sanglantes. Qu'y pouvaient-ils faire? Ces hommes, qui paraissent si fantasques et si désordonnés, ont obéi à une loi de leur nature et de leur siècle. Leur littérature, si capricieuse qu'elle semble et qu'elle soit, n'est pas un des résultats les moins nécessaires du principe de liberté qui désormais gouverne et régit tout d'en haut, même le génie. C'est de la fantaisie, soit; mais il y a une logique dans cette fantaisie.

Et puis, le grand malheur après tout! Bonnes gens, soyons tranquilles. Pour avoir vu 93, ne nous effrayons pas tant de la *terreur* en fait de révolutions littéraires. En conscience, tout *satanique* qu'est le premier, et tout *frénétique* qu'est le second, Byron et Mathurin me font moins peur que Marat et Robespierre.

Si sérieux que l'on soit, il est difficile de ne pas sourire quelquefois en répondant aux objections que l'ancien régime littéraire emprunte à l'ancien régime politique pour combattre toutes les tentatives de la liberté dans l'art. Certes, après les catastrophes qui, depuis quarante ans, ont ensanglanté la société et décimé la famille, après une puissante révolution qui a fait des places de Grève dans toutes nos villes et des champs de bataille dans toute l'Europe, ce qu'il y a de triste, d'amer, de sanglant dans les esprits, et par conséquent dans la poésie, n'a besoin ni d'être expliqué ni d'être justifié. Sans doute la contemplation des quarante dernières années de notre histoire, la liberté d'un grand peuple qui éclôt géante et écrase une Bastille à son premier pas, la marche de cette haute république qui va les pieds dans le sang et la tête dans la gloire, sans doute ce spectacle, quand la raison nous montre qu'après tout et enfin c'est un progrès et un bien, ne doit pas inspirer moins de joie que de tristesse; mais, s'il nous réjouit par notre côté divin, il nous déchire par notre côté humain, et notre joie même y est triste; de là, pour longtemps, de sombres visions dans les imaginations et un deuil profond mêlé de fierté et d'orgueil dans la poésie.

Heureux pour lui-même le poëte qui, né avec le goût des choses fraîches et douces, aura su isoler son âme de toutes ces impressions douloureuses; et, dans cette atmosphère flamboyante et sombre qui rougit l'horizon longtemps encore après une révolution, aura conservé rayonnant et pur son petit monde de fleurs, de rosée et de soleil!

M. Dovalle a eu ce bonheur d'autant plus remarquable, d'autant plus étrange chez lui, qui devait finir d'une telle fin et interrompre sitôt sa chanson à peine commencée! Il semblerait d'abord qu'à défaut de douloureux souvenirs, on rencontrera dans son livre quelque pressentiment vague et sinistre. Non, rien de sombre, rien d'amer, rien de fatal. Bien au contraire, une poésie toute jeune, enfantine parfois; tantôt les désirs de Chérubin, tantôt une sorte de nonchalance créole; un vers à gracieuse allure, trop peu métrique, trop peu rhythmique, il est vrai, mais toujours plein d'une harmonie plutôt naturelle que musicale; la joie, la volupté, l'amour; la femme surtout, la femme divinisée, la femme faite muse; et puis partout des fleurs, des fêtes, le printemps, le matin, la jeunesse : voilà ce qu'on trouve dans ce portefeuille d'élégies déchiré par une balle de pistolet.

Ou, si quelquefois cette douce muse se voile de mélancolie, c'est, comme dans le *Premier Chagrin*, un accent confus, indistinct, presque inarticulé, à peine un soupir dans les feuilles de l'arbre, à peine une ride à la face transparente du lac, à peine une blanche nuée dans le ciel bleu. Si même, comme dans la touchante personnification du *Sylphe*, l'idée de la mort se présente au poète, elle est si charmante encore et si suave, si loin de ce que sera la réalité, que les larmes en viennent aux yeux.

> Oh ! respectez mes jeux et ma faiblesse,
> Vous qui savez le secret de mon cœur !
> Oh ! laissez-moi pour unique richesse
>   De l'eau dans une fleur;
> L'air frais du soir; au bois une humble couche,
> Un arbre vert pour me garder du jour...
> Le sylphe, après, ne voudra qu'une bouche
>   Pour y mourir d'amour !

Certes, cela ne ressemble guère à un pressentiment. Il me semble que cette grâce, cette harmonie, cette joie qui s'épanouit à tous les vers de M. Dovalle, donnent à cette lecture un charme et un intérêt singuliers. André Chénier, qui est mort bien jeune également et qui pourtant avait dix ans de plus que M. Dovalle, André Chénier a laissé aussi un livre de douces et folles élégies, comme il dit lui-même, où se rencontrent bien çà et là quelques iambes ardents, fruit de ses trente ans, et tout rouges des réverbérations de la lave révolutionnaire; mais dans lequel dominent, ainsi que dans le livre charmant de M. Dovalle, la grâce, l'amour, la volupté. Aussi quiconque lira le recueil de M. Dovalle sera-t-il longtemps poursuivi par la jeune et pâle figure de ce poëte, souriant comme André Chénier, et sanglant comme lui.

Et puis cette réflexion me vient en terminant : dans ce moment de mêlée et de tourmente littéraire, qui faut-il plaindre, ceux qui meurent ou ceux qui combattent? Sans doute, c'est triste de voir un poëte de vingt ans qui s'en va, une lyre qui se brise, un avenir qui s'évanouit; mais n'est-ce pas quelque chose aussi que le repos? N'est-il pas permis à ceux autour desquels s'amassent incessamment calomnies, injures, haines, jalousies, sourdes menées, basses trahisons, hommes loyaux auxquels on fait une guerre déloyale; hommes dévoués qui ne voudraient enfin que doter le pays d'une liberté de plus, celle de l'art, celle de l'intelligence; hommes laborieux qui poursuivent paisiblement leur œuvre de conscience, en proie, d'un côté, à de viles machinations de censure et de police, en butte, de l'autre, trop souvent à l'ingratitude des esprits mêmes pour lesquels ils travaillent : ne leur est-il pas permis de retourner quelquefois la tête avec envie vers ceux qui sont tombés derrière eux et qui dorment dans le tombeau ! *Invideo*, disait Luther dans le cimetière de Worms, *invideo, quia quiescunt*.

Qu'importe toutefois ! Jeunes gens, ayons bon courage ; si rude qu'on nous veuille faire le présent, l'avenir sera beau. Le romantisme, tant de fois mal défini, n'est, à tout prendre, et c'est là sa définition réelle, que le *libéralisme* en littérature. Cette vérité est déjà comprise à peu près de tous les bons esprits, et le nombre en est grand; et bientôt, car l'œuvre est déjà bien avancée, le libéralisme littéraire ne sera pas moins populaire que le libéralisme politique. La liberté dans l'art, la liberté dans la société, voilà le double but auquel doivent tendre d'un même pas tous les esprits conséquents et logiques; voilà la double bannière qui rallie, à bien peu d'intelligences près (lesquelles s'éclaireront), toute la jeunesse si forte et si patiente d'aujourd'hui ; puis avec la jeunesse, et à sa tête, l'élite de la génération qui nous a précédés, tous ces sages vieillards qui, après le premier moment de défiance et d'examen, ont reconnu que ce que font leurs fils est une conséquence de ce qu'ils ont fait eux-mêmes, et que la liberté littéraire est fille de la liberté politique. Ce principe est celui du siècle et prévaudra. Les *ultras* de tout genre, classiques ou monarchiques, auront beau se prêter secours pour refaire l'ancien régime de toutes pièces, société et littérature, chaque progrès du pays, chaque développement des intelligences, chaque pas de la liberté, fera crouler tout ce qu'ils auront échafaudé. Et en définitive, leurs efforts de réaction auront été utiles. En révolution, tout mouvement fait avancer. La vérité et la liberté ont cela d'excellent que tout ce qu'on fait pour elles et tout ce qu'on fait contre elles les sert également. Or, après tant de grandes choses que nos pères ont faites et que nous avons vues, nous voilà sortis de la vieille forme sociale, comment ne sortirions-nous pas de la vieille forme poétique? A peuple nouveau, art nouveau. Tout en admirant la littérature de Louis XIV, si bien adaptée à sa monarchie, elle saura bien avoir sa littérature propre, et personnelle, et nationale, cette France actuelle, cette France du dix-neuvième siècle, à qui Mirabeau a fait sa liberté et Napoléon sa puissance.

1825-1852.

GUERRE AUX DÉMOLISSEURS!

1825

Si les choses vont encore quelque temps de ce train, il ne restera bientôt plus à la France d'autre monument national que celui des *Voyages pittoresques et romantiques*, où rivalisent de grâce, d'imagination et de poésie le crayon de Taylor et la plume de Ch. Nodier, dont il nous est bien permis de prononcer le nom avec admiration, quoiqu'il ait quelquefois prononcé le nôtre avec amitié.

Le moment est venu où il n'est plus permis à qui que ce soit de garder le silence. Il faut qu'un cri universel appelle enfin la nouvelle France au secours de l'ancienne. Tous les genres de profanation, de dégradation et de ruine menacent à la fois le peu qui nous reste de ces admirables monuments du moyen âge, où s'est imprimé la vieille gloire nationale, auxquels s'attachent à la fois la mémoire des rois et la tradition du peuple. Tandis que l'on construit à grands frais je ne sais quels édifices bâtards, qui, avec la ridicule prétention d'être grecs ou romains en France, ne sont ni romains ni grecs, d'autres édifices admirables et originaux tombent sans qu'on daigne s'en informer, et leur seul tort cependant, c'est d'être français par leur origine, par leur histoire et par leur but. A Blois, le château des états sert de caserne, et la belle tour octogone de Catherine de Médicis croule ensevelie sous les charpentes d'un quartier de cavalerie. A Orléans, le dernier vestige des murs défendus par Jeanne vient de disparaître. A Paris, nous ne savons ce qu'on a fait des vieilles tours de Vincennes, qui faisaient une si magnifique compagnie au donjon. L'abbaye de Sorbonne, si élégante et si ornée, tombe en ce moment sous le marteau. La belle église romane de Saint-Germain des Prés, d'où Henri IV avait observé Paris, avait trois flèches, les seules de ce genre qui embellissent la silhouette de la capitale. Deux de ces aiguilles menaçaient ruine. Il fallait les étayer ou les abattre; on a trouvé plus court de les abattre. Puis, afin de raccorder, autant que possible, ce vénérable monument avec le mauvais portique dans le style de Louis XIII qui en masque le portail, les *restaurateurs* ont remplacé quelques-unes des anciennes chapelles par de petites bonbonnières à chapiteaux corinthiens dans le goût de celles de Saint-Sulpice; et l'on a badigeonné le reste en beau jaune serin. La cathédrale gothique d'Autun a subi le même outrage. Lorsque nous passions à Lyon, en août 1825, il y a deux mois, on faisait également disparaître sous une couche de détrempe rose la belle couleur que les siècles avaient donnée à la cathédrale du primat des Gaules. Nous avons vu démolir encore, près de Lyon, le château renommé de l'Arbresle. Je me trompe, le propriétaire a conservé une des tours, il la loue à la commune, elle sert de prison. Une petite ville historique dans le Forez, Crozet, tombe en ruine avec le manoir des d'Aillecourt, la maison seigneuriale où naquit Tourville, et des monuments qui embelliraient Nuremberg. A Nevers, deux églises du onzième siècle servent d'écurie. Il y en avait une troisième du même temps, nous ne l'avons pas vue : à notre passage, elle était effacée du sol. Seulement nous en avons admiré à la porte d'une chaumière, où ils étaient jetés, deux chapiteaux romains qui attestaient par leur beauté celle de l'édifice dont ils étaient les seuls vestiges. On a détruit l'antique église de Mauriac. A Soissons, on laisse crouler le riche cloître de Saint-Jean et ses deux flèches si légères et si hardies. C'est dans ces magnifiques ruines que le tailleur de pierres choisit des matériaux. Même indifférence pour la charmante église de Braisne, dont la voûte démantelée laisse arriver la pluie sur les dix tombes royales qu'elle renferme.

A la Charité-sur-Loire, près Bourges, il y a une église romaine qui, par l'immensité de son enceinte et la richesse de son architecture, rivaliserait avec les plus célèbres cathédrales de l'Europe; mais elle est à demi ruinée. Elle tombe pierre à pierre, aussi inconnue que les pagodes orientales dans leurs déserts de sable. Il passe là six diligences par jour. Nous avons visité Chambord, cet Alhambra de la France. Il chancelle déjà, miné par les eaux du ciel, qui ont filtré à travers la pierre tendre de ses toits dégarnis de plomb. Nous le déclarons avec douleur, si l'on n'y songe promptement, avant peu d'années, la souscription, souscription qui, certes, méritait d'être nationale, qui a rendu le chef-d'œuvre du Primatice au pays, aura été inutile; et bien peu de chose restera debout de cet édifice, beau comme un palais de fées, grand comme un palais de rois.

Nous écrivons ceci à la hâte, sans préparation et en choisissant au hasard quelques-uns des souvenirs qui nous sont restés d'une excursion rapide dans une petite portion de la France. Qu'on y réfléchisse, nous n'avons dévoilé qu'un bord de la plaie. Nous n'avons cité que des faits, et des faits que nous avons vérifiés. Que se passe-t-il ailleurs?

On nous a dit que des Anglais avaient acheté *trois cents francs* le droit d'emballer tout ce qui leur plairait dans les débris de l'admirable abbaye de Jumiéges. Ainsi les profanations de lord Elgin se renouvellent chez nous, et nous en tirons profit. Les Turcs ne vendaient que les monuments grecs; nous faisons mieux, nous vendons les nôtres. On affirme encore que le cloître si beau de Saint-Wandrille est débité, pièce à pièce, par je ne sais quel propriétaire ignorant et cupide, qui ne voit dans un monument qu'une carrière de pierres. *Proh pudor!* au moment où nous traçons ces lignes, à Paris, au lieu même dit *École des beaux-arts*, un escalier de bois, sculpté par les merveilleux artistes du quatorzième siècle, sert d'échelle à des maçons; d'admirables menuiseries de la renaissance, quelques-unes encore peintes, dorées et blasonnées, des boiseries, des portes touchées par le ciseau si tendre et si délicat qui a ouvré le château d'Anet, se rencontrent là, brisées, disloquées, gisant en tas sur le sol, dans les greniers, dans les combles, et jusque dans l'antichambre du cabinet d'un individu qui s'est installé là, et qui s'intitule *architecte de l'École des beaux-arts*, et qui marche tous les jours stupidement là-dessus. Et nous allons chercher bien loin et payer bien cher des ornements à nos musées !

Il serait temps enfin de mettre un terme à ces désordres, sur lesquels nous appelons l'attention du pays. Quoique appauvrie par les dévastateurs révolutionnaires, par les spéculateurs mercantiles et surtout par les restaurateurs classiques, la France est riche encore en monuments français. Il faut arrêter le marteau qui mutile la face du pays. Une loi suffirait; qu'on la fasse. Quels que soient les droits de la propriété, la destruction d'un édifice historique et monumental ne doit pas être permise à ces ignobles spéculateurs que leur intérêt aveugle sur leur honneur; misérables hommes, et si imbéciles, qu'ils ne comprennent même pas qu'ils sont des barbares ! Il y a deux choses dans un édifice : son usage et sa beauté. Son usage appartient au propriétaire, sa beauté à tout le monde; c'est donc dépasser son droit que le détruire.

Une surveillance active devrait être exercée sur nos monuments. Avec de légers sacrifices, on sauverait des constructions qui, indépendamment du reste, représentent des capitaux énormes. La seule église de Brou, bâtie vers la fin du quinzième siècle, a coûté vingt-quatre millions, à une époque où la journée d'un ouvrier se payait deux sous. Aujourd'hui ce serait plus de cent cinquante millions. Il ne faut pas plus de trois jours et de trois cents francs pour la jeter bas.

Et puis, un louable regret s'emparerait de nous, nous voudrions reconstruire ces prodigieux édifices, que nous ne pourrions. Nous n'avons plus le génie de ces siècles. L'industrie a remplacé l'art.

Terminons ici cette note : aussi bien c'est encore là un sujet qui exigerait un livre. Celui qui écrit ces lignes y reviendra souvent, à propos et hors de propos; et, comme ce vieux Romain qui disait toujours : *Hoc censeo et delendam esse Carthaginem*, l'auteur de cette note répétera sans cesse : « Je pense cela et qu'il ne faut pas démolir la France. »

1852

Il faut le dire, et le dire haut, cette démolition de la vieille France, que nous avons dénoncée plusieurs fois sous la restauration, se continue avec plus d'acharnement et de barbarie que jamais. Depuis la révolution de juillet, avec la démocratie, quelque ignorance a débordé et quelque brutalité aussi. Dans beaucoup d'endroits, le pouvoir local, l'influence municipale, la curatelle communale a passé des gentilshommes qui ne savaient pas écrire aux paysans qui ne savent pas lire. On est tombé d'un cran. En attendant que ces braves gens sachent épeler, ils gouvernent. La bévue administrative, produit naturel et normal de cette machine de Marly qu'on appelle la *centralisation*, la bévue administrative s'engendre toujours, comme par le passé, du maire au sous-préfet, du sous-préfet au préfet, du préfet au ministre. Seulement elle est plus grosse.

Notre intention est de n'envisager ici qu'une seule des innombrables formes sous lesquelles elle se produit aux yeux du pays émerveillé. Nous ne voulons traiter de la *bévue administrative* qu'en matière de monuments, et encore ne ferons-nous qu'effleurer cet immense sujet, que vingt-cinq volumes in-folio n'épuiseraient pas.

Nous posons donc en fait qu'il n'y a peut-être pas en France, à l'heure qu'il est, une seule ville, pas un seul chef-lieu d'arrondissement, pas un seul chef-lieu de canton, où il ne se médite, où il ne se commence, où il ne s'achève la destruction de quelque monument historique national, soit par le fait de l'autorité centrale, soit par le fait de l'autorité locale de l'aveu de l'autorité centrale, soit par le fait des particuliers sous les yeux et avec la tolérance de l'autorité locale.

Nous avançons ceci avec la profonde conviction de ne pas nous tromper, et nous en appelons à la conscience de quiconque a fait, sur un point quelconque de la France, la moindre excursion d'artiste et d'antiquaire. Chaque jour quelque vieux souvenir de la France s'en va avec la pierre sur laquelle il était écrit. Chaque jour nous brisons quelque lettre du vénérable livre de la tradition. Et bientôt, quand la ruine de toutes ces ruines sera achevée, il ne nous restera plus qu'à nous écrier avec ce Troyen, qui du moins emportait ses dieux :

..... Fuit Ilium, et ingens
Gloria !

Et à l'appui de ce que nous venons de dire, qu'on permette à celui qui écrit ces lignes de citer, entre une foule de documents qu'il pourrait produire, l'extrait d'une lettre à lui envoyée. Il n'en connaît pas personnellement le signataire, qui est, comme sa lettre l'annonce, homme de goût et de cœur; mais il le remercie de s'être adressé à lui. Il ne fera jamais faute à quiconque lui signalera une injustice ou une absurdité nuisible à dénoncer. Il regrette seulement que sa voix n'ait pas plus d'autorité et de retentissement. Qu'on lise donc cette lettre, et qu'on songe, en la lisant, que le fait qu'elle atteste n'est pas un fait isolé, mais un des mille épisodes du grand fait général, la *démolition successive et incessante de tous les monuments de l'ancienne France.*

« Charleville, 14 février 1832.

» Monsieur,

. . . .
. . . .

» Au mois de septembre dernier, je fis un voyage à
» Laon (Aisne), mon pays natal. Je l'avais quitté depuis
» plusieurs années : aussi, à peine arrivé, mon pre-
» mier soin fut de parcourir la ville...... Arrivé sur la
» place du Bourg, au moment où mes yeux se levaient
» sur la vieille tour de Louis d'Outremer, quelle fut
» ma surprise de la voir de toutes parts bardée d'é-
» chelles, de leviers et de tous les instruments possi-
» bles de destruction! Je l'avouerai, cette vue me fit
» mal. Je cherchais à deviner pourquoi ces échelles et
» ces pioches, quand vint à passer M. Th....., homme

» simple et instruit, plein de goût pour les lettres et
» fort ami de tout ce qui touche à la science et aux
» arts. Je lui fis part à l'instant de l'impression dou-
» loureuse que me causait la destruction de ce vieux
» monument. M. Th....., qui la partageait, m'apprit
» que, resté seul des membres de l'ancien conseil mu-
» nicipal, il avait été seul pour combattre l'acte dont
» nous étions en ce moment témoins; que ses efforts
» n'avaient rien pu. Raisonnements, paroles, tout avait
» échoué. Les nouveaux conseillers, réunis en majorité
» contre lui, l'avaient emporté. Pour avoir pris un
» peu chaudement le parti de cette tour innocente,
» M. Th..... avait été même accusé de carlisme. Ces
» messieurs s'étaient écriés que cette tour ne rappelait
» que les souvenirs des temps féodaux, et la destruc-
» tion avait été votée par acclamation. Bien plus, la
» ville a offert au soumissionnaire qui se charge de
» l'exécution une somme de plusieurs mille francs, les
» matériaux en sus. Voilà le prix du meurtre, car c'est
» un véritable meurtre ! M. Th..... me fit remarquer
» sur le mur voisin l'affiche d'adjudication, en pa-
» pier jaune. En tête était écrit en énormes caractères :
» DESTRUCTION DE LA TOUR DITE DE LOUIS D'OUTREMER.
» *Le public est prévenu*, etc.

» Cette tour occupait un espace de quelques toises.
» Pour agrandir le marché qui l'avoisine, si c'est là le
» but qu'on a cherché, on pouvait sacrifier une maison
» particulière, *dont le prix n'eût peut-être pas dépassé*
» *la somme offerte au soumissionnaire*. Ils ont préféré
» anéantir la tour. Je suis affligé de le dire à la honte

» des Laonnois, leur ville possédait un monument rare,
» un monument des rois de la seconde race; il n'y en
» existe plus aujourd'hui un seul. Celui de Louis IV
» était le dernier. Après un pareil acte de vandalisme,
» on apprendra quelque jour sans surprise qu'ils démo-
» lissent leur belle cathédrale du onzième siècle, pour
» faire une halle aux grains [1]. »

Les réflexions abondent et se pressent devant de tels faits.

Et d'abord, ne voilà-t-il pas une excellente comédie? Vous représentez-vous ces dix ou douze conseillers municipaux mettant en délibération la grande *destruction de la tour dite de Louis d'Outremer?* Les voilà tous, rangés en cercle, et sans doute assis sur la table, jambes croisées et babouches aux pieds, à la façon des Turcs. Écoutez-les. Il s'agit d'agrandir le carré aux choux et de faire disparaître un *monument féodal*. Les voilà qui mettent en commun tout ce qu'ils savent de grands mots, depuis quinze ans qu'ils se font anu-cher le *Constitutionnel* par le magister de leur village. Ils se cotisent. Les bonnes raisons pleuvent. L'un a argué de la *féodalité*, et s'y tient; l'autre allègue la *dîme;* l'autre, la *corvée;* l'autre, les *serfs qui battaient l'eau des fossés pour faire taire les grenouilles;* un cinquième, le *droit de jambage et de cuissage;* un sixième,

---

[1] Nous ne publions pas le nom du signataire de la lettre, n'y étant point formellement autorisé par lui; mais nous le tenons en réserve pour notre garantie. Nous avons cru devoir aussi retrancher les passages qui n'étaient que l'expression trop bienveillante de la sympathie de notre correspondant pour nous personnellement.

les éternels *prêtres* et les éternels *nobles;* un autre, les *horreurs de la Saint-Barthélemy;* un autre, qui est probablement avocat, les *jésuites;* puis ceci, puis cela, puis encore cela et ceci; et tout est dit, la tour de Louis d'Outremer est condamnée.

Vous figurez-vous bien, au milieu du grotesque sanhédrin, la situation de ce pauvre homme, représentant unique de la science, de l'art, du goût, de l'histoire? Remarquez-vous l'attitude humble et opprimée de ce paria? L'écoutez-vous hasarder quelques mots timides en faveur du vénérable monument? Et voyez-vous l'orage éclater contre lui? Le voilà qui ploie sous les invectives. Voilà qu'on l'appelle de toutes parts *carliste,* et probablement *carlisse.* Que répondre à cela? C'est fini. La chose est faite. La démolition du « monument des âges de barbarie » est définitivement votée avec enthousiasme; et vous entendez le hourra des braves conseillers municipaux de Laon, qui ont pris d'assaut la tour de Louis d'Outremer.

Croyez-vous que jamais Rabelais, que jamais Hogarth, auraient pu trouver quelque part faces plus drolatiques, profils plus bouffons, silhouettes plus réjouissantes à charbonner sur les murs d'un cabaret ou sur les passages d'une batrachomyomachie?

Oui, riez. — Mais, pendant que les prud'hommes jargonnaient, coassaient et délibéraient, la vieille tour, si longtemps inébranlable, se sentait trembler dans ses fondements. Voilà tout à coup que, par les fenêtres, par les portes, par les barbacanes, par les meurtrières, par les lucarnes, par les gouttières, de partout, les dé-

molisseurs lui sortent comme les vers d'un cadavre.
Elle sue des maçons. Ces pucerons la piquent. Cette
vermine la dévore. La pauvre tour commence à
tomber pierre à pierre; ses sculptures se brisent sur le
pavé; elle éclabousse les maisons de ses débris; son
flanc s'éventre; son profil s'ébrèche, et le bourgeois
inutile, qui passe à côté sans trop savoir ce qu'on lui
fait, s'étonne de la voir chargée de cordes, de poulies
et d'échelles plus qu'elle ne le fut jamais par un assaut
d'Anglais ou de Bourguignons.

Ainsi, pour jeter bas cette statue de Louis d'Outremer, presque contemporaine des tours romaines de
l'ancienne Bibrax, pour faire ce que n'avaient fait ni
béliers, ni balistes, ni scorpions, ni catapultes, ni
haches, ni dolabres, ni engins, ni bombardes, ni ser-
pentines, ni fauconneaux, ni couleuvrines, ni les boulets
de fer des forges de Creil, ni les pierres à bombarde
des carrières de Péronne, ni le canon, ni le tonnerre,
ni la tempête, ni la bataille, ni le feu des hommes, ni
le feu du ciel, il a suffi au dix-neuvième siècle, merveilleux progrès! d'une plume d'oie, promenée à peu
près au hasard sur une feuille de papier par quelques
infiniment petits! méchante plume d'un conseil municipal du vingtième ordre, plume qui formule boiteu-
sement les fetfas imbéciles d'un divan de paysans!
plume imperceptible du sénat de Lilliput! plume qui
fait des fautes de français! plume qui ne sait pas l'or-
thographe! plume qui, à coup sûr, a tracé plus de
croix que de signatures au bas de l'inepte arrêté!

Et la tour a été démolie! et cela s'est fait! et la

ville a payé pour cela ! On lui a volé sa couronne, et elle a payé le voleur !

Quel nom donner à toutes ces choses ?

Et, nous le répétons pour qu'on y songe bien, le fait de Laon n'est pas un fait isolé. A l'heure où nous écrivons, il n'est pas un point en France où il ne se passe quelque chose d'analogue. C'est plus ou c'est moins, c'est peu ou c'est beaucoup, c'est petit ou c'est grand, mais c'est toujours et partout du vandalisme. La liste des démolitions est inépuisable. Elle a été commencée par nous et par d'autres écrivains qui ont plus d'importance que nous. Il serait facile de la grossir, il serait impossible de la clore.

On vient de voir une prouesse du conseil municipal. Ailleurs, c'est un maire qui déplace un peulven pour marquer la limite du champ communal ; c'est un évêque qui ratisse et badigeonne sa cathédrale ; c'est un préfet qui jette bas une abbaye du quatorzième siècle pour démasquer les fenêtres de son salon ; c'est un artilleur qui rase un cloître de 1460 pour rallonger un polygone ; c'est un adjoint qui fait du sarcophage de Théodeberthe une auge aux pourceaux.

Nous pourrions citer les noms. Nous en avons pitié. Nous les taisons.

Cependant il ne mérite pas d'être épargné, ce curé de Fécamp qui a fait démolir le jubé de son église, donnant pour raison que ce massif incommode, ciselé et fouillé par les mains miraculeuses du quinzième siècle, privait ses paroissiens du bonheur de le contempler, lui curé, dans sa splendeur à l'autel. Le maçon qui a exécuté l'ordre du béat s'est fait des débris du jubé une admirable maisonnette qu'on peut voir à Fécamp. Quelle honte ! Qu'est devenu le temps où le prêtre était le suprême architecte ? Maintenant le maçon enseigne le prêtre !

N'y a-t-il pas aussi un dragon ou un housard qui veut faire de l'église de Brou, de cette merveille, son grenier à foin, et qui en demande ingénument la permission au ministre ? N'était-on pas en train de gratter de haut en bas la belle cathédrale d'Angers quand le tonnerre est tombé sur la flèche, noire et intacte encore, et l'a brûlée, comme si le tonnerre avait eu, lui, de l'intelligence et avait mieux aimé abolir le vieux clocher que de le laisser égratigner par des conseillers municipaux ! Un ministre de la restauration n'a-t-il pas rogné à Vincennes ses admirables tours et à Toulouse ses beaux remparts ? N'y a-t-il pas eu, à Saint-Omer, un préfet qui a détruit aux trois quarts les magnifiques ruines de Saint-Bertin, sous prétexte de donner du *travail aux ouvriers ?* Dérision ! si vous êtes des administrateurs tellement médiocres, des cerveaux tellement stériles, qu'en présence des routes à ferrer, des canaux à creuser, des rues à macadamiser, des ports à curer, des landes à défricher, des écoles à bâtir, vous ne sachiez que faire de vos ouvriers, du moins ne leur livrez pas comme une proie nos édifices nationaux à démolir, ne leur dites pas de se faire du pain avec ces pierres. Partagez-les plutôt, ces ouvriers, en deux bandes ; que toutes deux creusent un grand trou, et que chacune ensuite comble le sien avec la terre de l'autre. Et puis payez-leur ce travail. Voilà une idée. J'aime mieux l'inutile que le nuisible.

A Paris, le vandalisme fleurit et prospère sous nos yeux. Le vandalisme est architecte. Le vandalisme se carre et se prélasse. Le vandalisme est fêté, applaudi, encouragé, admiré, caressé, protégé, consulté, subventionné, défrayé, naturalisé. Le vandalisme est entrepreneur de travaux pour le compte du gouvernement. Il est installé sournoisement dans le budget, et il le grignote à petit bruit, comme le rat son fromage. Et, certes, il gagne bien son argent. Tous les jours il démolit quelque chose du peu qui nous reste de cet admirable vieux Paris. Que sais-je? le vandalisme a badigeonné Notre-Dame, le vandalisme a retouché les tours du Palais de justice, le vandalisme a rasé Saint-Magloire, le vandalisme a détruit le cloître des Jacobins, le vandalisme a amputé deux flèches sur trois à Saint-Germain des Prés. Nous parlerons peut-être dans quelques instants des édifices qu'il bâtit. Le vandalisme a ses journaux, ses coteries, ses écoles, ses chaires, son public, ses raisons. Le vandalisme a pour lui les bourgeois. Il est bien nourri, bien renté, bouffi d'orgueil, presque savant, très-classique, bon logicien, fort théoricien, joyeux, puissant, affable au besoin, beau parleur, et content de lui. Il tranche du Mécène. Il protége les jeunes talents. Il est professeur. Il donne de grands prix d'architecture. Il envoie des élèves à Rome. Il porte habit brodé, épée au côté et culotte française. Il est de l'Institut. Il va à la cour. Il donne le bras au roi, et flâne avec lui dans les rues, lui soufflant ses plans à l'oreille. Vous avez dû le rencontrer.

Quelquefois il se fait propriétaire, et il change la tour magnifique de Saint-Jacques de la Boucherie en fabrique de plomb de chasse, impitoyablement fermée à l'antiquaire fureteur; et il fait de la nef de Saint-Pierre aux Bœufs un magasin de futailles vides, de l'hôtel de Sens une écurie à rouliers, de la maison de la Couronne d'or une draperie, de la chapelle de Cluny une imprimerie. Quelquefois il se fait peintre en bâtiments, et il démolit Saint-Landry pour construire sur l'emplacement de cette simple et belle église une grande laide maison qui ne se loue pas. Quelquefois il se fait greffier, et il encombre de paperasses la Sainte-Chapelle, cette église qui sera la plus admirable parure de Paris, quand il aura détruit Notre-Dame. Quelquefois il se fait spéculateur, et dans la nef déshonorée de Saint-Benoît il emboîte violemment un théâtre, et quel théâtre! Opprobre! le cloître saint, docte et grave des bénédictins, métamorphosé en je ne sais quel mauvais lieu littéraire.

Sous la restauration, il prenait ses aises et s'ébattait d'une manière tout aussi charmante, nous en convenons. Chacun se rappelle comment le vandalisme, qui alors aussi était architecte du roi, a traité la cathédrale de Reims. Un homme d'honneur, de science et de talent, M. Vitet, a déjà signalé le fait. Cette cathédrale est, comme on sait, chargée du haut en bas de sculptures excellentes qui débordent de toutes parts son profil. A l'époque du sacre de Charles X, le vandalisme, qui est bon courtisan, eut peur qu'une pierre ne se détachât par aventure de toutes ces sculptures en surplomb, et ne vînt tomber incongrûment sur le roi, au moment où Sa Majesté passerait; et sans pitié, et à grands coups de maillet, et trois grands mois durant, il ébarba la vieille église! — Celui qui écrit ceci a chez lui une belle tête de Christ, débris curieux de cette exécution.

Depuis juillet, il en a fait une autre qui peut servir de pendant à celle-là, c'est l'exécution du jardin des Tuileries. Nous reparlerons quelque jour et longuement de ce bouleversement barbare. Nous ne le citons ici que pour mémoire. Mais qui n'a haussé les épaules en passant devant ces deux petits enclos usurpés sur une promenade publique? On a fait mordre au roi le jardin des Tuileries, et voilà les deux bouchées qu'il se réserve. Toute l'harmonie d'une œuvre royale et tranquille est troublée, la symétrie des parterres est éborgnée, les bassins entaillent la terrasse; c'est égal, on a ses deux jardinets. Que dirait-on d'un fabricant de vaudevilles qui se taillerait un couplet ou deux dans les chœurs d'*Athalie!* Les Tuileries, c'était l'*Athalie* de le Nôtre.

On dit que le vandalisme a déjà condamné notre vieille et irréparable église de Saint-Germain l'Auxerrois. Le vandalisme a son idée à lui. Il veut faire tout à travers Paris une grande, grande, grande rue. Une rue d'une lieue! Que de magnifiques dévastations chemin faisant! Saint-Germain l'Auxerrois y passera, l'admirable tour de Saint-Jacques de la Boucherie y passera peut-être aussi. Mais qu'importe! une rue d'une lieue! comprenez-vous comme cela sera beau! une ligne droite tirée du Louvre à la barrière du Trône! d'un bout de la rue, de la barrière, on contemplera la façade du Louvre. Il est vrai que tout le mérite de la colonnade de Perrault, si mérite il y a, est dans ses proportions, et que ce mérite s'évanouira dans la distance; mais qu'est-ce que cela fait? on aura une rue d'une lieue! de l'autre bout du Louvre, on verra la barrière du Trône, les deux colonnes proverbiales que vous savez, maigres, fluettes et risibles comme les jambes de Potier. O merveilleuse perspective!

Espérons que ce burlesque projet ne s'accomplira pas. Si l'on essayait de le réaliser, espérons qu'il y aura une émeute d'artistes. Nous y pousserons de notre mieux.

Les dévastateurs ne manquent jamais de prétextes. Sous la restauration, on gâtait, on mutilait, on défigurait, on profanait les édifices catholiques du moyen âge, le plus dévotement du monde. La congrégation avait développé sur les églises la même excroissance que sur la religion. Le sacré-cœur s'était fait marbre, bronze, badigeonnage et bois doré. Il se produisait le plus souvent dans les églises sous la forme d'une petite chapelle peinte, dorée, mystérieuse, élégiaque, pleine d'anges bouffis, coquette, galante, ronde et à faux jour, comme celle de Saint-Sulpice. Pas de cathédrale, pas de paroisse en France à laquelle il ne poussât, soit au front, soit au côté, une chapelle de ce genre·

Cette chapelle constituait pour les églises une véritable maladie. C'était la verrue de Saint-Acheul.

Depuis la révolution de juillet, les profanations continuent, plus funestes et plus mortelles encore, et avec d'autres semblants. Au prétexte dévot a succédé le prétexte national, libéral, patriote, philosophe, voltairien. On ne *restaure* plus, on ne gâte plus, on n'enlaidit plus un monument, on le jette bas. Et l'on a de bonnes raisons pour cela. Une église, c'est le fanatisme; un donjon, c'est la féodalité. On dénonce un monument, on massacre un tas de pierres, on septembrise des ruines. A peine si nos pauvres églises parviennent à se sauver en prenant cocarde. Pas une Notre-Dame en France, si colossale, si vénérable, si magnifique, si impartiale, si historique, si calme et si majestueuse qu'elle soit, qui n'ait son petit drapeau tricolore sur l'oreille. Quelquefois on sauve une admirable église en écrivant dessus : *Mairie.* Rien de moins populaire parmi nous que ces édifices faits par le peuple et pour le peuple. Nous leur en voulons de tous ces crimes des temps passés dont ils ont été les témoins. Nous voudrions effacer le tout de notre histoire. Nous dévastons, nous pulvérisons, nous détruisons, nous démolissons par esprit national. A force d'être bons Français, nous devenons d'excellents Welches.

Dans le nombre, on rencontre certaines gens auxquels répugne ce qu'il y a d'un peu banal dans le magnifique pathos de juillet, et qui applaudissent aux démolisseurs par d'autres raisons, des raisons doctes et importantes, des raisons d'économiste et de banquier.

— A quoi servent ces monuments? disent-ils. Cela coûte des frais d'entretien, et voilà tout. Jetez-les à terre et vendez les matériaux. C'est toujours cela de gagné. — Sous le pur rapport économique, le raisonnement est mauvais. Nous l'avons déjà établi plus haut, ces monuments sont des capitaux. Beaucoup d'entre eux, dont la renommée attire les étranger riches en France, rapportent au pays bien au-delà de l'intérêt de l'argent qu'ils ont coûté. Les détruire, c'est priver le pays d'un revenu.

Mais quittons ce point de vue aride, et raisonnons de plus haut. Depuis quand ose-t-on, en pleine civilisation, questionner l'art sur son *utilité?* Malheur à vous si vous ne savez pas à quoi l'art sert! On n'a rien de plus à vous dire. Allez! démolissez! utilisez! Faites des moellons avec Notre-Dame de Paris. Faites des gros sous avec la Colonne.

D'autres acceptent et veulent l'art; mais, à les entendre, les monuments du moyen âge sont des constructions de mauvais goût, des œuvres barbares, des monstres en architecture, qu'on ne saurait trop vite et trop soigneusement abolir. A ceux-là non plus il n'y a rien à répondre. C'est fini d'eux. La terre a tourné, le monde a marché depuis eux; ils ont les préjugés d'un autre siècle; ils ne sont plus de la génération qui voit le soleil. Car, il faut bien, nous le répétons, que les oreilles de toute grandeur s'habituent à l'entendre dire et redire, en même temps qu'une glorieuse révolution politique s'est accomplie dans la société, une glorieuse révolution intellectuelle s'est accomplie dans l'art. Voilà vingt-cinq ans que Charles Nodier et madame de Staël l'ont annoncée en France; et, s'il était permis de citer un nom obscur après ces noms célèbres, nous ajouterions que voilà quatorze ans que nous luttons pour elle. Maintenant elle est faite. Le ridicule duel des classiques et des romantiques s'est arrangé de lui-même, tout le monde étant à la fin du même avis. Il n'y a plus de question. Tout ce qui a de l'avenir est pour l'avenir. A peine y a-t-il encore, dans l'arrière-parloir des colléges, dans la pénombre des académies, quelques bons vieux enfants qui font joujou dans leur coin avec les poétiques et les méthodes d'un autre âge; qui poëtes, qui architectes; celui-ci s'ébattant avec les trois unités, celui-là avec les cinq ordres; les uns gâchant du plâtre selon Vignole, les autres gâchant des vers selon Boileau.

Cela est respectable. N'en parlons plus.

Or, dans ce renouvellement complet de l'art et de la critique, la cause de l'architecture du moyen âge, plaidée sérieusement pour la première fois depuis trois siècles, a été gagnée en même temps que la bonne cause générale, gagnée par toutes les raisons de la science, gagnée par toutes les raisons de l'histoire, gagnée par toutes les raisons de l'art, gagnée par l'intelligence, par l'imagination et par le cœur. Ne revenons donc pas sur la chose jugée et bien jugée; et disons de haut au gouvernement, aux communes, aux particuliers, qu'ils sont responsables de tous les monuments nationaux que le hasard met dans leurs mains.

Nous devons compte du passé à l'avenir. *Posteri, posteri, vestra res agitur.*

Quant aux édifices qu'on nous bâtit pour ceux qu'on nous détruit, nous ne prenons pas le change, nous n'en voulons pas. Ils sont mauvais. L'auteur de ces lignes maintient tout ce qu'il a dit ailleurs [1] sur les monuments modernes du Paris actuel. Il n'a rien de plus doux à dire des monuments en construction. Que nous importe les trois ou quatre petites églises cubiques que vous bâtissez piteusement çà et là! Laissez donc crouler votre ruine du quai d'Orsay avec ses lourds cintres et ses vilaines colonnes engagées! laissez crouler votre palais de la chambre des députés, qui ne demandait pas mieux! N'est-ce pas une insulte, au lieu dit *École des beaux-arts*, que cette construction hybride et fastidieuse dont l'épure a si longtemps sali le pignon de la maison voisine, étalant effrontément sa nudité et sa laideur à côté de l'admirable façade du château de Gaillon? Sommes-nous tombés à ce point de misère qu'il nous faille absolument admirer les barrières de Paris? Y a-t-il rien au monde de plus bossu et de plus rachitique que votre monument expiatoire (ah çà! décidément, qu'est-ce qu'il expie?) de la rue de Richelieu? N'est-ce pas une belle chose, en vérité, que votre Madeleine, ce tome deux de la Bourse, avec son lourd tympan qui écrase sa maigre colonnade? Oh! qui me délivrera des colonnades?

De grâce, employez mieux nos millions.

[1] *Notre-Dame de Paris.*

Ne les employez même pas à parfaire le Louvre. Vous voudriez achever d'enclore ce que vous appelez le parallélogramme du Louvre. Mais nous vous prévenons que ce parallélogramme est un trapèze; et pour un trapèze, c'est trop d'argent. D'ailleurs, le Louvre, hors ce qui est de la renaissance, le Louvre, voyez-vous, n'est pas beau. Il ne faut pas admirer et continuer, comme si c'était de droit divin, tous les monuments du dix-septième siècle, quoiqu'ils vaillent mieux que ceux du dix-huitième, et surtout que ceux du dix-neuvième. Quel que soit leur bon air, quelle que soit leur grande mine, il en est des monuments de Louis XIV comme de ses enfants. Il y en a beaucoup de bâtards.

Le Louvre, dont les fenêtres entaillent l'architrave, le Louvre est de ceux-là.

S'il est vrai, comme nous le croyons, que l'architecture, seule entre tous les arts, n'ait plus d'avenir, employez vos millions à conserver, à entretenir, à éterniser les monuments nationaux et historiques qui appartiennent à l'État, et à racheter ceux qui sont aux particuliers. La rançon sera modique. Vous les aurez à bon marché. Tel propriétaire ignorant vendra le Parthénon pour le prix de la pierre.

Faites réparer ces beaux et graves édifices. Faites-les réparer avec soin, avec intelligence, avec sobriété. Vous avez autour de vous des hommes de science et de goût qui vous éclaireront dans ce travail. Surtout que l'architecte restaurateur soit frugal de ses propres imaginations; qu'il étudie curieusement le caractère de chaque édifice, selon chaque siècle et chaque climat.

Qu'il se pénètre de la ligne générale et de la ligne particulière du monument qu'on lui met entre les mains, et qu'il sache habilement souder son génie au génie de l'architecte ancien.

Vous tenez les communes en tutelle, défendez-leur de démolir.

Quant aux particuliers, quant aux propriétaires qui voudraient s'entêter à démolir, que la loi le leur défende; que leur propriété soit estimée, payée et adjugée à l'État. Qu'on nous permette de transcrire ici ce que nous disions à ce sujet en 1825 : « Il faut arrêter le marteau qui mutile la face du pays. Une loi suffirait; qu'on la fasse. Quels que soient les droits de la propriété, la destruction d'un édifice historique et monumental ne doit pas être permise à ces ignobles spéculateurs que leur intérêt aveugle sur leur honneur; misérables hommes, et si imbéciles, qu'ils ne comprennent même pas qu'ils sont des barbares! Il y a deux choses dans un édifice : son usage et sa beauté. Son usage appartient au propriétaire, sa beauté à tout le monde, à vous, à moi, à nous tous. Donc, le détruire c'est dépasser son droit. »

Ceci est une question d'intérêt général, d'intérêt national. Tous les jours, quand l'intérêt général élève la voix, la loi fait taire les glapissements de l'intérêt privé. La propriété particulière a été souvent et est encore à tous moments modifiée dans le sens de la communauté sociale. On vous achète de force votre champ pour en faire une place, votre maison pour en faire un hospice. On vous achètera votre monument.

S'il faut une loi, répétons-le, qu'on la fasse. Ici nous entendons les objections s'élever de toutes parts : — Est-ce que les chambres ont le temps ? — Une loi pour si peu de chose !

Pour si peu de chose !

Comment ! nous avons quarante-quatre mille lois dont nous ne savons que faire, quarante-quatre mille lois sur lesquelles il y en a à peine dix de bonnes. Tous les ans, quand les chambres sont en chaleur, elles en pondent par centaines, et, dans la couvée, il y en a tout au plus deux ou trois qui naissent viables. On fait des lois sur tout, pour tout, contre tout, à propos de tout. Pour transporter les cartons de tel ministère d'un côté de la rue de Grenelle à l'autre, on fait une loi. Et une loi pour les monuments, une loi pour l'art, une loi pour la nationalité de la France, une loi pour les souvenirs, une loi pour les cathédrales, une loi pour les plus grands produits de l'intelligence humaine, une loi pour l'œuvre collective de nos pères, une loi pour l'histoire, une loi pour l'irréparable qu'on détruit, une loi pour ce qu'une nation a de plus sacré après l'avenir, une loi pour le passé, cette loi juste, bonne, excellente, sainte, utile, nécessaire, indispensable, urgente, on n'a pas le temps, on ne la fera pas !

Risible ! risible ! risible !

1855

YMBERT GALLOIX

Ymbert Galloix était un pauvre jeune homme de Genève, fils ou petit-fils, si notre mémoire est bonne, d'un vieux maître d'écriture du pays : un pauvre Génevois, disons-nous, bien élevé et bien lettré d'ailleurs, qui vint à Paris, il y a six ans, n'ayant pas devant lui de quoi vivre plus d'un mois, mais avec cette pensée qui en a leurré tant d'autres, que Paris est une ville de chance et de loterie, où quiconque joue bien le jeu de sa destinée finit par gagner; une métropole bénie où il y a des avenirs tout faits et à choisir, que chacun peut ajuster à son existence; une terre de promission qui ouvre des horizons magnifiques à toutes les intelligences dans toutes les directions; un vaste atelier de civilisation où toute capacité trouve un travail et fait fortune; un océan où se fait chaque jour la pêche miraculeuse; une cité prodigieuse, en un mot, une cité de prompt succès et d'activité excellente, d'où en moins d'un an l'homme de talent qui y est entré sans souliers ressort en carrosse.

Il y est arrivé au mois d'octobre 1827, il y est mort de misère au mois d'octobre 1828.

Il n'y a en ceci aucune hyperbole, ce jeune homme est mort de misère à Paris. Ce n'est pas que quelques hommes de ces classes intelligentes et humaines qu'on est convenu de désigner sous le nom vague d'*artistes*, ce n'est pas que quelques jeunes gens de la bonne jeunesse qui pense et qui étudie, au milieu desquels il tomba à son arrivée à Paris, inconnu de tous, ne lui aient serré la main, ne lui aient donné conseil et secours, ne lui aient, dans l'occasion, ouvert leur bourse quand il avait faim et leur cœur quand il pleurait. Il va sans dire que plusieurs d'entre eux se sont tout naturellement cotisés pour payer son dernier loyer et son dernier médecin, et que ce n'est pas au charpentier qu'il doit sa bière. Mais qu'est-ce que tout cela, si ce n'est mourir de misère?

A son arrivée à Paris, il se présenta de lui-même, avec quelque assurance, dans trois ou quatre maisons. Voici à ce sujet ce que nous disait encore, il y a peu de jours, un de ceux qui l'ont accueilli dans ses premières illusions et assisté dans ses dernières angoisses.

— C'était en octobre 1827, un matin qu'il faisait déjà froid, je déjeunais; la porte s'ouvre, un jeune homme entre. Un grand jeune homme un peu courbé, l'œil brillant, des cheveux noirs, les pommettes rouges, une redingote blanche assez neuve, un vieux chapeau. Je me lève et je le fais asseoir. Il balbutie une phrase embarrassée d'où je ne vis saillir distinctement que trois mots : *Ymbert Galloix, Genève, Paris*. Je compris que c'était son nom, le lieu où il avait été enfant, et le lieu où il voulait être homme. Il me parla poésie. Il avait un rouleau de papier sous le bras. Je l'accueillis bien; je remarquai seulement qu'il cachait ses pieds sous sa chaise avec un air gauche et presque honteux. Il toussait un peu. Le lendemain, il pleuvait à verse, le jeune homme revint. Il resta trois heures. Il était d'une belle humeur et tout rayonnant. Il me parla des poëtes anglais, sur lesquels je suis peu lettré, Shakspeare et Byron exceptés. Il toussait beaucoup. Il cachait toujours ses pieds sous sa chaise. Au bout de trois heures, je m'aperçus qu'il avait des souliers percés et qui prenaient l'eau. Je n'osai lui en rien dire. Il s'en alla sans m'avoir parlé d'autre chose que des poëtes anglais.

Il se présenta à peu près de cette façon partout où il alla, c'est-à-dire chez trois ou quatre hommes spécialement voués aux études d'art et de poésie. Il fut bien reçu partout, toujours encouragé, souvent aidé. Cela ne l'a pas empêché de mourir de misère, à la lettre, comme il a été dit plus haut.

Ce qui le caractérisait dans les premiers mois de son

séjour à Paris, c'est une ardente et fiévreuse curiosité. Il voulait voir Paris, entendre Paris, respirer Paris, toucher à Paris. Non le Paris qui parle politique et lit le *Constitutionnel* et monte la garde à la mairie; non le Paris que viennent admirer les provinciaux désœuvrés, le Paris-monument, le Paris-Saint-Sulpice, le Paris-Panthéon; pas même le Paris des bibliothèques et des musées. Non, ce qui l'occupait avant tout, ce qui éveillait sans relâche sa curiosité, ce qu'il examinait, ce qu'il questionnait sans cesse, c'est la pensée de Paris, c'est la mission littéraire de Paris, c'est la mission civilisatrice de Paris, c'est le progrès que contient Paris. C'est surtout sous le point de vue des développements nouveaux de l'art que ce jeune homme étudiait Paris. Partout où il entendait résonner une enclume littéraire, il arrivait. Il y mettait ses idées, il les laissait marteler à plaisir par la discussion, et souvent, à force de les reforger ainsi sans cesse, il les déformait. Ymbert Galloix est un des plus frappants exemples du péril de la controverse pour les esprits de second ordre. Quand il est mort, il n'avait plus une seule idée droite dans le cerveau.

Ce qui le caractérisa dans les derniers mois de son séjour, qui furent les derniers mois de sa vie, c'est un profond découragement. Il ne voulait plus rien voir, plus rien entendre, plus rien dire. En quelques mois, par une transition dont nous laissons le lecteur rêver les nuances, le pauvre jeune homme était arrivé de la curiosité au dégoût. Ici il se présente plusieurs questions, que nous posons sans les résoudre. De quel côté ses illusions étaient-elles ruinées? Était-ce à l'intérieur ou à l'extérieur? Avait-il cessé de croire en lui ou au monde? Paris, après examen, lui avait-il semblé chose trop grande ou chose trop petite? S'était-il jugé trop faible ou trop fort pour prendre joyeusement de l'ouvrage dans cet immense atelier de civilisation? La mesure idéale de lui-même qu'il portait en lui s'était-elle trouvée trop courte ou trop haute quand il l'avait superposée aux réalités d'une existence à faire et d'une carrière à parcourir? En un mot, la cause de l'inaction volontaire qui hâta sa mort, était-ce effroi ou dédain? Nous ne savons. Ce qu'il y a de certain, c'est qu'après avoir bien regardé Paris, il croisa tristement les bras et refusa de rien faire. Était-ce paresse? était-ce fatigue? était-ce stupeur? Selon nous, c'était les trois choses à la fois. Il n'avait trouvé ni dans Paris ni en lui-même ce qu'il cherchait. La ville qu'il avait cru voir dans Paris n'existait pas. L'homme qu'il avait cru voir en lui ne se réalisait pas. Son double rêve évanoui, il se laissa mourir.

Nous disions qu'il se laissa mourir. C'est qu'en effet, au physique comme au moral, sa mort fait une espèce de suicide. On nous permettra de ne pas éclairer davantage un des côtés de notre pensée. Le fait est qu'il refusa de travailler. On lui avait trouvé des besognes à faire (misérables besognes, il est vrai, où s'usent tant de jeunes gens capables peut-être de grandes choses), des dictionnaires, des compilations, des biographies de contemporains à vingt francs la colonne. Il s'essaya pendant un temps d'écrire quelques lignes pour ces divers labeurs. Puis le cœur lui manqua; il refusa tout, il fut invinciblement pris d'oisiveté comme un voyageur est pris de sommeil dans la neige. Une maladie lente qu'il avait depuis l'enfance s'aggrava. La fièvre survint. Il traîna deux ou trois mois et mourut. Il avait vingt-deux ans.

A proprement parler, le pays de son choix, ce n'était pas la France, c'était l'Angleterre. Son rêve, ce n'était pas Paris, c'était Londres. On va le voir dans les lignes qu'il a laissées. Vers les derniers temps de sa vie, quand la souffrance commençait à déranger sa raison, quand ses idées à demi éteintes ne jetaient plus que quelques lueurs dans son cerveau épuisé, il disait, bizarre chimère, que la principale condition pour être heureux, c'était d'être *né Anglais*. Il voulait aller en Angleterre pour y devenir lord, grand poëte, et y faire fortune. Il apprenait l'anglais ardemment. C'était le seul travail auquel il fût resté fidèle. Le jour de sa mort, sachant qu'il allait mourir, il avait une grammaire sur son lit et il étudiait l'anglais. Qu'en voulait-il faire?

Ymbert Galloix est mort triste, anéanti, désespéré, sans une seule vision de gloire à son chevet. Il avait enfoui quelques colonnes de prose fort vulgaire, disait-il, dans le recoin le plus obscur d'une de ces tours de Babel littéraires que la librairie appelle *dictionnaires biographiques*. Il espérait bien que personne ne viendrait jamais déterrer cette prose de là. Quant aux rares essais de poésie qu'il avait tentés, sur les derniers temps, découragé comme il l'était, il en parlait d'un ton morose et fort sévèrement. Sa poésie, en effet, ne se produisait jamais guère qu'à l'état d'ébauche. Dans l'ode, son vers était trop haletant et avait trop courte haleine pour courir fermement jusqu'au bout de la strophe. Sa pensée, toujours déchirée par de laborieux enfantements, n'emplissait qu'à grand'peine les sinuosités du rhythme et y laissait souvent des lacunes partout. Il avait des curiosités de rime et de forme qui peuvent être, dans des talents complets, une qualité de plus, précieuse sans doute, mais secondaire après tout, et qui ne supplée à aucune qualité essentielle. Qu'un vers ait une bonne forme, cela n'est pas tout; il faut absolument, pour qu'il ait parfum, couleur et saveur, qu'il contienne une idée, une image ou un sentiment. L'abeille construit artistement les six pans de son alvéole de cire, et puis elle l'emplit de miel. L'alvéole, c'est le vers; le miel, c'est la poésie.

Galloix était plus à l'aise dans l'élégie. Là, sa poésie était parfois aussi palpitante que son cœur, mais là aussi la faculté d'exprimer tout lui manquait souvent. En général son cerveau résistait à la production littéraire proprement dite. Quelquefois, à force de souffrir, le poëte devenait un homme, son élégie devenait une confidence, son chant devenait un cri; alors c'était beau.

Comme il croyait peu à la valeur essentielle et durable de sa prose ou de ses vers, comme il n'avait eu le temps de réaliser aucun de ses rêves d'artiste, il est mort avec la conviction désolante que rien de lui ne resterait après lui. Il se trompait.

Il restera de lui une lettre.

Une lettre admirable, selon nous, une lettre éloquente, profonde, maladive, fébrile, douloureuse, folle, unique; une lettre qui raconte toute une âme, toute une vie, toute une mort; une lettre étrange, vraie lettre de poëte, pleine de vision et de vérité.

Cette lettre, l'ami auquel Ymbert Galloix l'adressait a bien voulu nous la confier. La voici. Elle fera mieux connaître Ymbert Galloix que tout ce que nous pourrions dire. Nous la publions telle qu'elle est, avec les répétitions, les néologismes, les fautes de français (il y en a), et tous ces embarras d'expression propres au style genevois. Les deux ou trois suppressions qu'on y remarquera étaient imposées à celui qui écrit ceci par des convenances rigoureuses qui seraient approuvées de tout le monde. On a tâché que cette publication, toute dans l'intérêt de l'art, fût aussi impersonnelle que possible. Ainsi les noms propres qui sont écrits en toutes lettres dans l'original ne sont ici désignés que par des initiales, afin de ménager les vanités et surtout les modesties.

Cela posé, nous devons redire que l'essence même de la lettre est religieusement respectée. Pas un mot n'a été changé, pas un détail n'a été déformé. Nous croyons qu'on lira avec le même intérêt que nous cette confession mystérieuse d'une âme qui ressemble fort peu aux autres âmes, et qui nous peint presque tous cependant. Voilà, à notre sens, ce qui caractérise cette singulière lettre. C'est une exception, et c'est tout le monde.

Paris, 11 décembre 1827.

Mon pauvre D...,

Il y a bien des jours que je me propose de vous écrire. Mais la douleur, la maladie que vous me connaissez, les distances de Paris, qui mangent la moitié des journées, tout m'en a empêché. Oh! que je souffre, et que j'ai souffert! Il m'est impossible de songer à mettre de l'ordre dans ma lettre, à vous dépeindre même l'état de mon âme, à matérialiser par des mots glacés ces navrantes et perpétuellement successives impressions, sensations, terreurs, abîmes de mélancolie, de désespoir, etc. Nous sommes aujourd'hui le 11 décembre. Il est trois heures. J'ai marché, j'ai lu, le ciel est beau, et je souffre horriblement. Arrivé ici le 27 octobre, voici donc un mois que je languis et végète sans espoir. J'ai eu des heures, des journées entières où mon désespoir approchait de la folie. Fatigué, crispé physiquement et moralement, crispé à l'âme, j'errais sans cesse dans ces rues boueuses et enfumées, inconnu, solitaire, au milieu d'une immense foule d'êtres, les uns pour les autres inconnus aussi.

Un soir, je m'appuyai contre les murs d'un pont sur la Seine. Des milliers de lumières se prolongeaient à l'infini, le fleuve coulait. J'étais si fatigué, que je ne pouvais plus marcher, et là, regardé par quelques passants comme un fou probablement, là je souffrais tellement, que je ne pouvais pleurer. Vous me plaisantiez quelquefois à Genève sur mes sensations. Eh bien, ici je les dévore solitaire. Elles me tourmentent, m'agitent sans cesse, et tout se réunit pour me déchirer l'âme, ce sentiment immense et continuel du néant de nos vanités, de nos joies, de nos douleurs, de nos pensées; l'incertitude de ma situation, la peur de la misère, ma maladie nerveuse, mon obscurité, l'inutilité des démarches, l'isolement, l'indifférence, l'égoïsme, la solitude du cœur, le besoin du ciel, des champs, des montagnes, les pensées philosophiques même, et par-dessus tout cela, oh! oui, par-dessus tout cela, les regrets *lacérants* [1] du pays de ses aïeux. Il est des moments où je rêve à tout ce que j'aimais, où je me promène encore sur Saint-Antoine, où je me rappelle toutes mes douleurs de Genève, et les joies que j'y ai connues, bien rarement, il est vrai.

Il est des moments où les traits de mes amis, de mes parents, un lieu consacré par un souvenir, un arbre, un rocher, un coin de rue, sont là devant mes yeux, et les cris d'un porteur d'eau de Paris me réveillent. Oh! que je souffre alors! Souvent, rentré dans ma chambre solitaire, harassé de corps et d'esprit, là je

---

[1] Le mot est souligné dans la lettre que nous avons sous les yeux.

m'assieds, je rêve, mais d'une rêverie amère, sombre, délirante. Tout me rappelle ces pauvres parents que je n'ai pas rendus heureux; les soins de blanchisseuse, etc., etc., tout cela m'étouffe. Les heures des repas changées! Oh! que je regrette et ma chambre de Genève, où j'ai tant souffert, et la classe, et mon oncle, et votre coin de feu, et les visages connus, et les rues accoutumées! Souvent un rien, la vue de l'objet le plus trivial, d'un bas, d'une jarretière, tout cela me rend le passé vivant, et m'accable de toute la douleur du présent. Misère de l'homme qui regrette ce qu'il maudirait bientôt quand il le retrouverait! Je ne puis même jouir de ma douleur, l'esprit d'analyse est toujours là qui désenchante tout.

Ennui d'une âme flétrie à vingt et un ans, doutes arides, vagues regrets d'un bonheur entrevu plus vaguement encore comme ces gloires du couchant sur la cime de nos montagnes, douleurs positives, douleurs idéales, persuasion du malheur enracinée dans l'âme, certitude que la fortune, quoique un grand bien, ne nous rendrait pas parfaitement heureux : voilà ce qui tourmente ma pauvre âme. O mon unique ami, qu'ils sont malheureux, ceux qui sont nés malheureux!

Et quelquefois pourtant il me semble qu'une musique aérienne résonne à mes oreilles, qu'une harmonie mélancolique et étrangère au tourbillon des hommes vibre de sphère en sphère jusqu'à moi; il semble qu'une possibilité de douleurs tranquilles et majestueuses s'offre à l'horizon de ma pensée comme les fleuves des pays lointains à l'horizon de l'imagination. Mais tout s'évanouit par un cruel retour sur la vie positive, tout!

Que de fois j'ai dit avec Rousseau : O ville de boue et de fumée! Que cette âme tendre a dû souffrir ici! Isolé, errant, tourmenté comme moi, mais moins malheureux de soixante ans d'un siècle sérieux et de grands événements, il gémirait à Paris; j'y gémis, d'autres y viendront gémir. O néant! néant!

J'ai pourtant eu deux ou trois moments d'extase. Un jour, à l'Opéra, la musique enchantée du *Siége de Corinthe* m'avait fait oublier mes peines. Vous savez combien j'aime l'élégance, la somptuosité, les titres, tout enfin, tout ce qui nous place dans un monde aussi beau que possible ici-bas, du moins à l'extérieur: Eh bien, ces impressions que m'apportaient à Genève tant de physionomies étrangères et distinguées, tant de belles âmes, de grands personnages, tant de livrées, d'équipages enfin, ce spectacle ravissant des pompes de la civilisation au milieu des pompes de la nature, spectacle qui fait de Genève une ville peut-être unique en Europe relativement à sa grandeur; ces impressions, je ne les ai retrouvées à Paris qu'à l'Opéra, et en relisant avec passion la Vie d'Alfieri, écrite par lui-même, que je n'avais pas lue depuis quatre ans. Que de choses pour moi et pour chaque âme dans ces quatre ans! J'étais donc à l'Opéra. Les prestiges de la musique, la magnificence du théâtre, les toilettes et les physionomies qui garnissaient les loges, je respirais tout cela, je me croyais prince, riche, honoré; les portiques d'un monde qui n'est beau pour moi que parce que je l'ignore, se

dessinaient à ma vue entourés d'une auréole d'élégance
et de recherche. J'avais oublié ma situation, ou plutôt
je cherchais à me convaincre qu'elle allait cesser. Quoique entouré des simples mises du parterre, c'était bien
aux loges que j'étais. Je ne voyais qu'au-dessus de moi.
J'étais plongé dans un océan d'illusions, d'espérances
démesurées, d'harmonie, de splendeurs, de vanités, etc.
Cet état dura une demi-heure. Oh! qu'ils furent
tristes, les moments qui suivirent! qu'ils furent amers!
Il en est de même de la vie errante de ce riche, noble
et malheureux Alfieri. On n'y voit que des ambassadeurs nobles, des voyages en poste continuels, des
valets de chambre, etc. Oh! qu'il fait bon être malheureux avec trente mille francs de rente! Non, non;
excusez cette phrase. Vous savez combien je sais dépouiller le malheur de son entourage positif et le contempler dans son affreuse nudité, qui est la même pour
toutes les conditions lorsqu'on a dans l'âme quelque
chose qui bat plus fortement pour nous que pour la
foule. Les sensations m'accablent. Je quitte la plume;
je vais rêver. Rien, car là vous me reconnaissez tout entier, n'est-ce pas?

Je reprends la plume aujourd'hui 27 décembre. Je
souffre, et toujours. J'ai eu des moments horribles;
mais je ne veux pas vous lasser encore de mes plaintes.
Il est minuit et quelques minutes. Nous sommes donc
le 28. Qu'importe! quelques voitures roulent encore
de loin en loin; mais on est sorti de l'Odéon. La tristesse, l'hiver, la solitude et la nuit règnent. Je veille
au coin d'un feu au quatrième étage de la rue des

Fossés-Saint-Germain-des-Prés. Ma chambre, assez élégante, est seule, et je suis face à face avec ma tristesse et mon ennui. Croiriez-vous que je n'aime plus les femmes? Pas le moindre désir physique. Il faut que la douleur m'absorbe entièrement. Mais je me laisserais facilement aller à de nouvelles rêveries. Venons au fait. Depuis longtemps je suis très-lié avec *** . . . .

. . . .

. . . .

. . . .

. . . .

Je suis encore lié intimement avec Ch. N—. Celui-là est encore plus expansif que ***; il vous plairait davantage, surtout les premières fois. N— a souvent les larmes sur le bord des paupières, tout en vous parlant. Il a ce que vous nommez l'*humectant* dans toute sa personne. Il me témoigne une affection toute paternelle. On pourrait lui reprocher peut-être d'avoir trop d'indulgence pour les médiocrités, mais cela tient à sa grande bonté. *** tomberait dans l'excès contraire; il ne verrait pas avec plaisir, je crois, un homme qu'il jugerait ordinaire. Vous me direz qu'il y a de l'amour-propre là; mais si j'étais obligé de me gêner avec vous, autant vaudrait ne pas vous écrire.

Je passe tous les dimanches soir chez N—. Là se réunissent plusieurs hommes de lettres. J'y ai vu madame T—, j'y ai causé avec E. D—, P—, le baron

T—, M. de C—, savant célèbre, qui s'intéresse beaucoup à moi; M. de R—, antiquaire et historien. Enfin M. J—, que j'ai connu là, est un ami que j'espère avoir acquis. Il est colossal par la pensée. S'il avait un peu plus de poésie dans l'âme, je n'hésiterais pas à le regarder comme un homme étonnant. Vous avez vu ses articles sur Walter Scott et d'autres. Ce n'est pas un médiocre dédommagement à ma douleur que d'être apprécié par un tel homme, d'autant plus qu'il est froid, sec, au premier abord, et surtout désespérant pour les médiocrités, qu'il méprise, lors même qu'il les voit célèbres. M. J— ressemble à L—, il est beau de visage. Dessous sa sécheresse, il y a aussi beaucoup d'humectant, et dans tout lui, dans son accent, dans ses manières, une couleur montagnarde et anglaise. Il est né dans le Jura. Il a été souvent à Genève. Nous sympathisons par la pensée, par les inductions et par la difficulté de rendre ce que nous éprouvons. . . . .

. . . .

. . . .

. . . .

. . . .

Je reviens à N—. Pour en finir sur lui, il a l'air et les goûts d'un gentilhomme de campagne. Je lui ai prêté vos poésies; il en est enchanté. P. L— va publier ses *Voyages en Grèce*, en vers. Je lui en ai entendu lire un fragment, c'est ravissant, c'est poétique comme Byron; mais il n'y a ni cette pensée féconde, ni ce génie vaste et souffrant qui nous prennent à la gorge dans le barde anglais et dans son rival de Florence. M. L— ressemble à Gœthe (vous reconnaissez là ma manie de ressemblance). Il lit ses vers d'une manière tout à fait particulière et pleine de charme; il est simple, tranquille, réservé; il a quelque chose de protestant dans sa personne. Il a beaucoup voyagé. Il a un recueil de poésies en portefeuille, mais il a de la répugnance à les publier toutes, parce qu'il les trouve trop individuelles. Il a beaucoup goûté *ma vie*. Je vous dis en passant que *** et N— font de mes poésies plus de cas peut-être qu'elles ne méritent. J'en ai plusieurs nouvelles, faites soit à Genève, soit ici. Je suis très-lié avec de B—, le fils du poëte, homme d'un esprit élevé. F— fait jouer son *P—* dans un mois. C'est un drame tout à fait romantique. F— a été au Cap et à la Martinique; du reste, c'est un homme d'un ton de cabaret, il a un poëme en portefeuille. On ne peut lui refuser un talent frais et gracieux; mais il ne faut pas le connaître pour aimer ses poésies. Quel désenchantement! Je me rappelle que son *Pêcheur*, avant que V— allât en Russie, nous émut jusqu'aux larmes, et je prêtais à l'auteur quelque chose d'idéal, n'ayant jamais vu ce nom, et le lisant au bas d'un morceau tout rêveur, tout maritime; j'en faisais un jeune ondin, etc.; et c'est un mélange de commun et de soldat. V— (que j'ai vu une heure chez ***) est un homme de sept pieds. Quand il parle à un honnête homme, son estomac dessine une arcade et ses genoux un triangle. S'il est assis, il se divise en deux pièces qui forment l'angle aigu. Ajoutez qu'il ne dit pas six mots sans un *comme ça*, qu'il est homme de bon ton de l'ancien régime, et maigre comme un lézard. Il fait peur à contempler. Vous savez qu'il a fait la charmante bluette intitulée *Sainte-P—*. Il connaît L— A—, l'historien duelliste, a l'air d'un boucher civilisé. Quelque chose d'âpre, et pourtant d'imposant, le caractérise. Il ne me reste pas de place pour vous parler d'Al—, des V— père et fils, de D— et M—, rédacteurs du *G—*, et de plusieurs autres littérateurs que je connais. Un mot sur S— : c'est un homme qui me paraît tenir du charlatan, de l'illuminé, du Durand, du Swedenborg, et aussi du vrai poëte. Il a un talent descriptif remarquable. Je n'ai eu qu'une entrevue avec lui; j'en ai assez. Il est vrai que le tête-à-tête a duré trois heures. Mais il y a trop de crème fouettée dans ce cerveau-là pour que je m'amuse à le faire mousser encore davantage. Je dois être présenté à Benjamin Constant par C—, bon garçon (le rédacteur de la *Rev— prot—*). Je m'attendais à trouver en C— un grave pasteur, et c'est un étourdi que j'ai trouvé, mais du moins un étourdi d'esprit et de mérite, quoique sans génie. J'aurais encore mille choses intéressantes à vous dire, mais il faut clore ma lettre.

Vos *Mélodies* ont paru. Jolie édition. Je les ai lues et relues avec charme. Elles ont eu un article dans la *R*. J'en fais un pour le *F*.; je les ai recommandées au *G*. On en parlera dans la *N*. Mais il faudrait, pour le succès, des prôneurs que vous n'avez pas. Il s'en vendra peu, je le crains. La poésie est dans un discrédit si complet, qu'il faut être sur les lieux pour en avoir une idée. C'est cent fois pis qu'à Genève, personne ne lit de vers. On en achète encore moins. L., D. et *** font seuls exception à la règle. D'ailleurs, tout le monde fait bien les vers à Paris. On en lit tant de manuscrits, qu'un auteur étranger, qui n'a d'autre protection que son talent, ne peut percer que par un heureux hasard. Votre éloignement de Paris est nuisible aussi au succès de votre livre; mais il est favorable à votre bonheur. La grande Babylone vous saturerait de dégoût, de boue, de fatigue et de tristesse. J'ignore l'état de votre âme à Florence; mais à coup sûr il serait pire à Paris; sans parler de l'extrême difficulté d'y vivre. Jusqu'à présent je ne gagne rien, et j'ai pourtant de vrais amis qui font leurs efforts pour me trouver quelque chose. On m'a écrit que vous étiez lié avec L—. Décrivez-le-moi de la cravate à la pantoufle. Est-ce bien ce que j'ai rêvé, un lord Byron français, de l'insouciance, de la vanité, de l'affectation, du malheur, une pensée dévorante, du génie à flots, du bon ton, de l'élégance; enfin une atmosphère poétique étrangère qui n'a rien de commun avec la sale atmosphère de nos hommes de lettres parisiens ? L— n'est-il pas cet idéal de mon âme, où j'aime à retrouver jusqu'à ces petits défauts de vanité, de puérile affectation, qu'anciennement vous détestiez, et que vous avez finalement découverts en vous, comme on les découvrira toujours chez la plupart des poëtes qui auront l'esprit d'analyse et la bonne foi de l'homme supérieur ? Il est une heure et demie, j'interromps ma lettre. Je compte vous mettre encore quelques mots derrière la copie de deux élégies que vous trouverez ci-incluses.

. . . .
. . . .
. . . .
. . . .
. . . .

Mon ami, je continue ma lettre bien après l'avoir commencée et reprise. Il est huit heures du soir, et nous sommes le 31 mars. Je suis fou de douleur, mon désespoir surpasse mes forces. J'ai souffert aujourd'hui ce qu'il est à peine possible à un homme de se figurer. Enfin, un accès de fièvre m'a pris ce soir, c'était l'excès de la peine morale. Écoutez. Si du moins je pouvais me persuader qu'un jour je serai heureux ! mais l'avenir rembrunit encore le présent. Vous me connaissez ; vous savez les bizarreries de mon caractère. J'ai fait une découverte en moi, c'est que je ne suis réellement point malheureux pour telle ou telle chose, mais j'ai en moi une douleur permanente qui prend différentes formes. Vous savez pour combien de choses jusqu'ici j'ai été malheureux, ou plutôt sous combien de formes le foie, la bile ou enfin le principe qui me tourmente s'est reproduit. Tantôt, vous le savez, c'était de n'être pas né Anglais qui m'affligeait, tantôt de n'être pas propre aux sciences ; plus habituellement encore de n'être pas riche, de lutter avec la misère et les préjugés, d'être inconnu. Vous savez encore que depuis Genève il me semblait que si jamais je parvenais à percer Paris je serais enfin heureux. Eh bien, mon ami, je suis lié avec presque tous les littérateurs les plus distingués. Quelques-uns, tels que ***, Ch. N—, etc., sont d'illustres amis avec qui je suis presque aussi familier qu'avec vous. Eh bien, ma vanité est satisfaite ; souvent dans les salons j'ai des moments de satisfaction mondaine, enfin quelquefois je suis enivré de ces petits triomphes d'une soirée, d'un instant; et avec cela, le fond, la presque totalité de ma vie, c'est je ne dirai pas le malheur, mais un chancre aride; un plomb liquide me coule dans les veines; si l'on voyait mon âme, je ferais pitié, j'ai peur de devenir fou. Depuis que je suis ici, ma douleur a pris cinq à six formes : d'abord ça a été le regret de ma patrie, et mon incertitude de l'avenir; ensuite le sentiment de mon isolement, de mon *néant;* puis un vide occupé par cet affreux tumulte de sensations dont je vous ai tant parlé; enfin, depuis deux mois, toutes mes facultés de douleurs se sont réunies sur un point. J'ose à peine vous le dire, tant il est fou; mais, je vous en supplie, ne voyez là dedans qu'une forme de la douleur, qu'une des apparences de l'ulcère qui me ronge; ne me jugez pas d'après les règles ordinaires, et voyez le mal et non pas son objet. Eh bien, ce point central de mes maux, c'est de n'être pas né Anglais. Ne riez pas, je vous en supplie; je souffre tant ! les gens vraiment amoureux sont des monomanes comme moi, qui ont une seule idée, laquelle absorbe toutes leurs sensations. Moi, dont l'âme a été en butte si longtemps à un tumulte si varié, je suis monomane aussi maintenant.

Je lisais dernièrement *Valérie*, de madame de Krudener; je ne puis vous exprimer les sensations que j'en ai reçues. Ce livre étonnant m'avait ennuyé jadis; maintenant il m'a déchiré. C'est que Gustave est comme moi victime d'une passion dévorante, ou plutôt d'une énergie de sensations qui le dévore, et qui s'est portée sur un aliment naturel, l'amour, tandis que cette même énergie, luttant dans mon âme avec le vide, y enfante des fantômes. Je lisais ce roman, aux premiers rayons du soleil du printemps, dans les vastes et tristes allées du Luxembourg. A chaque instant, je m'arrêtais anéanti.

Maintenant, voici l'origine de ma passion pour l'Angleterre. D'abord vous savez que j'aime à revivre avec les morts, à connaître leur vie d'autrefois, à habiter avec eux, à les suivre dans les circonstances de leur existence, à me créer enfin des sympathies que pare l'illusion du temps et que la présence des individus ne puisse plus détruire. Eh bien, là, en Angleterre, j'aurais au moins cinquante poëtes d'une vie aventureuse, et dont les livres sont pleins d'imagination, de pensée, etc.; en France, je n'en ai pas trois. Outre cela, j'aurais eu une patrie dont j'aurais aimé jusqu'aux préjugés; il y a tant de poésie dans les vieilles mœurs de l'Angleterre, et tant d'imagination dans tout ce qui est de ce pays-là! D'abord, au lieu d'une littérature, il y en a quatre : l'américaine, l'anglaise, l'écossaise, l'irlandaise; et elles ont toutes avec la même langue un caractère différent. Quelle richesse littéraire ! la vie du maniaque Cowper, si grand poëte, a été écrite en trois volumes in-octavo; celle de Johnson en quatre. C'est de celle-là que Walter Scott dit qu'on la trouve dans toutes les maisons de campagne, etc. Et encore qu'au seul nom de Johnson un Anglais a devant les yeux une individualité, un personnage qui a le privilége d'être encore vivant, agissant au physique comme au moral. Il y a trente poëtes vivants, tous originaux, tous individuels, ne marchant point sur les traces les uns des autres, et très-féconds. Que de richesse ! Enfin quelles aventures que celles de ce malheureux Savage, de Shelley ! quel colosse qu'un Byron ! que de trésors pour un homme qui aime à fuir le monde, et à chercher ses amis dans son cabinet ? Quels soins ont les Anglais de leurs auteurs ! ils les réimpriment sous tous les formats. Quel goût dans leurs éditions ! quelle imagination dans leurs vignettes ! Voyez la nation elle-même, les hommes qui ont un air ignoble sont aussi rares en Angleterre que le sont en France ceux qui ont l'air distingué ! tout est *excentric* dans cette nation; j'aime jusqu'à leur originalité, leurs vêtements bizarres. Ce n'est que là que l'enthousiasme règne sous mille formes; que là, qu'à côté des idées positives les plus sévères, on trouve les billevesées les plus pittoresques. Ce pays réunit tout, le positif et l'idéal, la France et l'Allemagne. C'est le seul qui soit assez fort pour tout comprendre, assez grand pour ne rien rejeter.

Quelle individualité ! on reconnaît un Anglais

entre mille, un Français ressemble à tout le monde.

L'abondance des sectes religieuses en Angleterre prouve au moins de la bonne foi, des âmes qui ont besoin d'espoir, que la matière n'a pas desséchées. Les extravagances individuelles des jeunes Anglais prouvent des âmes agitées. Oh! si vous voyiez la France, que vous en seriez dégoûté! Pour tout homme au monde, c'est un chagrin de se sentir déplacé. Cela vous faisait souffrir à Genève. Eh bien, je suis cruellement déplacé, moi qui ne me sens aucune sympathie avec la France, et qui m'en trouve sur tous les points avec l'Angleterre; je me trouve cruellement déplacé, au milieu d'une nation frivole, bavarde, impie, aride, et vaine et froide, quand je songe qu'il en est une religieuse ou terriblement sceptique, mais au moins pas indifférente; une où l'on trouve des amis fidèles, des âmes exaltées, et où la frivolité même, extravagante et bizarre, n'a pas ce ton railleur et fadement insipide qu'elle a en France. Chez le restaurateur où je dîne, il y a des Français et des Anglais. Quelle différence! Presque tous les Français y sont gascons, braillards et communs; tous les Anglais, nobles et décents. Enfin, mon ami, je sens qu'un amant peut entretenir un ami de son amour, parce que cette passion trouve un écho dans toutes les âmes, il n'y a rien là de ridicule; mais tel est le surcroît de mes douleurs, que je n'ose les confier, parce qu'elles sont trop individuelles, et doivent paraître trop ridicules à qui ne les a pas naturellement éprouvées. Et cependant (je vous en conjure, soyez assez exempt de préjugés pour me croire), cette folie me fait souffrir des douleurs *épouvantables*. Tout la réveille, la vue d'un Anglais, d'un livre anglais en vente chez Baudry, les moqueries même dont ils sont l'objet, tout cela me dévore; ce sont autant de coups de poignard qui ravivent ma douleur, comme, sans doute, tout ce qui rappelle une maîtresse morte à un amant passionné. Enfin, ma manie me dégoûte même de la gloire. Je voudrais être célèbre en Angleterre, et, par conséquent, écrire en anglais. D'ailleurs, mes douleurs m'agitent trop pour que je puisse écrire autre chose, et ne sont malheureusement pas des sujets poétiques. Je sais que si (supposition absurde, comme toutes les suppositions) j'étais Anglais, je ne souffrirais pas moins avec mon tempérament maladif, mais cela me fait un effet tout différent. C'est ma raison seule qui me donne cette persuasion; car, si je n'écoutais que la sensation, il me semble que, né Anglais, je pourrais supporter tous mes maux. Je me représente ce que je suis d'organisation et d'âme; mais né lord anglais et riche. Tous mes goûts, toutes mes vanités, tout serait satisfait! Lorsque je compare ce sort au mien, je deviens presque fou.

Une réflexion pourtant m'est souvent venue; mais que peuvent les réflexions contre les passions? C'est celle-ci : si je n'étais pas exactement ce que je suis, je n'existerais pas; ce serait un autre que moi; mon moi homogène, identique et individuel serait détruit; j'aurais d'autres idées! Nul ne voudrait se changer contre un autre, et nul n'est content de ce qu'il est. Quelle contradiction! Acceptons-nous ce que nous sommes. Je souffre tant, qu'il me semble que je changerais volontiers, degré de douleur où je n'étais pas arrivé jusqu'ici. Dans le fait, accepter le sort d'un autre, si c'était possible, ce serait mourir. La mort n'est que la destruction du moi. Mais que fais-je? quelle irrésistible manie m'entraîne? Ah! mon ami, plus je sonde notre nature, et plus je me persuade que, pièces nécessaires d'un ensemble que nous ne voyons pas, nous jouons un rôle qui nous sera révélé un jour. Si l'on me demandait : Croyez-vous à l'existence de Dieu, à l'immortalité de l'âme? je dirais : Absurdes questions! Dieu est parce qu'il est nécessaire; et je crois que nous sommes ici-bas dans un état faux, transitoire, intermédiaire. Avons-nous existé ailleurs? devons-nous revivre? Comment, avec nos langues bornées, et nos idées tourmentées, aborder le grand inconnu? Oh! Dieu! Dieu! je le vois partout. Ce désir ardent de le connaître et de deviner notre nature, ces pressentiments de l'infini et ce mur d'airain, ce mur de l'impossible, du défendu, contre lequel viennent se briser non-seulement nos systèmes, mais jusqu'à nos élancements d'idées, tout cela me prouve un *être*. Non, la terre n'aurait pas, avec de la boue, produit des êtres si complexes et si bizarres. Ensuite, aller plus loin me paraît impossible. J'espère et je me tais. Je sais seulement qu'ici-bas je me débats sous la douleur comme un torturé. Ces douleurs seront-elles compensées en ce monde ou ailleurs? Je n'en sais rien.

Mes maux ont été si vifs aujourd'hui, que ce qui m'effraye le plus ordinairement, je le regardais presque sans peur. A force de souffrir, la gloire, le bonheur, l'avenir, tout me semblait impossible, indifférent. Oh! si vous saviez les suggestions infernales qui se mêlent à tout cela! Les idées affreuses qui me passent par la tête, les tourments du doute! Malheureux! je sais que je le suis. C'est là tout...

Ce qui me tourmente le plus, c'est que je vois des hommes que leur caractère pousse au bonheur. Je me dis alors : Si tous souffraient, une compensation générale, un paradis après la vie, me semblerait de rigueur. Mais il en est, quoi qu'on en dise, il en est d'heureux (par le caractère). Ceux-là souvent s'embarrassent peu de l'avenir, ils vivent imprévoyants et satisfaits; ici-bas tout est pour eux. Le malheur ne serait-il donc qu'une cruelle maladie? les malheureux, des pestiférés atteints d'une plaie incurable que leur organisation fait souffrir comme celle des heureux les fait jouir? Avec tout cela, j'espère, et j'avoue que Dieu me paraît tellement mêlé à toutes les choses d'ici-bas, qu'au résumé je me confie en lui. Courbons la tête, amis. Que sert de se rebiffer contre l'impossible? Souvent j'anatomise mes douleurs, je les contemple froidement. L'idée qui prédomine chez moi, c'est que je n'y peux rien.

Depuis deux mois j'ai repris l'étude de l'anglais avec une telle énergie, que je lis facilement la poésie. *Rasselas*, que je lis dans ce moment, voilà un livre prodigieux. Mon idée est d'aller en Angleterre, et, après quelques années, d'écrire en anglais. J. M—, avec lequel je suis très-lié, me prête les poëtes lakistes modernes de l'Angleterre; ils sont ravissants. J'ai changé votre Gérando contre un Byron en un volume. J'en ai lu un petit poëme, le *Rêve*, qui m'a fait une impression foudroyante. Une dame anglaise, qui me donne des leçons, m'a dit qu'au bout de deux ans de séjour en Angleterre j'écrirai très-bien en anglais, parce que, dit-elle, j'écris déjà comme très-peu de Français. En effet, j'ai traduit du L — presque sans faute. Il est vrai que je travaille à l'anglais la moitié du jour.

Mes manies sont toujours cruelles. Quel ennui! Enfin, partout où je tourne les yeux, je vois des douleurs. Mes moyens d'existence sont encore un tourment. Je travaille maintenant à une biographie; mais j'ai besoin d'argent, je suis même dans un grand embarras.

Y. G.

Quand on songe que l'homme qui a écrit ceci est mort là-dessus, des réflexions de toutes sortes débordent autour de chacune des lignes de cette longue lettre.

Quel roman, quel histoire, quelle biographie que cette lettre! Certes, ce n'est pas nous qui répéterons les banalités convenues; ce n'est pas nous qui exigerons que toutes les souffrances peintes par l'artiste soient constamment éprouvées par l'artiste; ce n'est pas nous qui trouverons mauvais que Byron pleure dans une élégie et rie à son billard; ce n'est pas nous qui poserons des limites à la création littéraire et qui blâmerons le poëte de se donner artificiellement telle ou telle douleur pour l'analyser dans ses convulsions comme le médecin s'inocule telle ou telle fièvre pour l'épier dans ses paroxysmes. Nous reconnaissons plus que personne tout ce qu'il y a de réel, de vrai, de beau et de profond dans certaines études psychologiques faites sur des souffrances d'exception et sur des états singuliers du cœur par d'éminents poëtes contemporains qui n'en sont pas morts. Mais nous ne pouvons nous empêcher d'observer que ce qu'il y a de particulièrement poignant dans la lettre que nous venons de citer, c'est que celui qui l'a écrite en est mort. Ce n'est pas un homme qui dit : Je souffre, c'est un homme qui souffre; ce n'est pas un homme qui dit : Je meurs, c'est un homme qui meurt. Ce n'est pas l'anatomie étudiée sur la cire, ni même sur la chair morte; c'est l'anatomie étudiée nerf à nerf, fibre à fibre, veine à veine, sur la chair qui vit, sur la chair qui saigne, sur la chair qui hurle. Vous voyez la plaie, vous entendez le cri. Cette lettre, ce n'est pas chose littéraire, chose philosophique, chose poétique, œuvre de profond artiste, fantaisie du génie, vision d'Hoffmann, cauchemar de Jean-Paul; non, c'est une chose réelle, c'est un homme dans un bouge qui écrit. Le voilà avec sa table chargée de livres anglais, avec sa plume, avec son encre, avec son papier, pressant les lignes sur les lignes, souffrant et disant qu'il souffre, pleurant et disant qu'il pleure, cherchant la date au calendrier, l'heure à l'horloge, quittant sa lettre, la reprenant, la quittant, allumant sa chandelle pour la continuer; puis il va dîner à vingt sous, il rentre, il a froid, il se remet à écrire, parfois même sans trop savoir ce qu'il écrit : car son cerveau est tellement secoué par la douleur, qu'il laisse ses idées tomber pêle-mêle sur le papier et s'éparpiller et courir en désordre, comme un arbre ses feuilles dans un grand vent.

Et s'il était permis de remarquer dans quel style un homme agonise, il y aurait plus d'une observation à faire sur le style de cette lettre. En général, les lettres qu'on publie tous les jours, lettres de grands hommes et de gens célèbres, manquent de naïveté, d'insouciance et de simplicité. On sent toujours, en les lisant, qu'elles ont été écrites pour être imprimées un jour. M. Paul-Louis Courier faisait jusqu'à dix-sept brouillons d'un billet de quinze lignes. Chose étrange, certes, et que nous n'avons jamais pu comprendre! Mais la lettre d'Ymbert Galloix, c'est bien, selon nous, une vraie lettre, bien écrite comme doit être écrite une lettre, bien flottante, bien décousue, bien lâchée, bien ignorante de la publicité qu'elle peut avoir un jour, bien certaine d'être perdue. C'est l'idée qui se fait jour comme elle peut, qui vient à vous toute naïve dans l'état où elle se trouve, et qui pose le pied au hasard dans la phrase sans craindre d'en déranger le pli. Quelquefois ce que celui qui l'a écrite voulait dire s'en va dans un *et cætera*, et vous laisse rêver. C'est un homme qui souffre et qui le dit à un autre homme. Voilà tout. Remarquez ceci, *à un autre homme*, pas à vingt, pas à dix, pas à deux; car, au lieu d'un ami, s'il avait deux auditeurs seulement, ce poëte, ce qu'il fait là, ce serait une élégie, ce serait un chapitre, ce ne serait plus une lettre. Adieu la nature, l'abandon, le laisser-aller, la réalité, la vérité; la prétention viendrait. Il se draperait avec son haillon. Pour écrire une lettre pareille, aussi négligée, aussi poignante, aussi belle, sans être malheureux comme l'était Ymbert Galloix, par le seul effort de la création littéraire, il faudrait du génie. Ymbert Galloix qui souffre vaut Byron.

Toutes les qualités, pénétrantes, métaphysiques, intimes, ce style les a; il a aussi, ce qui est remarquable, toutes les qualités mordantes, incisives, pittoresques. La lettre contient quelques portraits. Plusieurs ont été crayonnés trop à la hâte, et l'on sent que les modèles ont à peine posé un instant devant le peintre; mais comme ceux qui sont vrais sont vrais! comme tous sont en général bien touchés et détachés sur le fond d'une manière qui n'est pas commune! métamorphose frappante, et qui prouve, pour la millième fois, qu'il n'y a que deux choses qui fassent un homme poëte, le génie ou la passion! Cet homme qui n'avait pour les biographies qu'une prose assez incolore et pour ses élégies qu'une poésie assez languissante, le voilà tout à coup admirable écrivain dans une lettre. Du moment qu'il ne songe plus à être prosateur ni poëte, il est grand poëte et grand prosateur.

Nous le redisons, cette lettre restera. C'est l'amalgame d'idées le plus extraordinaire peut-être qu'ait encore produit dans un cerveau humain la double action combinée de la douleur physique et de la douleur morale. Pour ceux qui ont connu Galloix, c'est une autopsie effrayante, l'autopsie d'une âme. Voilà donc ce qu'il y avait au fond de cette âme. Il y avait cette lettre. Lettre fatale, convulsive, interminable, où la douleur a suinté goutte à goutte durant des semaines, durant des mois, où un homme qui saigne se regarde saigner, où un homme qui crie s'écoute crier, où il y a une larme dans chaque mot.

Quand on raconte une histoire comme celle d'Ymbert Galloix, ce n'est pas la biographie des faits qu'il faut écrire, c'est la biographie des idées. Cet homme, en effet, n'a pas agi, n'a pas aimé, n'a pas vécu, il a pensé; il n'a fait que penser, et, à force de penser, il a rêvé; et, à force de rêver, il s'est évanoui de douleur. Ymbert Galloix est un des chiffres qui serviront un jour à la solution de ce lugubre et singulier problème : — Combien la pensée qui ne peut se faire jour et qui reste emprisonnée sous le crâne met-elle de temps à ronger un cerveau? — Nous le répétons, dans une vie pareille il n'y a pas d'événements, il n'y a que des idées. Analysez les idées, vous avez raconté l'homme. Un grand fait pourtant domine cette morne histoire : *c'est un penseur qui meurt de misère !* Voilà ce que Paris, la cité intelligente, a fait d'une intelligence. Ceci est à méditer. En général, la société a parfois d'étranges façons de traiter les poëtes. Le rôle qu'elle joue dans leur vie est tantôt passif, tantôt actif, mais toujours triste. En temps de paix, elle les laisse mourir comme Malfilâtre; en temps de révolution, elle les fait mourir comme André Chénier.

Ymbert Galloix, pour nous, n'est pas seulement Ymbert Galloix, il est un symbole. Il représente à nos yeux une notable portion de la généreuse jeunesse d'à présent. Au dedans d'elle, un génie mal compris qui la dévore; au dehors, une société mal posée qui l'étouffe. Pas d'issue pour le génie pris dans le cerveau; pas d'issue pour l'homme pris sous la société.

En général, gens qui pensent et gens qui gouvernent ne s'occupent pas assez de nos jours du sort de cette jeunesse pleine d'instincts de toutes sortes qui se précipite avec une ardeur si intelligente et une patience si résignée dans toutes les directions de l'art. Cette foule de jeunes esprits qui fermentent dans l'ombre a besoin de portes ouvertes, d'air, de jour, de travail, d'espace, d'horizon. Que de grandes choses on ferait, si l'on voulait, avec cette légion d'intelligences! que de canaux à creuser, que de chemins à frayer dans la science! que de provinces à conquérir, que de mondes à découvrir dans l'art! Mais non, toutes les carrières sont fermées ou obstruées. On laisse toutes ces activités si diverses, et qui pourraient être si utiles, s'entasser, s'engorger, s'étouffer dans des culs-de-sac. Ce pourrait être une armée, ce n'est qu'une cohue. La société est mal faite pour les nouveaux venus. Tout esprit a pourtant droit à un avenir. N'est-il pas triste de voir toutes ces jeunes intelligences en peine, l'œil fixé sur la rive lumineuse où il y a tant de choses resplendissantes, gloire, puissance, renommée, fortune, se presser, sur la rive obscure, comme les ombres de Virgile.

> Palus inamabilis unda
> Alligat, et novies Styx interfusa coercet.

Le Styx, pour le pauvre jeune artiste inconnu, c'est le libraire qui dit, en lui rendant son manuscrit : Faites-vous une réputation. C'est le théâtre qui dit : Faites-vous une réputation. C'est le musée qui dit : Faites-vous une réputation. Eh ! mais laissez-les commencer ! aidez-les ! Ceux qui sont célèbres n'ont-ils pas d'abord été obscurs ? Et comment se faire une réputation, quel que soit leur génie, sans musée pour leur tableau, sans théâtre pour leur pièce, sans libraire pour leur livre ? Pour que l'oiseau vole, des ailes ne lui suffisent pas, il lui faut de l'air.

Pour nous, nous pensons que, dans l'art surtout, où un but désintéressé doit passionner tous les génies, il est du devoir de ceux qui sont arrivés d'aplanir la route à ceux qui arrivent. Vous êtes sur le plateau, tant mieux, tendez la main à ceux qui gravissent. Disons-le à l'honneur des lettres, en général cela a toujours été ainsi. Nous ne pouvons pas croire à l'existence réelle de ces espèces d'araignées littéraires qui tendent leur toile, dit-on, à la porte des théâtres, par exemple, et qui se jettent sans pitié sur tout pauvre jeune homme obscur qui passe là avec un manuscrit. Qu'on arrache ainsi les ailes à la mouche, la renommée, l'œuvre, et jusqu'à l'argent au malheureux poëte inconnu et impuissant; pour l'honneur de quiconque écrit, nous voulons l'ignorer, si cela est, et nous ne croyons pas que cela soit. Quant à celui qui écrit ces lignes, tout poëte qui commence lui est sacré. Si peu de place qu'il tienne personnellement en littérature, il se rangera toujours pour laisser passer le début d'un jeune homme. Qui sait si ce pauvre étudiant que vous coudoyez ne sera pas Schiller un jour? Pour nous, tout écolier qui fait des ronds et des barres sur le mur, c'est peut être Pascal; tout enfant qui ébauche un profil sur le sable, c'est peut-être Giotto.

Et puis, dans notre opinion, les générations présentes sont appelées à de hautes destinées. Ce siècle a fait de grandes choses par l'épée, il fera de grandes choses par la plume. Il lui reste à nous donner un grand homme littéraire de la taille de son grand homme politique. Préparons donc les voies. Ouvrons les rangs.

Toute grande ère a deux faces; tout siècle est un binôme, $a + b$, l'homme d'action plus l'homme de pensée, qui se multiplient l'un par l'autre et expriment la valeur de leur temps. L'homme d'action, plus l'homme de pensée; l'homme de la civilisation, plus l'homme de l'art; Luther, plus Shakspeare; Richelieu, plus Corneille; Cromwell, plus Milton; Napoléon, plus l'*inconnu*. Laissez donc se dégager l'inconnu! Jusqu'ici vous n'avez qu'un profil de ce siècle, Napoléon, laissez se dessiner l'autre. Après l'empereur, le poëte. La physionomie de cette époque ne sera fixée que lorsque la révolution française, qui s'est faite homme dans la société sous la forme de Bonaparte, se sera faite homme dans l'art. Et cela sera. Notre siècle tout entier s'encadrera et se mettra de lui-même en perspective entre ces deux grandes vies parallèles, l'une du soldat, l'autre de l'écrivain, l'une toute d'action, l'autre toute de pensée, qui s'expliqueront et se commenteront sans cesse l'une par l'autre. Marengo, les Pyramides, Austerlitz, la Moskowa, Montereau, Waterloo, quelles épopées! Napoléon a ses poëmes; le poëte aura ses batailles. Laissons-le donc venir, le poëte! et répétons ce cri sans nous lasser! Laissons-le sortir des rangs de cette jeunesse, où son front plonge encore dans l'ombre, ce prédestiné qui doit, se combinant un jour avec Napoléon selon la mystérieuse algèbre de la Providence, donner complète à l'avenir la formule générale du dix-neuvième siècle.

1854

SUR MIRABEAU

I

En 1781, un sérieux débat s'agitait en France, au sein d'une famille, entre un père et un oncle. Il s'agissait d'un mauvais sujet dont cette famille ne savait plus que faire. Cet homme, déjà hors de la première phase ardente de la jeunesse, et pourtant plongé encore tout entier dans les frénésies de l'âge passionné, obéré de dettes, perdu de folies, s'était séparé de sa femme, avait enlevé celle d'un autre, avait été condamné à mort et décapité en effigie pour ce fait, s'était enfui de France, puis il venait d'y reparaître, corrigé et repentant, disait-il, et, sa contumace purgée, il demandait à rentrer dans sa famille et à reprendre sa femme. Le père souhaitait cet arrangement, voulant avoir des petits-fils et perpétuer son nom, espérant, d'ailleurs, être plus heureux comme aïeul que comme père. Mais l'enfant prodigue avait trente-trois ans. Il était à refaire en entier.. Éducation difficile! Une fois replacé dans la société, à quelles mains le confier? qui se chargerait de redresser l'épine dorsale d'un pareil caractère? De là, controverse entre les vieux parents. Le père voulait le donner à l'oncle, l'oncle voulait le laisser au père.

« — Prends-le, disait le père.

» — Je n'en veux pas, disait l'oncle.

» — Pose d'abord en fait, répliquait le père, que
» cet homme-là n'est rien, mais rien du tout. Il a du
» goût, du charlatanisme, l'air de l'acquis, de l'ac-
» tion, de la turbulence, de l'audace, du boute-en-
» train, de la dignité quelquefois. Ni dur ni odieux
» dans le commandement. Eh bien, tout cela n'est
» que pour le voir livré à l'esprit de la veille, au
» désouci du lendemain, à l'impulsion du moment,
» enfant perroquet, homme avorté, qui ne connaît ni
» le possible ni l'impossible, ni le malaise ni la com-
» modité, ni le plaisir ni la peine, ni l'action ni le
» repos, et qui s'abandonne tout aussitôt que les choses
» résistent. Cependant, je pense qu'on en peut faire un
» excellent outil en l'empoignant par le manche de la
» vanité. Il ne t'échapperait pas. Je ne lui épargne
» pas les ratiocinations du matin. Il saisit ma morale
» bien appuyée et mes leçons toujours vivantes, parce
» qu'elles portent sur un pivot toujours réel, à savoir,

» que sans doute on ne change guère de nature, mais
» que la raison sert à couvrir le côté faible et à le bien
» connaître pour éviter l'abordage par là.

» — Te voilà donc, reprenait l'oncle, grâce à ta pos-
» téromanie, occupé à régenter un poulet de trente-
» trois ans! C'est prendre une furieuse tâche que de
» vouloir arrondir un caractère qui n'est qu'un héris-
» son tout en pointes avec très-peu de corps! »

Le père insistait : « — Aie pitié de ton neveu l'Ou-
» ragan. Il avoue toutes ses sottises, car c'est le plus
» grand avoueur de l'univers; mais il est impossible
» d'avoir plus de facilité et d'esprit. C'est un foudre de
» travail et d'expédition. Au fond, il n'a pas plus trente-
» trois ans que moi soixante-six, et il n'est pas plus
» rare de voir un homme de mon âge suffire, quoique
» blanchi par les contre-temps, à fatiguer les jambes
» et l'esprit des jeunes gens par huit heures de courses
» et de cabinet, que de voir un tonneau boursouflé,
» gravé et l'air vieux, dire *papa*, et ne pas savoir se
» conduire. Il a un besoin immense d'être gouverné.
» Il le sait fort bien. Il faut que tu t'en charges. Il sait
» que tu me fus toujours et que tu lui dois être et
» pilote et boussole. Il met sa vanité en son oncle. Je
» te le donne pour un sujet rare au futur. Tu as tout le
» saturne qui manque à son mercure. Mais quand tu le
» tiendras, ne le laisse pas aller. Fît-il des miracles,
» tiens-le toujours et le tire par la manche : le pauvre
» diable en a besoin. Si tu lui es père, il te conten-
» tera; si tu lui es oncle, il est perdu. Aime ce jeune
» homme!

» — Non, disait l'oncle; je sais que les sujets d'une
» certaine trempe savent faire patte de velours quel-
» que temps; et lui-même autrefois, quand il vivait
» près de moi, était comme une belle-fille pour peu
» que je fronçasse le sourcil. Mais je n'en veux pas. Je
» ne suis plus d'âge ni de goût à me décolleter avec
» l'impossible.

» — O frère! reprenait le vieillard suppliant, si
» cette créature disloquée peut jamais être recousue,
» ce ne peut être que par toi. Puisqu'il est à retailler, je
» ne saurais lui donner un meilleur patron que toi.
» Prends-le, sois-lui bon et ferme, et tu seras son
» sauveur, et tu en feras ton chef-d'œuvre. Qu'il sache
» que sous ta longue mine roide et froide habite le
» meilleur homme qui fut jamais! un homme de la
» rognure des anges! Sonde-lui le cœur, élève-lui la
» tête. *Tu es omnis spes et fortuna nostri nominis!*

» — Point, répliquait l'oncle. Ce n'est pas qu'il ait,
» à mon sens, commis un si grand crime dans la con-
» joncture. Ce ne devrait être une affaire. Une jeune et
» jolie femme va trouver un jeune homme de vingt-six
» ans. Quel est le jeune homme qui ne ramasse pas ce
» qu'il trouve en son chemin en ce genre? Mais c'est un
» esprit turbulent, orgueilleux, avantageux, insubor-
» donné! un tempérament méchant et vicieux! Pour-
» quoi m'en charger? Il fait de son grossier mieux
» pour te plaire. C'est bien. Je sais qu'il est séduisant,
» qu'il est le soleil levant. Raison de plus pour ne pas
» m'exposer à être sa dupe. La jeunesse a toujours
» raison contre les vieux.

» — Tu n'as pas toujours pensé ainsi, répondait tris-
» tement le père ; il fut un temps où tu m'écrivais :
» *Quant à moi, cet enfant m'ouvre la poitrine.*

» — Oui, disait l'oncle, et où tu me répondais :
» *Défie-toi, tiens-toi en garde contre la dorure de son*
» *bec.*

» — Que veux-tu donc que je fasse ? s'écriait le père
» forcé dans ses derniers raisonnements. Tu es trop
» équitable pour ne pas sentir qu'on ne se coupe pas
» un fils comme un bras. Si cela se pouvait, il y a
» longtemps que je serais manchot. Après tout, on a
» tiré race de dix mille plus faibles et plus fols. Or,
» frère, nous l'avons comme nous l'avons. Je passe,
» moi. Si je ne t'avais, je ne serais qu'un pauvre
» vieillard terrassé. Et pendant que nous lui durons
» encore, il faut le secourir. »

Mais l'oncle, homme péremptoire, coupait enfin
court à toute prière par ces nettes paroles :

« — Je n'en veux pas ! C'est une folie que de vouloir
» faire quelque chose de cet homme. Il faudrait l'en-
» voyer, comme dit sa bonne femme, aux *insurgents*,
» se faire casser la tête. Tu es bon, ton fils est mé-
» chant. La fureur de la postéromanie te tient à présent ;
» Mais tu devrais songer que Cyrus et Marc-Aurèle au-
» raient été fort heureux de n'avoir ni Cambyse ni
» Commode ! »

Ne semble-t-il pas en lisant ceci qu'on assiste à l'une
de ces belles scènes de haute comédie domestique où
la gravité de Molière équivaut presque à la grandeur de Corneille ? Y a-t-il dans Molière quelque chose

de plus frappant en beau style et en grand air, quelque chose de plus profondément humain et vrai que ces deux imposants vieillards que le dix-septième siècle semble avoir oubliés dans le dix-huitième, comme deux échantillons de mœurs meilleures? Ne les voyez-vous pas venir tous les deux affairés et sévères, appuyés sur leurs longues cannes, rappelant par leur costume plutôt Louis XIV que Louis XV, plutôt Louis XIII que Louis XIV? La langue qu'ils parlent, n'est-ce pas la langue même de Molière et de Saint-Simon? Ce père et cet oncle, ce sont les deux types éternels de la comédie; ce sont les deux bouches sévères par lesquelles elle gourmande, enseigne et moralise au milieu de tant d'autres bouches qui ne font que rire; c'est le Marquis et le Commandeur, c'est Géronte et Ariste, c'est la bonté et la sagesse, admirable duo auquel Molière revient toujours.

L'ONCLE.
Où voulez-vous courir?

LE PÈRE.
Las! que sais-je?

L'ONCLE.
Il me semble
Que l'on doit commencer par consulter ensemble
Les choses qu'on peut faire en cet événement.

La scène est complète; rien n'y manque, pas même le *coquin de neveu*.

Ce qu'il y a de frappant dans le cas présent, c'est que la scène qu'on vient de retracer est une chose réelle, c'est que le dialogue du père et de l'oncle a eu textuellement lieu par lettres, par lettres que le public

Il me semble
Que l'on doit commencer par consulter ensemble...

LITTÉRATURE, ETC.

peut lire à l'heure qu'il est [1] ; c'est qu'à l'insu des deux vieillards il y avait au fond de leur grave contestation un des plus grands hommes de notre histoire; c'est que le *marquis* et le *commandeur* ici sont un vrai marquis et un vrai commandeur. L'un se nommait Victor de

---

[1] Voyez les *Mémoires de Mirabeau*, ou plutôt *sur Mirabeau*, récemment publiés, tome III. Ce travail, fait malheureusement d'une façon peu intelligente, contient sur Mirabeau et de Mirabeau un certain nombre de choses curieuses, authentiques et inédites. Mais ce qu'il renferme de plus intéressant, à notre gré, ce sont des extraits de la correspondance intime du marquis de Mirabeau avec le bailli son frère. Tout un côté peu éclairé jusqu'à présent du dix-huitième siècle apparaît dans cette correspondance, où le père et l'oncle de Mirabeau, personnages originaux d'ailleurs, tous deux grands écrivains sans le savoir, grands écrivains dans des lettres, dessinent admirablement, dans un cercle d'idées qui va s'élargissant et se rétrécissant selon leur fantaisie et les accidents, leur cœur, leur famille, leur époque. Nous conseillons à l'éditeur de multiplier les citations de cette correspondance; nous regrettons même qu'on n'ait pas songé à en faire une publication à part aussi complète que possible, dans tous les cas très-sobrement élaguée. Les *Lettres du marquis et du bailli de Mirabeau, père et oncle de Mirabeau*, eussent été un des testaments les plus importants du dix-huitième siècle. Doublement riches sous le rapport biographique et sous le rapport littéraire, ces *Lettres* eussent été pour l'historien une mine, pour l'écrivain un livre. Ces lettres, qui sont du meilleur style, continuent jusqu'en 1789 l'excellente langue française de madame de Sévigné, de madame de Maintenon, de M. de Saint-Simon. La correspondance publiée en entier ferait un précieux pendant aux *Lettres de Diderot*. Les lettres de Diderot peignent le dix-huitième siècle du point de vue des philosophes; les lettres de Mirabeau le peindraient du point de vue des gentilshommes : face, certes, non moins curieuse. Cette dernière collection n'importerait pas moins que la première aux études de ceux qui voudraient savoir complètement quelle est définitivement l'idée que le dix-huitième siècle a léguée au dix-neuvième.

Espérons que la personne entre les mains de laquelle se trouve cette volumineuse correspondance comprendra la responsabilité qui résulte pour elle d'un pareil dépôt, et, dans tous les cas, le conservera intact à l'avenir. D'aussi précieux documents sont le patrimoine d'une nation, et non d'une famille.

Riquetti, marquis de Mirabeau; l'autre, Jean-Antoine de Mirabeau, bailli de l'ordre de Malte. Le *coquin de neveu*, c'était Honoré-Gabriel de Riquetti, qu'en 1781 sa famille appelait *l'Ouragan*, et que le monde appelle aujourd'hui Mirabeau.

Ainsi un *homme avorté*, une *créature disloquée*, un sujet *dont on ne peut rien faire*, une tête bonne à *faire passer* aux insurgents, un criminel flétri par la justice, un fléau d'ailleurs, voilà ce que Mirabeau était pour sa famille en 1781.

Dix ans après, en 1791, le 1ᵉʳ avril, une foule immense encombrait les abords d'une maison de la chaussée d'Antin. Cette foule était morne, silencieuse, consternée, profondément triste. Il y avait dans la maison un homme qui agonisait.

Tout ce peuple inondait la rue, la cour, l'escalier, l'antichambre. Plusieurs étaient là depuis trois jours. On parlait bas, on semblait craindre de respirer, on interrogeait avec anxiété ceux qui allaient et venaient. Cette foule était pour cet homme comme une mère pour son enfant. Les médecins n'avaient plus d'espoir. De temps en temps, des bulletins, arrachés par mille mains, se dispersaient dans la multitude, et l'on entendait des femmes sangloter. Un jeune homme, exaspéré de douleur, offrait à haute voix de s'ouvrir l'artère pour infuser son sang riche et pur dans les veines appauvries du mourant. Tous, les moins intelligents même, semblaient accablés sous cette pensée que ce n'était pas seulement un homme, que c'était peut-être un peuple qui allait mourir.

On ne s'adressait plus qu'une question dans la ville.
Cet homme expira.

Quelques minutes après que le médecin qui était debout au chevet de son lit eut dit : Il est mort ! le président de l'Assemblée nationale se leva de son siége et dit : Il est mort ! tant ce cri fatal avait en peu d'instants rempli Paris. Un des principaux orateurs de l'Assemblée, M. Barère de Vieuzac, se leva en pleurant et dit ceci d'une voix qui laissait échapper plus de sanglots que de paroles : « Je demande que l'Assemblée dépose dans le
» procès-verbal de ce jour funèbre le témoignage des
» regrets qu'elle donne à la perte de ce grand homme,
» et qu'il soit fait, au nom de la patrie, une invitation
» à tous les membres de l'Assemblée d'assister à ses
» funérailles. »

Un prêtre, membre du côté droit, s'écria : « Hier,
» au milieu des souffrances, il a fait appeler M. l'évê-
» que d'Autun, et en lui remettant un travail qu'il
» venait de terminer sur les successions, il lui a de-
» mandé, comme une dernière marque d'amitié, qu'il
» voulût bien le lire à l'Assemblée. C'est un devoir
» sacré. M. l'évêque d'Autun doit exercer ici les fonc-
» tions d'exécuteur testamentaire du grand homme que
» nous pleurons tous. »

Tronchet, le président, proposa une députation aux funérailles. L'Assemblée répondit : Nous irons tous !

Les sections de Paris demandèrent qu'il fût inhumé « au champ de la Fédération, sous l'autel de la
» Patrie ».

Le directoire du département proposa de lui donner pour tombe la « nouvelle église de Sainte-Geneviève », et de décréter que « cet édifice serait désormais destiné » à recevoir les cendres des grands hommes ».

A ce sujet, M. Pastoret, procureur général syndic de la commune, dit : « Les larmes que fait couler » la perte d'un grand homme ne doivent pas être » larmes stériles. Plusieurs peuples anciens renfer- » mèrent dans des monuments séparés leurs prêtres et » leurs héros. Cette espèce de culte qu'ils rendaient à » la piété et au courage, rendons-le aujourd'hui à l'a- » mour du bonheur et de la liberté des hommes. Que » le temple de la religion devienne le temple de la pa- » trie ! que la tombe d'un grand homme devienne l'au- » tel de la liberté ! »

L'Assemblée applaudit.

Barnave s'écria : « Il a en effet mérité les honneurs » qui doivent être décernés par la nation aux grands » hommes qui l'ont bien servie ! »

Robespierre, c'est-à-dire l'envie, se leva aussi et dit : « Ce n'est pas au moment où l'on entend de toutes parts » les regrets qu'excite la perte de cet homme illustre, » qui, dans les époques les plus critiques, a déployé » tant de courage contre le despotisme, que l'on pour- » rait s'opposer à ce qu'il lui fût décerné des marques » d'honneur. J'appuie la proposition de tout mon » pouvoir, ou plutôt de toute ma sensibilité. »

Il n'y eut plus, ce jour-là, ni côté gauche ni côté droit dans l'Assemblée nationale, qui rendit tout d'une voix ce décret :

« Le nouvel édifice de Sainte-Geneviève sera destiné
» à réunir les cendres des grands hommes.

» Seront gravés au-dessus du fronton ces mots :

AUX GRANDS HOMMES

LA PATRIE RECONNAISSANTE

» Le corps législatif décidera seul à quels hommes
» cet honneur sera décerné.

» Honoré Riquetti Mirabeau est jugé digne de rece-
» voir cet honneur. »

Cet homme qui venait de mourir, c'était Honoré de Mirabeau. Le grand homme de 1791, c'était l'homme avorté de 1781.

Le lendemain, le peuple fit à ses funérailles un cortége de plus d'une lieue, auquel manqua son père, mort, comme il convenait à un vieux gentilhomme de sa sorte, le 13 juillet 1789, la veille de la chute de la Bastille.

Ce n'est pas sans intention que nous avons rapproché ces deux dates, 1781 et 1791, les mémoires et l'histoire, Mirabeau avant et Mirabeau après, Mirabeau jugé par sa famille, Mirabeau jugé par le peuple. Il y a dans ce contraste une source inépuisable de méditations. Comment, en dix ans, ce démon d'une famille est-il devenu le dieu d'une nation ? Question profonde.

II

Il ne faudrait pas croire cependant que du moment où cet homme sortit de sa famille pour apparaître au peuple, il ait été tout de suite et par acclamation accepté *dieu*. Les choses ne vont jamais ainsi d'elles-mêmes. Où le génie se lève, l'envie se dresse. Bien au contraire, jusqu'à l'heure de sa mort, jamais homme ne fut plus complétement et plus constamment nié dans tous les sens que Mirabeau.

Lorsqu'il arriva comme député d'Aix aux états généraux, il n'excitait la jalousie de personne. Obscur et mal famé, les bonnes renommées s'en inquiétaient peu ; laid et mal bâti, les seigneurs de belle mine en avaient pitié. Sa noblesse disparaissait sous l'habit noir, sa physionomie sous la petite vérole. Qui donc eût songé à être jaloux de cette espèce d'aventurier repris de justice, difforme de corps et de visage, ruiné d'ailleurs, que les petites gens d'Aix avaient député aux états généraux dans un moment de fièvre et par mégarde sans doute et sans savoir pourquoi ? Cet homme, en vérité, ne comptait pas. Le premier venu était beau, riche et considérable à côté de lui. Il n'offusquait aucune vanité, il ne gênait les coudes d'aucune prétention. C'était un chiffre quelconque que les ambitions qui se jalousaient comptaient à peine dans leurs calculs.

Peu à peu cependant, comme le crépuscule de toutes les choses anciennes arrivait, il se fit assez d'ombre autour de la monarchie pour que le sombre éclat propre aux grands hommes révolutionnaires devînt visible aux yeux. Mirabeau commença à rayonner.

L'envie alors vint à ce rayonnement comme tout oiseau de nuit à toute lumière. A dater de ce moment, l'envie prit Mirabeau et ne le quitta plus. Avant tout, chose qui semble étrange et qui ne l'est pas, ce qu'elle lui contesta jusqu'à son dernier souffle, ce qu'elle lui nia sans cesse en face, sans lui épargner d'ailleurs les autres injures, ce fut précisément ce qui est la véritable couronne de cet homme dans la postérité, son génie d'orateur. Marche que l'envie suit toujours d'ailleurs! c'est toujours à la plus belle façade d'un édifice qu'elle jette des pierres. Et puis, à l'égard de Mirabeau, l'envie, il faut en convenir, était inépuisable en bonnes raisons. *Probitas*, l'orateur doit être sans reproche, M. de Mirabeau est reprochable de toutes parts; *præstantia*, l'orateur doit être beau, M. de Mirabeau est laid; *vox amœna*, l'orateur doit avoir un organe agréable, M. de Mirabeau a la voix dure, sèche, criarde, tonnant toujours et ne parlant jamais; *subrisus audientium*, l'orateur doit être bienvenu de son auditoire, M. de Mirabeau est haï de l'Assemblée, etc.; et une foule de gens, fort contents d'eux-mêmes, concluaient : *M. de Mirabeau n'est pas orateur.*

Or, loin de prouver cela, tous ces raisonnements

ne prouvaient qu'une chose, c'est que les Mirabeaux ne sont pas prévus par les Cicérons.

Certes, il n'était pas orateur à la manière dont ces gens l'entendaient ; il était orateur selon lui, selon sa nature, selon son organisation, selon son âme, selon sa vie. Il était orateur parce qu'il était haï, comme Cicéron parce qu'il était aimé. Il était orateur parce qu'il était laid, comme Hortensius parce qu'il était beau. Il était orateur parce qu'il avait souffert, parce qu'il avait failli, parce qu'il avait été, bien jeune encore et dans l'âge où s'épanouissent toutes les ouvertures du cœur, repoussé, moqué, humilié, méprisé, diffamé, chassé, spolié, interdit, exilé, emprisonné, condamné ; parce que, comme le peuple de 1789 dont il était le plus complet symbole, il avait été tenu en minorité et en tutelle beaucoup au delà de l'âge de raison ; parce que la paternité avait été dure pour lui comme la royauté pour le peuple ; parce que, comme le peuple, il avait été mal élevé ; parce que, comme au peuple, une mauvaise éducation lui avait fait croître un vice sur la racine de chaque vertu. Il était orateur, parce que, grâce aux larges issues ouvertes par les ébranlements de 1789, il avait enfin pu extravaser dans la société tous ses bouillonnements intérieurs si longtemps comprimés dans la famille ; parce que, brusque, inégal, violent, vicieux, cynique, sublime, diffus, incohérent, plus rempli d'instincts encore que de pensées, les pieds souillés, la tête rayonnante, il était en tout semblable aux années ardentes dans lesquelles il a resplendi, et dont chaque jour passait marqué au front par sa parole. Enfin, à ces hommes imbéciles qui comprenaient assez peu leur temps pour lui adresser, à travers mille objections, d'ailleurs souvent ingénieuses, cette question : s'il se croyait sérieusement orateur? il aurait pu répondre d'un seul mot : Demandez à la monarchie qui finit, demandez à la révolution qui commence !

On a peine à croire, aujourd'hui que c'est chose jugée, qu'en 1790 beaucoup de gens, et dans le nombre de doucereux amis, conseillaient à Mirabeau, *dans son propre intérêt, de quitter la tribune, où il n'aurait jamais de succès complet,* ou du moins d'*y paraître moins souvent*. Nous avons les lettres sous les yeux. On a peine à croire que dans ces mémorables séances où il remuait l'Assemblée comme de l'eau dans un vase, où il entre-choquait si puissamment dans sa main toutes les idées sonores du moment, où il forgeait et amalgamait si habilement dans sa parole sa passion personnelle et la passion de tous, après qu'il avait parlé et pendant qu'il parlait et avant qu'il parlât, les applaudissements étaient toujours mêlés de huées, de rires et de sifflets. Misérables détails criards que la gloire a estompés aujourd'hui ! Les journaux et les pamphlets du temps ne sont qu'injures, violences et voies de fait contre le génie de cet homme. On lui reproche tout à propos de tout. Mais le reproche qui revient sans cesse, et comme par manie, c'est *sa voix rude et âpre, et sa parole toujours tonnante*. Que répondre à cela ? Il a la voix rude, parce qu'apparemment le temps des douces voix est passé. Il a la parole tonnante, parce que les événements tonnent de leur côté, et que c'est le propre des grands hommes d'être de la stature des grandes choses.

Et puis, et ceci est une tactique qui a été de tout temps invariablement suivie contre les génies, non-seulement les hommes de la monarchie, mais encore ceux de son parti, car on n'est jamais mieux haï que dans son propre parti, étaient toujours d'accord, comme par une sorte de convention tacite, pour lui opposer sans cesse et lui préférer en toute occasion un autre orateur, fort adroitement choisi par l'envie en ce sens qu'il servait les mêmes sympathies politiques que Mirabeau, Barnave. Et la chose est toujours ainsi. Il arrive souvent que, dans une époque donnée, la même idée est représentée à la fois à des degrés différents par un homme de génie et par un homme de talent. Cette position est une heureuse chance pour l'homme de talent. Le succès présent et incontesté lui appartient (il est vrai que cette espèce de succès-là ne prouve rien et s'évanouit vite). La jalousie et la haine vont droit au plus fort. La médiocrité serait bien importunée par l'homme de talent si l'homme de génie n'était pas là; mais l'homme de génie est là, elle soutient l'homme de talent et se sert de lui contre le maître. Elle se leurre de l'espoir chimérique de renverser le premier, et dans ce cas-là (qui ne peut se réaliser d'ailleurs) elle compte avoir ensuite bon marché du second; en attendant, elle l'appuie et le porte le plus haut qu'elle peut. La médiocrité est pour celui qui la gêne le moins et qui lui ressemble le plus. Dans cette situation, tout ce qui est ennemi à l'homme de génie est ami à l'homme de talent. La comparaison qui devrait écraser celui-ci l'exhausse. De toutes les pierres que le pic et la pioche, et la calomnie, et la diatribe, et l'injure, peuvent arracher à la base du grand homme, on fait un piédestal à l'homme secondaire. Ce qu'on fait crouler de l'un sert à la construction de l'autre. C'est ainsi que vers 1790 on bâtissait Barnave avec tout ce qu'on ruinait de Mirabeau.

Rivarol disait : *M. Mirabeau est plus écrivain, M. Barnave est plus orateur.* — Pelletier disait : *Le Barnave oui, le Mirabeau non.* — *La mémorable séance du 13,* écrivait Chamfort, *a prouvé plus que jamais la prééminence déjà démontrée depuis longtemps de M. Barnave sur M. de Mirabeau comme orateur.* — *Mirabeau est mort,* murmurait M. Target en serrant la main de Barnave, *son discours sur la formule de promulgation l'a tué.* — *Barnave, vous avez enterré Mirabeau,* ajoutait Duport, appuyé du sourire de Lameth, lequel était à Duport comme Duport à Barnave, un diminutif. — *M. Barnave fait plaisir,* disait M. Goupil, *et M. Mirabeau fait peine.* — *Le comte de Mirabeau a des éclairs,* disait M. Camus, *mais il ne fera jamais un discours, il ne saura même jamais ce que c'est. Parlez-moi de Barnave!* — *M. Mirabeau a beau se fatiguer et suer,* disait Robespierre ; *il n'atteindra jamais Barnave, qui n'a pas l'air de prétendre tant que lui, et qui vaut plus* . Toutes ces pauvres petites injustices égratignaient

---

[1] Faute de français. Il faudrait *qui vaut davantage.*

Mirabeau et le faisaient souffrir au milieu de sa puissance et de ses triomphes. Coups d'épingle au porte-massue.

Et si la haine, dans son besoin de lui opposer quelqu'un, n'importe qui, n'avait pas eu un homme de talent sous la main, elle aurait pris un homme médiocre. Elle ne s'embarrasse jamais de la qualité de l'étoffe dont elle fait son drapeau. Mairet a été préféré à Corneille, Pradon à Racine. Voltaire s'écriait, il n'y a pas cent ans :

> On m'ose préférer Crébillon le barbare !

En 1808, Geoffroy, le critique le plus écouté qui fût en Europe, mettait « M. Lafon fort au-dessus de » M. Talma ». Merveilleux instinct des coteries! En 1798, on préférait Moreau à Bonaparte; en 1815, Wellington à Napoléon.

Nous le répétons, parce que, selon nous, la chose est singulière, Mirabeau daignait s'irriter de ces misères. Le parallèle avec Barnave l'offusquait. S'il avait regardé dans l'avenir, il aurait souri; mais c'est en général le défaut des orateurs politiques, hommes du présent avant tout, d'avoir l'œil trop fixé sur les contemporains et pas assez sur la postérité.

Ces deux hommes, Barnave et Mirabeau, présentaient d'ailleurs un contraste parfait. Dans l'Assemblée, quand l'un ou l'autre se levait, Barnave était toujours accueilli par un sourire, et Mirabeau par une tempête. Barnave avait en propre l'ovation du moment, le triomphe du quart d'heure, la gloire dans la gazette, l'applaudissement de tous, même du côté droit. Mirabeau avait la lutte et l'orage. Barnave était un assez beau jeune homme, et un très-beau parleur. Mirabeau, comme disait spirituellement Rivarol, était un *monstrueux bavard*. Barnave était de ces hommes qui prennent chaque matin la mesure de leur auditoire; qui tâtent le pouls de leur public; qui ne se hasardent jamais hors de la possibilité d'être applaudis; qui baisent toujours humblement le talon du succès; qui arrivent à la tribune, quelquefois avec l'idée du jour, le plus souvent avec l'idée de la veille, jamais avec l'idée du lendemain, de peur d'aventure; qui ont une faconde bien nivelée, bien plane et bien roulante, sur laquelle cheminent et circulent à petit bruit avec leurs divers bagages toutes les idées communes de leur temps; qui, de crainte d'avoir des pensées trop peu imprégnées de l'atmosphère de tout le monde, mettent sans cesse leur jugement dans la rue comme un thermomètre à leur fenêtre. Mirabeau, au contraire, était l'homme de l'idée neuve, de l'illumination soudaine, de la proposition risquée; fougueux, échevelé, imprudent, toujours inattendu partout, choquant, blessant, renversant, n'obéissant qu'à lui-même; cherchant le succès, sans doute, mais après beaucoup d'autres choses, et aimant mieux encore être applaudi par ses passions dans son cœur que par le peuple dans les tribunes; bruyant, trouble, rapide, profond, rarement transparent, jamais guéable, et roulant pêle-mêle dans son écume toutes les idées de son époque, souvent fort rudoyées dans leur rencontre avec les siennes. L'éloquence de Barnave à côté de l'éloquence de Mirabeau, c'était un grand chemin côtoyé par un torrent.

Aujourd'hui que le nom de Mirabeau est si grand et si accepté, on a peine à se faire une idée de la façon excessive dont il était traité par ses collègues et par ses contemporains. C'était M. de Guillermy s'écriant tandis qu'il parlait : *M. Mirabeau est un scélérat, un assassin!* C'étaient MM. d'Ambly et de Lautrec vociférant : *Ce Mirabeau est un grand gueux!* Après quoi M. de Foucault lui montrait le poing, et M. de Virieu disait : *Monsieur Mirabeau, vous nous insultez!* Quand la haine ne parlait pas, c'était le mépris. *Ce petit Mirabeau!* disait M. de Castellanet au côté droit. *Cet extravagant!* disait M. Lapoule au côté gauche. Et, lorsqu'il avait parlé, Robespierre grommelait entre ses dents : *Cela ne vaut rien.*

Quelquefois cette haine d'une si grande partie de son auditoire laissait trace dans son éloquence, et au milieu de son magnifique discours *sur la régence*, par exemple, il échappait à ses lèvres dédaigneuses des paroles comme celles-ci, paroles mélancoliques, simples, résignées et hautaines, que tout homme dans une situation pareille devrait méditer : « Pendant que je parlais et » que j'exprimais mes premières idées sur la régence, » j'ai entendu dire avec cette indubitabilité charmante » à laquelle je suis dès longtemps apprivoisé : *Cela est* » *absurde! cela est extravagant! cela n'est pas proposable!* Mais il faudrait réfléchir. » Il parlait ainsi le 25 mars 1791, sept jours avant sa mort.

Au dehors de l'Assemblée, la presse le déchirait avec une étrange fureur. C'était une pluie battante de pamphlets sur cet homme. Les partis extrêmes le mettaient au même pilori. Ce nom, *Mirabeau*, était prononcé avec le même accent à la caserne des gardes du corps et au club des Cordeliers. M. de Champcenetz disait : *Cet homme a la petite vérole à l'âme.* M. de Lambesc proposait de le faire enlever par vingt cavaliers et *conduire aux galères*. Marat écrivait : « Citoyens, élevez » huit cents potences, pendez-y tous ces traîtres, et à » leur tête l'infâme Riquetti l'aîné ! » Et Mirabeau ne voulait pas que l'Assemblée nationale poursuivît Marat, se contentant de répondre : « Il paraît qu'on publie des » extravagances. C'est un paragraphe d'homme ivre. »

Ainsi, jusqu'au 1ᵉʳ avril 1791, Mirabeau est *un gueux* [1], *un extravagant* [2], *un scélérat, un assassin* [3], *un fou* [4], *un orateur du second ordre* [5], *un homme médiocre* [6], *un homme mort* [7], *un homme enterré* [8], *un monstrueux bavard* [9], *hué, sifflé, conspué plus encore qu'applaudi* [10] ; Lambesc propose pour lui les *galères*, Marat la *potence*. Il meurt le 2 avril. Le 3, on invente pour lui le Panthéon.

---

[1] MM. d'Ambly et de Lautrec.
[2] M. Lapoule.
[3] M. de Guillermy.
[4] [5] [6] Journaux et pamphlets du temps.
[7] Target.
[8] Duport.
[9] Rivarol.
[10] Pelletier.

Grands hommes! voulez-vous avoir raison demain, mourez aujourd'hui.

III

Le peuple, cependant, qui a un sens particulier et le rayon visuel toujours singulièrement droit, qui n'est pas haineux parce qu'il est fort, qui n'est pas envieux parce qu'il est grand; le peuple, qui connaît les hommes, tout enfant qu'il est, le peuple était pour Mirabeau. Mirabeau était selon le peuple de 89, et le peuple de 89 était selon Mirabeau. Il n'est pas de plus beaux spectacles pour le penseur que ces embrassements étroits du génie et de la foule.

L'influence de Mirabeau était niée et était immense. C'était toujours lui, après tout, qui avait raison; mais il n'avait raison sur l'Assemblée que par le peuple, et il gouvernait les chaises curules par les tribunes. Ce que Mirabeau avait dit en mots précis, la foule le redisait en applaudissements; et sous la dictée de ces applaudissements, bien à contre-cœur souvent, la législature écrivait. Libelles, pamphlets, calomnies, injures, interruptions, menaces, huées, éclats de rire, sifflets, n'étaient tout au plus que des cailloux jetés dans le courant de sa parole, qui servaient par moments à la faire écumer. Voilà tout. Quand l'orateur souverain, pris d'une subite pensée, montait à la tribune; quand cet homme se trouvait face à face avec son peuple; quand il était là debout et marchant sur l'envieuse

Assemblée, comme l'Homme-Dieu sur la mer, sans être englouti par elle; quand son regard sardonique et lumineux, fixé du haut de cette tribune sur les hommes et sur les idées de son temps, avait l'air de mesurer la petitesse des hommes sur la grandeur des idées, alors il n'était plus ni calomnié, ni hué, ni injurié : ses ennemis avaient beau faire, avaient beau dire, avaient beau amonceler contre lui, le premier souffle de sa bouche ouverte pour parler faisait crouler tous ces entassements. Quand cet homme était à la tribune dans la fonction de son génie, sa figure devenait splendide, et tout s'évanouissait devant elle.

Mirabeau, en 1791, était donc tout à la fois bien haï et bien aimé : génie haï par les beaux esprits, homme aimé par le peuple. C'était une illustre et désirable existence que celle de cet homme qui disposait à son gré de toutes les âmes alors ouvertes vers l'avenir; qui, avec de magiques paroles et par une sorte d'alchimie mystérieuse, convertissait en pensées, en systèmes, en volontés raisonnées, en plans précis d'amélioration et de réforme, les vagues instincts des multitudes; qui nourrissait l'esprit de son temps de toutes les idées que sa grande intelligence émiettait sur la foule; qui, sans relâche et à tour de bras, battait et flagellait sur la table de la tribune, comme le blé sur l'aire, les hommes et les choses de son siècle, pour séparer la paille que la république devait consumer, du grain que la révolution devait féconder; qui donnait à la fois des insomnies à Louis XVI et à Robespierre, à Louis XVI, dont il attaquait le trône, à Robespierre, dont il eût attaqué la guillotine; qui pouvait se dire chaque matin en s'éveillant : Quelle ruine ferai-je aujourd'hui avec ma parole? qui était pape, en ce sens qu'il menait les esprits; qui était Dieu, en ce sens qu'il menait les événements!

Il mourut à temps. C'était une tête souveraine et sublime. 91 la couronna, 93 l'eût coupée.

IV

Quand on suit pas à pas la vie de Mirabeau depuis sa naissance jusqu'à sa mort, depuis l'humble piscine baptismale du Bignon jusqu'au Panthéon, on voit que, comme tous les hommes de sa trempe et de sa mesure, il était prédestiné.

Un tel enfant ne pouvait manquer d'être un grand homme.

Au moment où il vient au monde, la grosseur surhumaine de sa tête met la vie de sa mère en danger. Quand la vieille monarchie française, son autre mère, mit au monde sa renommée, elle manqua aussi en mourir.

A l'âge de cinq ans, Poisson, son précepteur, lui dit *d'écrire ce qui lui viendrait dans la tête*. « Le petit, » comme dit son père, écrivit littéralement ceci : « Mon» sieur moi, je vous prie de prendre attention à votre » écriture et de ne pas faire de pâtés sur votre exem-

» ple; d'être attentif à ce qu'on fait; obéir à son père,
» à son maître, à sa mère; ne point contrarier; point
» de détours, de l'honneur surtout. N'attaquez per-
» sonne, hors qu'on ne vous attaque. *Défendez votre*
» *patrie*. Ne soyez pas méchant avec les domestiques.
» Ne familiarisez pas avec eux. Cacher les défauts de
» son prochain, parce que cela peut arriver à soi-
» même [1]. »

A onze ans, voici ce que le duc de Nivernois écrit de lui au bailli de Mirabeau, dans une lettre datée de Saint-Maur, du 11 septembre 1760 : « L'autre jour,
» dans les prix qu'on gagne chez moi à la course, il
» gagne le prix, qui était un chapeau, se retourne vers
» un adolescent qui avait un bonnet, et, lui mettant
» sur la tête le sien, qui était encore fort bon : *Tiens,*
» dit-il, *je n'ai pas deux têtes*. Ce jeune homme me
» parut alors l'empereur du monde; je ne sais quoi de
» divin transpira rapidement dans son attitude : j'y
» rêvai, j'en pleurai, et la leçon me fut fort bonne. »

A douze ans, son père disait de lui : « C'est un cœur
» haut sous la jaquette d'un bambin. Cela a un étrange
» instinct d'orgueil, noble pourtant. C'est un embryon
» de matamore ébouriffé qui veut avaler tout le monde
» avant douze ans [2]. »

A seize ans, il avait la mine si hardie et si hautaine, que le prince de Conti lui demande : *Que ferais-tu si*

---

[1] Ce singulier document est cité textuellement dans une lettre inédite du marquis au bailli de Mirabeau, du 9 décembre 1754.

[2] Lettre inédite à madame la comtesse de Rochefort, 29 novembre 1761.

je te donnais un soufflet ? Il répond : *Cette question eût été embarrassante avant l'invention des pistolets à deux coups.*

A vingt et un ans (1770), il commence à écrire une histoire de la Corse au moment où quelqu'un venait d'y naître[1]. Singulier instinct des grands hommes !

A cette même époque, son père, qui le tenait bien sévèrement, porte sur lui ce pronostic étrange : *C'est une bouteille ficelée depuis vingt et un ans. Si elle est jamais débouchée tout à coup sans précaution, tout s'en ira.*

A vingt-deux ans, il est présenté à la cour. Madame Élisabeth, alors âgée de six ans, lui demande *s'il a été inoculé.* Et toute la cour de rire. Non, il n'avait pas été inoculé. Il portait en lui le germe d'une contagion qui plus tard devait gagner tout un peuple.

Il se produit à la cour avec une extrême assurance, portant déjà le front aussi haut que le roi, étrange pour tous, odieux pour beaucoup. *Il est aussi entrant que j'étais farouche,* dit le père, qui n'avait jamais voulu s'*enversailler*, lui, « oiseau hagard dont le nid fut entre » quatre tourelles ». — « Il retourne les grands comme » fagots. Il a *ce terrible don de la familiarité*, comme » disait Grégoire le Grand. » Et puis, le vieux et fier gentilhomme ajoute : « Comme depuis cinq cents ans » on a toujours souffert des Mirabeaux, qui n'ont jamais » été faits comme les autres, on souffrira encore » celui-ci. »

[1] 15 août 1769.

A vingt-quatre ans, le père, philosophe agricole, veut prendre son fils avec lui « et le faire rural ». Il n'y peut réussir. « Il est bien malaisé de manier la bouche de cet animal fougueux ! » s'écrie le vieillard.

L'oncle, le bailli, examine froidement le jeune homme et dit : « S'il n'est pas pire que Néron, il sera meilleur » que Marc-Aurèle. »

En tout, laissons mûrir ce fruit vert, répond le marquis.

Le père et l'oncle correspondent entre eux sur l'avenir du jeune homme déjà si aventuré dans la mauvaise vie. *Ton neveu l'Ouragan*, dit le père. *Ton fils, monsieur le comte de la Bourrasque*, réplique l'oncle.

Le bailli, vieux marin, ajoute : *Les trente deux vents de la boussole sont dans sa tête.*

A trente ans, *le fruit mûrit*. Déjà les nouveautés commencent à reluire dans l'œil profond de Mirabeau. On voit qu'il est plein de pensées. *Ce cerveau est un fourneau encombré*, dit le prudent bailli. Dans un autre moment, l'oncle écrit cette observation d'homme effrayé : « Quand il passe quelque chose dans sa tête, il » avance le front, et ne regarde plus nulle part.

De son côté, le père s'étonne de *ce hachement d'idées qui voit par éclairs*. Il s'écrie : « Fouillis dans sa tête, » bibliothèque renversée, talent pour éblouir par des » superficies. il a humé toutes les formules et ne sait » rien substancier ! » Il ajoute, ne comprenant déjà plus sa créature : « Dans son enfance, ce n'était qu'un » mâle monstrueux au moral comme au physique. » Aujourd'hui c'est un homme *tout de reflet et de réver-*

bère, un fou « tiré à droite par le cœur et à gauche par
» la tête, qu'il a toujours à quatre pas de lui ». Et puis
le vieillard ajoute, avec un sourire mélancolique et résigné : « Je tâche de verser sur cet homme ma tête,
» mon âme et mon cœur. » Enfin, comme l'oncle, il a
aussi par moments ses pressentiments, ses terreurs, ses
anxiétés, ses doutes. Il sent, lui père, tout ce qui se remue dans la tête de son fils, *comme la racine sent l'ébranlement des feuilles.*

Voilà ce qu'est Mirabeau à trente ans. Il était fils
d'un père qui s'était défini ainsi lui-même : « Et moi
» aussi, madame, tout gourd et lourd que vous me
» voyez, je prêchais à trois ans; à six, j'étais un prodige; à douze, un objet d'espoir; à vingt, un brûlot;
» à trente, un politique de théorie; à quarante, je ne
» suis plus qu'un bonhomme. »

A quarante ans, Mirabeau est grand homme.

A quarante ans, il est l'homme d'une révolution.

A quarante ans, il se déclare autour de lui en France
une des formidables anarchies d'idées où se fondent
les sociétés qui ont fait leur temps. Mirabeau en est le
despote.

C'est lui qui, silencieux jusqu'alors, crie le 23 juin
1789 à M. de Brézé : *Allez dire à* VOTRE MAITRE !......
Votre maître ! c'est le roi de France déclaré étranger.
C'est toute une frontière tracée entre le trône et le peuple. C'est la révolution qui laisse échapper son cri. Personne ne l'eût osé avant Mirabeau. Il n'appartient qu'aux
grands hommes de prononcer les mots décisifs des
époques.

Plus tard on insultera Louis XVI plus gravement en apparence : on le battra à terre, on le raillera dans les fers, on le huera sur l'échafaud. La République en bonnet rouge mettra ses poings sur ses hanches, et lui dira de gros mots, et l'appellera *Louis Capet*. Mais il ne sera plus rien dit à Louis XVI d'aussi redoutable et d'aussi effectif que cette parole fatale de Mirabeau : *Louis Capet*, c'est la royauté frappée au visage ; *votre maître*, c'est la royauté frappée au cœur.

Aussi, à dater de ce mot, Mirabeau est l'homme du pays, l'homme de la grande émeute sociale, l'homme dont la fin de ce siècle a besoin. Populaire sans être plébéien, chose rare en des temps pareils! Sa vie privée est résorbée par sa vie publique. Honoré de Riquetti, cet homme perdu, est désormais illustre, écouté et considérable. L'amour de peuple lui fait une cuirasse aux sarcasmes de ses ennemis. Sa personne est la plus éclairée de toutes celles que la foule regarde. Les passants s'arrêtent quand il traverse une rue ; et pendant les deux années qu'il remplit, sur tous les coins de murs de Paris les petits enfants du peuple écrivent sans faute son nom, que quatre-vingts ans auparavant, Saint-Simon, avec son dédain de duc et pair, écrivait *Mirebaut*, sans se douter qu'un jour Mirebaut ferait *Mirabeau*.

Il y a des parallélismes bien frappants dans la vie de certains hommes. Cromwell, encore obscur, désespérant de son avenir en Angleterre, veut partir pour la Jamaïque ; les règlements de Charles Ier l'en empêchent. Le père de Mirabeau, ne voyant aucune existence possible en France pour son fils, veut envoyer le jeune homme aux colonies hollandaises; un ordre du roi s'y oppose. Or, ôtez Cromwell de la révolution d'Angleterre, ôtez Mirabeau de la révolution de France, vous ôtez peut-être des deux révolutions deux échafauds. Qui sait si la Jamaïque n'eût pas sauvé Charles Ier, et Batavia Louis XVI?

Mais non, c'est le roi d'Angleterre qui veut garder Cromwell; c'est le roi de France qui veut garder Mirabeau. Quand un roi est condamné à mort, la Providence lui bande les yeux.

Chose étrange que ce qu'il y a de plus grand dans l'histoire d'une société tienne si souvent à ce qu'il y a de plus petit dans la vie d'un homme!

La première partie de la vie de Mirabeau est remplie par Sophie, la seconde par la révolution. Un orage domestique, puis un orage politique, voilà Mirabeau. Quand on examine de près sa destinée, on se rend raison de ce qu'il y eut en elle de fatal et de nécessaire. Les déviations de son cœur s'expliquent par les secousses de sa vie.

Voyez: jamais les causes n'ont été nouées de plus près aux effets. Le hasard lui donne un père qui lui enseigne le mépris de sa mère; une mère qui lui enseigne la haine de son père; un précepteur, c'est Poisson, qui n'aime pas les enfants, et qui lui est dur parce qu'il est petit et parce qu'il est laid; un valet, c'est Grévin, le lâche espion de ses ennemis; un colonel, c'est le marquis de Lambert, qui est aussi impitoyable pour le jeune homme que Poisson l'a été pour l'enfant ; une belle-mère (non mariée), c'est madame de Pailly, qui le hait parce qu'il n'est pas d'elle ; une femme, c'est mademoiselle de Marignane, qui le repousse ; une caste, c'est la noblesse, qui le renie ; des juges, c'est le parlement de Besançon, qui le condamne à mort ; un roi, c'est Louis XV, qui l'embastille. Ainsi, père, mère, femme, son précepteur, son colonel, la magistrature, la noblesse, le roi, c'est-à-dire tout ce qui entoure et côtoie l'existence d'un homme dans l'ordre légitime et naturel, tout est pour lui traverse, obstacle, occasion de chute et de contusion, pierre dure à ses pieds nus, buisson d'épines qui le déchire au passage. La famille et la société tout ensemble lui sont marâtres. Il ne rencontre dans la vie que deux choses qui le traitent bien et qui l'aiment, deux choses irrégulières et révoltées, contre l'ordre, une maîtresse et une révolution.

Ne vous étonnez donc pas que pour la maîtresse il brise tous les liens domestiques, que pour la révolution il brise tous les liens sociaux.

Ne vous étonnez pas, pour résoudre la question dans les termes où nous l'avons posée en commençant, que ce démon d'une famille devienne l'idole d'une femme en rébellion contre son mari, et le dieu d'une nation en divorce avec son roi.

V

La douleur que causa la mort de Mirabeau fut une douleur générale, universelle, nationale. On sentit que quelque chose de la pensée publique venait de s'en aller avec cette âme. Mais un fait frappant, et qu'il faut bien dire parce qu'il serait ingénu de l'attribuer à l'admiration emportée et irréfléchie des contemporains, c'est que la cour porta son deuil comme le peuple.

Un sentiment de pudeur insurmontable nous empêche de sonder ici de certains mystères, parties honteuses du grand homme, qui d'ailleurs, selon nous, se perdent heureusement dans les colossales proportions de l'ensemble; mais il paraît prouvé que dans les derniers temps de sa vie la cour affirmait avoir quelques raisons d'espérer en lui. Il est patent qu'à cette époque Mirabeau se cabra plus d'une fois sous l'entraînement révolutionnaire; qu'il manifesta par moments l'envie de faire halte et de laisser rejoindre; que lui, qui avait tant d'haleine, il ne suivit pas sans essoufflement la marche de plus en plus accélérée des idées nouvelles, et qu'il essaya en quelques occasions d'enrayer cette révolution à laquelle il avait forgé des roues.

Roues fatales, qui écrasaient tant de choses vénérables en passant!

Il y a encore aujourd'hui beaucoup de personnes qui pensent que si Mirabeau avait eu plus longue vie, il aurait fini par mater le mouvement qu'il avait déchaîné. A leur sens, la révolution française pouvait être arrêtée, par un seul homme à la vérité, qui était Mirabeau. Dans cette opinion, qui s'autorise d'une parole que Mirabeau mourant n'a évidemment pas prononcée [1], Mira-

---

[1] *J'emporte le deuil de la monarchie. Après moi les factieux s'en disputeront les morceaux.* Cabanis a cru entendre cela.

beau expiré, la monarchie était perdue : si Mirabeau avait vécu, Louis XVI ne serait pas mort; et le 2 avril 1791 a engendré le 21 janvier 1793.

Selon nous, ceux qui avaient cette persuasion alors, ceux qui l'ont eue aujourd'hui, Mirabeau lui-même, s'il croyait cela possible de lui, tous se sont trompés. Pure illusion d'optique chez Mirabeau comme chez les autres, et qui prouverait qu'un grand homme n'a pas toujours une idée nette de l'espèce de puissance qui est en lui !

La révolution française n'était pas un fait simple. Il y avait plus et autre chose que Mirabeau en elle.

Il ne suffisait pas à Mirabeau d'en sortir pour la vider.

Il y avait dans la révolution française du passé et de l'avenir. Mirabeau n'était que le présent.

Pour n'indiquer ici que deux points culminants, la révolution française se compliquait de Richelieu dans le passé et de Bonaparte dans l'avenir.

Les révolutions ont cela de particulier que ce n'est pas quand elles sont encore grosses qu'on peut les tuer.

D'ailleurs, en supposant même la question moins abondante qu'elle ne l'est, il est à observer que, dans les choses politiques, surtout, ce qu'un homme a fait ne peut guère jamais être défait que par un autre homme.

Le Mirabeau de 91 était impuissant contre le Mirabeau de 89. Son œuvre était plus forte que lui.

Et puis les hommes comme Mirabeau ne sont pas la serrure avec laquelle on peut fermer la porte des révolutions. Ils ne sont que le gond sur lequel elle tourne, pour se clore, il est vrai, comme pour s'ouvrir. Pour fermer cette fatale porte, sur les panneaux de laquelle font incessamment effort toutes les idées, tous les intérêts, toutes les passions mal à l'aise dans la société, il faut mettre dans les ferrures une épée en guise de verrou.

VI

Nous avons essayé de caractériser ce qu'a été Mirabeau dans la famille, puis ce qu'il a été dans la nation. Il nous reste à examiner ce qu'il sera dans la postérité.

Quelques reproches qu'on ait pu justement lui faire, nous croyons que Mirabeau restera grand.

Devant la postérité, tout homme et toute chose s'absout par la grandeur.

Aujourd'hui que presque toutes les choses qu'il a semées ont donné leurs fruits dont nous avons goûté, la plupart bons et sains, quelques-uns amers ; aujourd'hui que le haut et le bas de sa vie n'ont plus rien de disparate aux yeux, tant les années qui s'écoulent mettent bien les hommes en perspective ; aujourd'hui qu'il n'y a plus pour son génie ni adoration ni exécration, et que cet homme, furieusement ballotté, tant qu'il vécut, d'une extrémité à l'autre, a pris l'attitude calme et sereine que la mort donne aux grandes figures historiques ; aujourd'hui que sa mémoire, si longtemps traînée dans la fange et baisée sur l'autel, a été retirée du panthéon de Voltaire et de l'égout de Marat, nous pouvons froidement le dire : Mirabeau est grand. Il lui est resté l'odeur du Panthéon et non de l'égout. L'impartialité historique, en nettoyant sa chevelure souillée dans le ruisseau, ne lui a pas de la même main enlevé son auréole. On a lavé la boue de son visage, et il continue de rayonner.

Après qu'on s'est rendu compte de l'immense résultat politique que le total de ses facultés a produit, on peut envisager Mirabeau sous un double aspect, comme écrivain et comme orateur. Ici nous prenons la liberté de ne pas être de l'avis de Rivarol, nous croyons Mirabeau plus grand comme orateur que comme écrivain.

Le marquis de Mirabeau son père avait deux espèces de styles, et comme deux plumes dans son écritoire. Quand il écrivait un livre, un bon livre pour le public, pour l'effet, pour la cour, pour la Bastille, pour le grand escalier du Palais de justice, le digne seigneur se drapait, se roidissait, se boursouflait, couvrait sa pensée, déjà fort obscure par elle-même, de toutes les ampoules de l'expression; et l'on ne peut se figurer sous quel style à la fois plat et bouffi, lourd et traînant en longues queues de phrases interminables, chargé de néologismes au point de n'avoir plus nulle cohésion dans le tissu, sous quel style, disons-nous, tout ensemble incolore et incorrect, se travertissait l'originalité naturelle et incontestable de cet étrange écrivain, moitié gentilhomme et moitié philosophe; préférant Quesnay à Socrate et Lefranc de Pompignan à Pindare; dédaignant Montesquieu comme arriéré et tenant à être harangué par son curé ; habitant amphibie des rêveries du dix-huitième siècle et des préjugés du seizième. Mais, quand cet homme, ce même homme, voulait écrire une lettre, quand il oubliait le public et ne s'adressait plus qu'à la *longue mine roide et froide* de son vénérable frère le bailli, ou à sa fille la *petite Saillannette*[1], « la plus émolliente femme qui fut jamais, » ou encore à la jolie tête rieuse de madame de Rochefort; alors cet esprit tuméfié de prétention se détendait : plus d'effort, plus de fatigue, plus de gonflement apoplectique dans l'expression ; sa pensée se répandait sur la lettre de famille et d'intimité, vive, originale, colorée, curieuse, amusante, profonde, gracieuse, naturelle enfin, à travers ce beau style grand seigneur du temps de Louis XIV, que Saint Simon parlait avec toutes les qualités de l'homme et madame de Sévigné avec toutes les qualités de la femme. On a pu en juger par les fragments que nous avons cités. Après un livre du marquis de Mirabeau, une lettre de lui, c'est une révélation. On a peine à y croire. Buffon ne comprendrait pas cette variété de l'écrivain. Vous avez deux styles et vous n'avez qu'un homme.

Sous ce rapport, le fils tenait quelque peu du père. On pourrait dire, avec beaucoup d'adoucissement et de restrictions néanmoins, qu'il y a là même différence entre son style écrit et son style parlé. Notons seulement ceci : que le père était à l'aise dans une lettre, le fils dans un discours. Pour être lui, pour être naturel,

---

[1] Madame du Saillant

pour être dans son milieu, il fallait à l'un sa famille, à l'autre une nation.

Mirabeau qui écrit, c'est quelque chose de moins que Mirabeau. Soit qu'il démontre à la jeune république américaine l'inanité de son *ordre de Cincinnatus*, et ce qu'il y a de gauche et d'inconsistant dans une chevalerie de laboureurs; soit qu'il taquine *sur la liberté de l'Escaut* Joseph II, cet empereur philosophe, ce Titus selon Voltaire, ce buste de César romain dans le goût Pompadour; soit qu'il fouille dans les doubles fonds du cabinet de Berlin et qu'il en tire cette *Histoire secrète* que la cour de France fait livrer juridiquement aux flammes sur l'escalier du Palais : maladresse insigne, car de ses livres brûlés par la main du bourreau il s'échappait toujours des flammèches et des étincelles, lesquelles se dispersaient au loin, selon le vent qui soufflait, sur le toit vermoulu de la grande société européenne, sur la charpente des monarchies, sur tous les esprits, pleins d'idées inflammables, sur toutes les têtes, faites d'étoupe alors; soit qu'il invective au passage contre cette charretée de charlatans qui a fait tant de bruit sur le pavé du dix-huitième siècle, Necker, Beaumarchais, Lavater, Calonne et Cagliostro; quel que soit le livre qu'il écrit enfin, sa pensée suffit toujours au sujet, mais son style ne suffit pas toujours à sa pensée. Son idée est constamment grande et haute; mais, pour sortir de son esprit, elle se courbe et se rapetisse sous l'expression comme sous une porte trop basse. Excepté dans ses éloquentes lettres à madame de Monnier, où il est lui tout entier, où il parle plutôt qu'il n'écrit, et qui sont des harangues d'amour[1] comme ses discours à la Constituante sont des harangues de révolution; excepté là, disons-nous, le style qu'il trouve dans son écritoire est en général d'une forme médiocre, pâteux, mal lié, mou aux extrémités des phrases, sec d'ailleurs, se composant une couleur terne avec des épithètes banales, pauvre en images, ou n'offrant par places, et bien rarement encore, que des mosaïques bizarres de métaphores peu adhérentes entre elles. On sent en le lisant que les idées de cet homme ne sont pas, comme celles des grands prosateurs-nés, faites de cette substance particulière qui se prête, souple et molle, à toutes les ciselures de l'expression, qui s'insinue bouillante et liquide dans tous les recoins du moule où l'écrivain la verse, et se fige ensuite; lave d'abord, granit après. On sent, en le lisant, que bien des choses regrettables sont restées dans sa tête, que le papier n'a qu'un à peu près; que ce génie n'est pas conformé de façon à s'exprimer complétement dans un livre, et qu'une plume n'est pas le meilleur conducteur possible pour tous les fluides comprimés dans ce cerveau plein de tonnerres.

Mirabeau qui parle, c'est Mirabeau. Mirabeau qui parle, c'est l'eau qui coule, c'est le flot qui écume, c'est le feu qui étincelle, c'est l'oiseau qui vole, c'est une chose qui fait son bruit propre, c'est une nature qui

---

[1] Nous entendons ne qualifier ainsi que celles de ces lettres qui sont passion pure. Nous jetons sur les autres le voile qui convient.

accomplit sa loi. Spectacle toujours sublime et harmonieux.

Mirabeau à la tribune, tous les contemporains sont unanimes sur ce point maintenant, c'est quelque chose de magnifique. Là il est bien lui, lui tout entier, lui tout-puissant. Là plus de table, plus de papier, plus d'écritoire hérissée de plumes, plus de cabinet solitaire, plus de silence et de méditation ; mais un marbre qu'on peut frapper, un escalier qu'on peut monter en courant, une tribune, espèce de cage de cette sorte de bête fauve, où l'on peut aller et venir, marcher, s'arrêter, souffler, haleter, croiser ses bras, crisper ses poings, peindre sa parole avec son geste, et illuminer une idée avec un coup d'œil ; un tas d'hommes qu'on peut regarder fixement ; un grand tumulte, magnifique accompagnement pour une grande voix ; une foule qui hait l'orateur, l'Assemblée, enveloppée d'une foule qui l'aime, le peuple ; autour de lui toutes ces intelligences, toutes ces âmes, toutes ces passions, toutes ces médiocrités, toutes ces ambitions, toutes ces natures diverses et qu'il connaît, et desquelles il peut tirer le son qu'il veut comme des touches d'un immense clavecin ; au-dessus de lui la voûte de la salle de l'Assemblée constituante, vers laquelle ses yeux se lèvent souvent comme pour y chercher des pensées : car on renverse les monarchies avec les idées qui tombent d'une pareille voûte sur une pareille tête.

Oh ! qu'il est bien là sur son terrain, cet homme ! qu'il y a bien le pied ferme et sûr ! Que ce génie qui s'amoindrissait dans les livres est grand dans un discours ! comme la tribune change heureusement les conditions de la production extérieure pour cette pensée ! Après Mirabeau écrivain, Mirabeau orateur : quelle transfiguration !

Tout en lui était puissant. Son geste brusque et saccadé était plein d'empire. A la tribune, il avait un colossal mouvement d'épaules comme l'éléphant qui porte sa tour armée en guerre. Lui, il portait sa pensée. Sa voix, lors même qu'il ne jetait qu'un mot de son banc, avait un accent formidable et révolutionnaire qu'on démêlait dans l'Assemblée comme le rugissement du lion dans la ménagerie. Sa chevelure, quand il secouait la tête, avait quelque chose d'une crinière. Son sourcil remuait tout, comme celui de Jupiter *cuncta supercilio moventis*. Ses mains quelquefois semblaient pétrir le marbre de la tribune. Tout son visage, toute son attitude, toute sa personne était bouffie d'un orgueil pléthorique qui avait sa grandeur. Sa tête avait une laideur grandiose et fulgurante dont l'effet par moments était électrique et terrible. Dans les premiers temps, quand rien n'était encore visiblement décidé pour ou contre la royauté; quand la partie avait l'air presque égale entre la monarchie encore forte et les théories encore faibles ; quand aucune des idées qui devaient plus tard avoir l'avenir n'était encore arrivée à sa croissance complète; quand la révolution, mal gardée et mal armée, paraissait facile à prendre d'assaut, il arrivait quelquefois que le côté droit, croyant avoir jeté bas quelque mur de la forteresse, se ruait en masse sur elle avec des cris de victoire : alors la tête monstrueuse de Mirabeau apparaissait à la brèche et pétrifiait les assaillants. Le génie de la révolution s'était forgé une égide avec toutes les doctrines amalgamées de Voltaire, d'Helvétius, de Diderot, de Bayle, de Montesquieu, de Hobbes, de Locke et de Rousseau, et avait mis la tête de Mirabeau au milieu.

Il n'était pas seulement grand à la tribune, il était grand sur son siége : l'interrupteur égalait en lui l'orateur. Il mettait souvent autant de choses dans un mot que dans un discours. *La Fayette a une armée*, disait-il à M. de Suleau, *mais j'ai ma tête.* Il interrompait Robespierre avec cette parole profonde : *Cet homme ira loin, car il croit tout ce qu'il dit.*

Il interpellait la cour dans l'occasion : *La cour affame le peuple. Trahison! le peuple lui rendra la constitution pour du pain.* Tout l'instinct du grand révolutionnaire est dans ce mot.

L'abbé Sieyès! disait-il, *métaphysicien voyageant sur une mappemonde.* Posant ainsi une touche vive sur l'homme de théorie toujours prêt à enjamber les mers et les montagnes.

Il était par moments d'une simplicité admirable. Un jour, ou plutôt un soir, dans son discours du 3 mai, au moment où il luttait, comme l'athlète à deux cestes, du bras gauche contre l'abbé Maury et du bras droit contre Robespierre, M. de Cazalès, avec son assurance d'homme médiocre, lui jette cette interruption : — *Vous êtes un bavard, et voilà tout.* — Mirabeau se tourne vers l'abbé Goutes, qui occupait le fauteuil : *Monsieur le président*, dit-il avec une grandeur d'enfant, *faites donc taire M. de Cazalès, qui m'appelle bavard.*

L'Assemblée nationale voulait commencer une adresse au roi par cette phrase : *L'Assemblée apporte aux pieds de Votre Majesté une offrande*, etc. — *La majesté n'a pas de pieds*, dit froidement Mirabeau.

L'Assemblée veut dire un peu plus loin qu'*elle est ivre de la gloire de son roi*. — Y pensez-vous ? objecte Mirabeau, *des gens qui font des lois et qui sont ivres !*

Quelquefois il caractérisait d'un mot, qu'on eût dit traduit de Tacite, l'histoire et le genre de génie de toute une maison souveraine. Il criait aux ministres, par exemple : *Ne me parlez pas de votre duc de Savoie, mauvais voisin de toute liberté !*

Quelquefois il riait. Le rire de Mirabeau, chose formidable.

Il raillait la Bastille. « Il y a eu, disait-il, cinquante-
» quatre lettres de cachet dans ma famille, et j'en ai
» eu dix-sept pour ma part. Vous voyez que j'ai été traité
» en aîné de Normandie. »

Il se raillait lui-même. Il est accusé par M. de Valfond d'avoir parcouru, le 6 octobre, les rangs du régiment de Flandre, un sabre nu à la main, et parlant aux soldats. Quelqu'un démontre que le fait concerne M. de Gamaches, et non pas Mirabeau; et Mirabeau ajoute : « Ainsi, tout pesé, tout examiné, la déposition
» de M. de Valfond n'a rien de bien fâcheux que pour
» M. de Gamaches, qui se trouve légalement et véhé-

» mentement soupçonné d'être fort laid, puisqu'il me
» ressemble. »

Quelquefois il souriait. Lorsque la question de la régence se débat devant l'Assemblée, le côté gauche pense à M. le duc d'Orléans, et le côté droit à M. le prince de Condé, alors émigré en Allemagne. Mirabeau demande qu'aucun prince ne puisse être régent sans avoir prêté serment à la constitution. M. de Montlosier objecte qu'un prince peut avoir des raisons pour ne pas avoir prêté serment : par exemple, il peut avoir fait un voyage outre-mer... — Mirabeau répond : « Le dis-
» cours du préopinant va être imprimé; je demande à
» en rédiger l'erratum. *Outre-mer*, lisez : *outre-Rhin.* »
Et cette plaisanterie décide la question. Le grand orateur jouait ainsi quelquefois avec ce qu'il tuait. A en croire les naturalistes, il y a du chat dans le lion.

Une autre fois, comme les procureurs de l'Assemblée avaient barbouillé un texte de loi de leur mauvaise rédaction, Mirabeau se lève : « Je demande à faire quel-
» ques réflexions timides sur les convenances qu'il y
» aurait à ce que l'Assemblée nationale de France parlât
» français, et même écrivît en français les lois qu'elle
» propose. »

Par moments, au beau milieu de ses plus violentes déclamations populaires, il se rappelait tout à coup qui il était, et il avait de fières saillies de gentilhomme. C'était une mode oratoire alors de jeter dans tout discours une imprécation quelconque sur les massacres de la Saint-Barthélemy. Mirabeau faisait son imprécation comme tout le monde; mais il disait en passant : *Mon-*

sieur l'amiral de Coligny, qui, par parenthèse, était mon cousin. La parenthèse était digne de l'homme dont le père écrivait : *Il n'y a qu'une mésalliance dans ma famille, les Médicis.* — *Mon cousin monsieur l'amiral de Coligny,* c'eût été impertinent à la cour de Louis XIV, c'était sublime à la cour du peuple de 1791.

Dans un autre moment il parlait de son *digne cousin monsieur le garde des sceaux*[1]; mais c'était d'un autre ton.

Le 22 septembre 1789, le roi fait offrir à l'Assemblée l'abandon de son argenterie et de sa vaisselle pour les besoins de l'État. Le côté droit admire, s'extasie et pleure. *Quant à moi,* s'écrie Mirabeau, *je ne m'apitoie pas aisément sur la faïence des grands.*

Son dédain était beau, son rire était beau, mais sa colère était sublime.

Quand on avait réussi à l'irriter, quand on lui avait tout à coup enfoncé dans le flanc quelqu'une de ces pointes aiguës qui font bondir l'orateur et le taureau, si c'était au milieu d'un discours, par exemple, il quittait tout sur-le-champ, il laissait là les idées entamées; il s'inquiétait peu que la voûte des raisonnements qu'il avait commencé à bâtir s'écroulât derrière lui faute de couronnement; il abandonnait la question net, et se ruait tête baissée sur l'incident. Alors, malheur à l'interrupteur ! malheur au toréador qui lui avait jeté la vanderille ! Mirabeau fondait sur lui, le prenait au ventre, l'enlevait en l'air, le foulait aux

---

[1] M. de Barentin. Séance du 24 juin 1789.

pieds. Il allait et venait sur lui, il le broyait, il le pilait. Il saisissait dans sa parole l'homme tout entier, quel qu'il fût, grand ou petit, méchant ou nul, boue ou poussière, avec sa vie, avec son caractère, avec son ambition, avec ses vices, avec ses ridicules; il n'omettait rien, il n'épargnait rien, il ne manquait rien; il cognait désespérément son ennemi sur les angles de la tribune; il faisait trembler, il faisait rire; tout mot portait coup, toute phrase était flèche; il avait la furie au cœur, c'était terrible et superbe. C'était une colère lionne. Grand et puissant orateur, beau surtout dans ce moment-là! C'est alors qu'il fallait voir comme il chassait au loin tous les nuages de la discussion! C'est alors qu'il fallait voir comme son souffle orageux faisait moutonner toutes les têtes de l'Assemblée! Chose singulière! il ne raisonnait jamais mieux que dans l'emportement. L'irritation la plus violente, loin de disjoindre son éloquence dans les secousses qu'elle lui donnait, dégageait en lui une sorte de logique supérieure, et il trouvait des arguments dans la fureur comme un autre des métaphores. Soit qu'il fît rugir son sarcasme aux dents acérées sur le front pâle de Robespierre, ce redoutable inconnu qui, deux ans plus tard, devait traiter les têtes comme Phocion les discours; soit qu'il mâchât avec rage les dilemmes filandreux de l'abbé Maury, et qu'il les recrachât au côté droit, tordus, déchirés, disloqués, dévorés à demi et tout couverts de l'écume de sa colère; soit qu'il enfonçât les ongles de son syllogisme dans la phrase molle et flasque de l'avocat Target, il était grand et magnifique, et il avait une sorte de majesté formidable que ne dérangeaient pas ses bonds les plus effrénés. Nos pères nous l'ont dit, qui n'avait pas vu Mirabeau en colère n'avait pas vu Mirabeau. Dans la colère, son génie faisait la roue et étalait toutes ses splendeurs. La colère allait bien à cet homme, comme la tempête à l'Océan.

Et, sans le vouloir, dans ce que nous venons d'écrire pour figurer la surnaturelle éloquence de cet homme, nous l'avons peinte par la confusion même des images. Mirabeau, en effet, ce n'était pas seulement le taureau, ou le lion, ou le tigre, ou l'athlète, ou l'archer, ou l'aigle, ou le paon, ou l'aquilon, ou l'Océan : c'était, dans une série indéfinie de surprenantes métamorphoses, tout cela à la fois. C'était Protée.

Pour qui l'a vu, pour qui l'a entendu, ses discours sont aujourd'hui lettre morte. Tout ce qui était saillie, relief, couleur, haleine, mouvement, vie et âme, a disparu. Tout dans ces belles harangues aujourd'hui est gisant à terre, à plat sur le sol. Où est le souffle qui faisait tourbillonner toutes ces idées comme les feuilles dans l'ouragan? Voilà bien le mot; mais où est le geste? Voilà le cri, où est l'accent? Voilà la parole, où est le regard? Voilà le discours, où est la comédie de ce discours? Car, il faut le dire, dans tout orateur il y a deux choses, un penseur et un comédien. Le penseur reste, le comédien s'en va avec l'homme. Talma meurt tout entier, Mirabeau à demi.

Dans l'Assemblée constituante il y avait une chose qui épouvantait ceux qui regardaient attentivement, c'était la Convention. Pour quiconque a étudié cette époque, il est évident que dès 1789 la Convention était dans l'Assemblée constituante. Elle y était à l'état de germe, à l'état de fœtus, à l'état d'ébauche. C'était encore quelque chose d'indistinct pour la foule, c'était déjà quelque chose de terrible pour qui savait voir. Un rien sans doute; une nuance plus foncée que la couleur générale; une note détonnant parfois dans l'orchestre, un refrain morose dans un chœur d'espérances et d'illusions; un détail qui offrait quelque discordance avec l'ensemble; un groupe sombre dans un coin obscur; quelques bouches donnant un certain accent à de certains mots; trente voix, rien que trente voix, qui devaient plus tard se ramifier, suivant une effrayante loi de multiplication, en girondins, en Plaine et en Montagne; 93, en un mot, point noir dans le ciel bleu de 89. Tout était déjà dans ce point noir : le 21 janvier, le 31 mai, le 9 thermidor, sanglante trilogie : Buzot qui devait dévorer Louis XVI, Robespierre qui devait dévorer Buzot, Vadier qui devait dévorer Robespierre, trinité sinistre. Parmi ces hommes, les plus médiocres et les plus ignorés, Hébrard et Putraink, par exemple, avaient un sourire étrange dans les discussions, et semblaient garder sur l'avenir une pensée quelconque qu'ils ne disaient pas. A notre avis, l'historien devrait avoir des microscopes pour examiner la formation d'une assemblée dans le ventre d'une autre assemblée. C'est une sorte de gestation qui se reproduit souvent dans l'histoire, et qui, selon nous, n'a pas été assez observée. Dans le cas présent, ce n'était certes pas un détail insignifiant sur la surface du corps législatif que ceux excroissance mystérieuse qui contenait l'échafaud déjà tout dressé du roi de France. C'était une chose qui devait avoir une forme monstrueuse que l'embryon de la Convention dans le flanc de la Constituante. Œuf de vautour porté par un aigle!

Dès lors, beaucoup de bons esprits dans l'Assemblée constituante s'effrayaient de la présence de ces quelques hommes impénétrables qui semblaient se tenir en réserve pour une autre époque. Ils sentaient qu'il y avait bien des ouragans dans ces poitrines dont il s'échappait à peine quelques souffles. Ils se demandaient si ces aquilons ne se déchaîneraient pas un jour, et ce que deviendraient alors toutes les choses essentielles à la civilisation que 89 n'avait pas déracinées. Rabaut Saint-Étienne, qui croyait la révolution finie et qui le disait tout haut, flairait avec inquiétude Robespierre, qui ne la croyait pas commencée et qui le disait tout bas. Les démolisseurs présents de la monarchie tremblaient devant les démolisseurs futurs de la société. Ceux-ci, comme tous les hommes qui ont l'avenir et qui le savent, étaient hautains, hargneux et arrogants, et le moindre d'entre eux coudoyait dédaigneusement les principaux de l'Assemblée. Les plus nuls et les plus obscurs jetaient, selon leur humeur et leur fantaisie, d'insolentes interruptions aux plus graves orateurs : et, comme tout le monde savait qu'il y avait des événements pour ces hommes dans un prochain avenir, personne n'osait leur répliquer. C'est dans ces moments où l'Assemblée qui devait venir un jour faisait peur à l'Assemblée qui existait, c'est alors que se manifestait avec splendeur le pouvoir d'exception de Mirabeau. Dans le sentiment de sa toute-puissance, et sans se douter qu'il fît une chose si grande, il criait au groupe sinistre qui coupait la parole à la Constituante : *Silence aux trente voix !* et la Convention se taisait.

Cet antre d'Éole resta silencieux et contenu tant que Mirabeau tint le pied sur le couvercle.

Mirabeau mort, toutes les arrière-pensées anarchiques firent irruption.

Nous le répétons d'ailleurs, nous croyons que Mirabeau est mort à propos. Après avoir déchaîné bien des orages dans l'État, il est évident que dans un temps il a comprimé sous son poids toutes les forces divergentes auxquelles il était réservé d'achever la ruine qu'il avait commencée; mais elles se condensaient par cette compression même, et tôt ou tard, selon nous, l'explosion révolutionnaire devait trouver issue et jeter au loin Mirabeau, tout géant qu'il était.

Concluons.

Si nous avions à résumer Mirabeau d'un mot, nous dirions : Mirabeau, ce n'est pas un homme, ce n'est pas un peuple, c'est un événement qui parle.

Un immense événement ! la chute de la forme monarchique en France.

Sous Mirabeau, ni la monarchie ni la république n'étaient possibles. La monarchie l'excluait par sa hiérarchie, la république par son niveau. Mirabeau est un homme qui passe dans une époque qui prépare. Pour que l'envergure de Mirabeau s'y déployât à l'aise, il fallait que l'atmosphère sociale fût dans cet état parti-

culier où rien de précis et d'enraciné dans le sol ne
résiste, où tout obstacle à l'essor des théories se refoule
aisément, où les principes qui feront un jour le fond
solide de la société future sont encore en suspension,
sans trop de forme ni de consistance, attendant, dans
ce milieu où ils flottent pêle-mêle en tourbillon, l'instant de se précipiter et de se cristalliser. Toute institution assise a des angles auxquels le génie de Mirabeau
se fût peut-être brisé l'aile.

Mirabeau avait un sens profond des choses, il avait
aussi un sens profond des hommes. A son arrivée aux
états généraux, il observa longtemps en silence, dans
l'Assemblée et hors de l'Assemblée, le groupe alors si
pittoresque des partis. Il devina l'insuffisance de Mounier, de Malouet et de Rabaut Saint-Étienne, qui rêvaient une conclusion anglaise. Il jugea froidement la
passion de Chapelier; la brièveté d'esprit de Pétion, la
mauvaise emphase littéraire de Volney; l'abbé Maury,
qui avait besoin d'une position; d'Esprémesnil et Adrien
Duport, parlementaires de mauvaise humeur et non
tribuns; Roland, ce zéro dont la femme était le chiffre;
Grégoire, qui était à l'état de somnambulisme politique. Il vit tout de suite le fond de Sieyès, si peu pénétrable qu'il fût. Il enivra de ses idées Camille Desmoulins, dont la tête n'était pas assez forte pour les porter.
Il fascina Danton, qui lui ressemblait en moins grand
et en plus laid. Il n'essaya aucune séduction près des
Guillermy, des Lautrec et des Cazalès, sortes de caractères insolubles dans les révolutions. Il sentait que tout
allait marcher si vite, qu'on n'avait pas de temps à

perdre. D'ailleurs, plein de courage et n'ayant jamais peur de l'homme du jour, ce qui est rare, ni de l'homme du lendemain, ce qui est plus rare encore, toute sa vie il fut hardi avec ceux qui étaient puissants; il attaqua successivement dans leur temps Maupeou et Terray, Calonne et Necker. Il s'approcha du duc d'Orléans, le toucha et le quitta aussitôt. Il regarda Robespierre en face et Marat de travers.

Il avait été successivement enfermé à l'île de Rhé, au château d'If, au fort de Joux, au donjon de Vincennes. Il se vengea de toutes ces prisons sur la Bastille.

Dans ses captivités, il lisait Tacite. Il le dévorait, il s'en nourrissait; et, quand il arriva à la tribune en 1789, il avait encore la bouche pleine de cette moelle de lion. On s'en aperçut aux premières paroles qu'il prononça.

Il n'avait pas l'intelligence de ce que voulaient Robespierre et Marat. Il regardait l'un comme un avocat sans causes et l'autre comme un médecin sans malades, et il supposait que c'était le dépit qui les faisait divaguer. Opinion qui d'ailleurs avait son côté vrai. Il tournait le dos complétement aux choses qui venaient à si grands pas derrière lui. Comme tous les régénérateurs radicaux, il avait l'œil bien plus fixé sur les questions sociales que sur les questions politiques. Son œuvre, à lui, ce n'est pas la république, c'est la révolution.

Ce qui prouve qu'il est le vrai grand homme essentiel de ces temps-là, c'est qu'il est resté plus grand qu'aucun des hommes qui ont grandi après lui dans le même ordre d'idées que lui.

Son père, qui ne le comprenait pas plus, quoiqu'il l'eût engendré, que la Constituante ne comprenait la Convention, disait de lui : *Cet homme n'est ni la fin ni le commencement d'un homme.* Il avait raison. « Cet homme » était la fin d'une société et le commencement d'une autre.

Mirabeau n'importe pas moins à l'œuvre générale du dix-huitième siècle que Voltaire. Ces deux hommes avaient des missions semblables, détruire les vieilles choses et préparer les nouvelles. Le travail de l'un a été continu et l'a occupé, aux yeux de l'Europe, durant toute sa longue vie. L'autre n'a paru sur la scène que peu d'instants. Pour faire leur besogne commune, le temps a été donné à Voltaire par années et à Mirabeau par journées. Cependant Mirabeau n'a pas moins fait que Voltaire. Seulement l'orateur s'y prend autrement que le philosophe; chacun attaque la vie du corps social à sa façon. Voltaire décompose, Mirabeau écrase. Le procédé de Voltaire est en quelque sorte chimique, celui de Mirabeau est tout physique. Après Voltaire, une société est en dissolution, après Mirabeau, en poussière. Voltaire, c'est un acide; Mirabeau, c'est une massue.

VII

Si maintenant, pour compléter l'ensemble que nous avons essayé d'ébaucher de Mirabeau et de son époque, nous reportons les yeux sur nous, il est aisé de voir, au point où se trouve aujourd'hui le mouvement social commencé en 89, que nous n'aurons plus d'hommes comme Mirabeau, sans que personne puisse dire d'ailleurs précisément de quelle forme seront les grands hommes politiques que nous réserve l'avenir.

Les Mirabeaux ne sont plus nécessaires, donc ils ne sont plus possibles.

La Providence ne crée pas des hommes pareils quand ils sont inutiles. Elle ne jette pas de cette graine-là au vent.

Et, en effet, à quoi pourrait servir maintenant un Mirabeau? Un Mirabeau, c'est une foudre. Qu'y a-t-il à foudroyer? où sont dans la région politique les objets trop haut placés qui attirent le tonnerre? Nous ne sommes plus comme en 1789, où il y avait dans l'ordre social tant de choses disproportionnées.

Aujourd'hui le sol est à peu près nivelé; tout est plan, ras, uni. Un orage comme Mirabeau qui passerait sur nous ne trouverait pas un seul sommet où s'accrocher.

Ce n'est pas à dire, parce que nous n'aurons plus besoin d'un Mirabeau, que nous n'ayons plus besoin de grands hommes. Bien au contraire. Il y a certes beaucoup à travailler encore. Tout est défait, rien n'est refait.

Dans les moments comme celui où nous sommes, le parti de l'avenir se divise en deux classes : les hommes de révolution, les hommes de progrès. Ce sont les hommes de révolution qui déchirent la vieille terre politique, creusent le sillon, jettent la semence; mais leur temps est court. Aux hommes de progrès appartient la lente et laborieuse culture des principes, l'étude des saisons propices à la greffe de telle ou telle idée, le travail au jour le jour, l'arrosement de la jeune plante, l'engrais du sol, la récolte pour tous. Ils vont courbés et patients, sous le soleil ou sous la pluie, dans le champ public, épierrant cette terre couverte de ruines, extirpant les chicots du passé qui accrochent encore çà et là, déracinant les souches mortes des anciens régimes, sarclant les abus, cette mauvaise herbe qui pousse si vite dans toutes les lacunes de la loi. Il leur faut bon œil, bon pied, bonne main. Dignes et consciencieux travailleurs, souvent bien mal payés !

Or, selon nous, à l'heure qu'il est, les hommes de révolution ont accompli leur tâche. Ils ont eu tout récemment encore leurs trois jours de semailles en juillet. Qu'ils laissent faire maintenant les hommes de progrès. Après le sillon, l'épi.

Mirabeau, c'est un grand homme de révolution. Il nous faut maintenant le grand homme de progrès.

Nous l'aurons. La France a une initiative trop importante dans la civilisation du globe, pour que les hommes spéciaux lui fassent jamais faute. La France est la mère majestueuse de toutes les idées qui sont aujourd'hui en mission chez tous les peuples. On peut dire que la France, depuis deux siècles, nourrit le monde du lait de ses mamelles. La grande nation a le sang généreux et riche et les entrailles fécondes ; elle est inépuisable en génies ; elle tire de son sein toutes les grandes intelligences dont elle a besoin; elle a toujours des hommes à la mesure de ses événements, et il ne lui manque dans l'occasion ni des Mirabeau pour commencer ses révolutions ni des Napoléon pour les finir.

La Providence ne lui refusera certainement pas le grand homme social, et non plus seulement politique, dont l'avenir a besoin.

En attendant qu'il vienne, sans doute, à peu d'exceptions près, les hommes qui font de l'histoire pour le moment sont petits; sans doute il est triste que les grands corps de l'État manquent d'idées générales et de larges sympathies; sans doute il est affligeant qu'on emploie à des badigeonnages le temps qu'on devrait donner à des constructions. Sans doute il est étrange qu'on oublie que la souveraineté véritable est celle de l'intelligence, qu'il faut avant tout éclairer les masses, et quand le peuple sera intelligent, alors seulement le peuple sera souverain; sans doute il est honteux que les magnifiques prémisses de 89 aient amené de certains corollaires comme une tête de sirène amène une queue de poisson, et que les gâcheurs aient pauvrement plaqué tant de lois de plâtre sur des idées de granit; sans doute il est déplorable que la révolution française ait eu de si maladroits accoucheurs : sans doute. Mais rien d'irréparable n'a encore été fait; aucun principe essentiel n'a été étouffé dans l'enfantement révolutionnaire; aucun avortement n'a eu lieu : toutes les idées qui importent à la civilisation future sont nées viables, et prennent chaque jour force, taille et santé. Certes, quand 1814 est arrivé, toutes ces idées, filles de la révolution, étaient bien jeunes et bien petites encore, et tout à fait au berceau ; et la restauration, il faut en convenir, leur a été une maigre et mauvaise nourrice. Cependant, il faut en convenir aussi, elle n'en a tué aucune. Le groupe des principes est complet.

A l'heure où nous sommes, toute critique est possible ; mais l'homme sage doit avoir pour l'époque entière un regard bienveillant. Il doit espérer, se confier, attendre. Il doit tenir compte aux hommes de théorie de la lenteur avec laquelle poussent les idées ; aux hommes de pratique, de cet étroit et utile amour des choses qui sont, sans lequel la société se désorganiserait dans les expériences successives ; aux passions, de leurs digressions généreuses et fécondantes ; aux intérêts, de leurs calculs qui rattachent les classes entre elles à défaut de croyances ; aux gouvernements, de leurs tâtonnements vers le bien dans l'ombre ; aux oppositions, de l'aiguillon qu'elles ont sans cesse au poing et qui fait tracer au bœuf le sillon ; aux partis mitoyens, de l'adoucissement qu'ils apportent aux transitions ; aux partis extrêmes, de l'activité qu'ils impriment à la circulation des idées, lesquelles sont le sang même de la civilisation ; aux amis du passé, du soin qu'ils prennent de quelques racines vivaces ; aux zélateurs de l'avenir, de leur amour pour ces belles fleurs qui seront un jour de beaux fruits ; aux hommes mûrs, de leur modération ; aux hommes jeunes, de leur patience ; à ceux-ci, de ce qu'ils font ; à ceux-là, de ce qu'ils veulent faire ; à tous, de la difficulté de tout.

Nous ne nierons pas d'ailleurs tout ce que l'époque

où nous vivons a d'orageux et de troublé. La plupart des hommes qui font quelque chose dans l'État ne savent pas ce qu'ils font. Ils travaillent dans la nuit sans y voir. Demain, quand il fera jour, ils seront peut-être tout surpris de leur œuvre. Charmés ou effrayés, qui sait? Il n'y a plus rien de certain dans la science politique; toutes les boussoles sont perdues; la société chasse sur ses ancres; depuis vingt ans on lui a déjà changé trois fois ce grand mât qu'on appelle la *dynastie*, et qui est toujours le premier frappé de la foudre.

La loi définitive de rien ne se révèle encore. Le gouvernement, tel qu'il est, n'est l'affirmation d'aucune chose; la presse, si grande et si utile d'ailleurs, n'est qu'une négation perpétuelle de tout. Aucune formule nette de civilisation et de progrès n'a encore été rédigée.

La révolution française a ouvert pour toutes les théories sociales un livre immense, une sorte de grand testament. Mirabeau y a écrit son mot, Robespierre le sien, Napoléon le sien. Louis XVIII y a fait une rature. Charles X a déchiré la page. La chambre du 7 août l'a recollée à peu près, mais voilà tout. Le livre est là, la plume est là. Qui osera écrire?

Les hommes actuels semblent peu de chose sans doute; cependant quiconque pense doit fixer sur l'ébullition sociale un regard attentif.

Certes, nous avons ferme confiance et ferme espoir.

Eh! qui ne sent que, dans ce tumulte et dans cette

tempête, au milieu de ce combat de tous les systèmes et de toutes les ambitions qui fait tant de fumée et tant de poussière, sous ce voile qui cache encore aux yeux la statue sociale et providentielle à peine ébauchée, derrière ce nuage de théories, de passions, de chimères qui se croisent, se heurtent et s'entre-dévorent dans l'espèce de jour brumeux qu'elles déchirent de leurs éclairs, à travers ce bruit de la parole humaine qui parle à la fois toutes les langues par toutes les bouches, sous ce violent tourbillon de choses, d'hommes et d'idées qu'on appelle le dix-neuvième siècle, quelque chose de grand s'accomplit?

Dieu reste calme et fait son œuvre.

FIN

TABLE

But de cette publication... 1
Journal des idées, des opinions et des lectures d'un jeune jacobite
  de 1819... 29
     Histoire... 31
     Fragments de critique... 53
     Théâtre.. 79
     Fantaisie.. 87
Journal des idées et des opinions d'un révolutionnaire de 1830.... 151
     Août... 153
     Septembre.. 158
     Octobre... 169
     Novembre... 174
     Décembre... 175
     Janvier.. 181
     Février.. 182
     Mars... 184
     Derniers feuillets sans date................................... 187

1823-1824

Sur Voltaire... 199
Sur Walter Scott (à propos de *Quentin Durward*)................ 212
Sur l'abbé de Lamennais (à propos de l'*Essai sur l'indifférence en matière de religion*)... 225

Sur lord Byron (à propos de sa mort).................................. 232
Idées au hasard.. 244

1827

Fragment d'histoire.. 257

1830

Sur M. Dovalle.. 271

1825-1832

Guerre aux démolisseurs ! { 1825..................................... 279
{ 1832..................................... 285

1833

Ymbert Galloix.. 305

1834

Sur Mirabeau.. 341

ŒUVRES COMPLÈTES

DE

ALFRED DE MUSSET

10 VOLUMES IN-8° CAVALIER VÉLIN

ORNÉS DU PORTRAIT DE L'AUTEUR

ET DE 28 DESSINS DE BIDA GRAVÉS SUR ACIER

Prix : **80** francs

ŒUVRES

DE

VICTOR HUGO

POÉSIE — DRAME — ROMAN — ŒUVRES DIVERSES

20 VOLUMES IN-8° CAVALIER, 100 GRAVURES

Prix : **120** francs

ŒUVRES COMPLÈTES

DE

H. DE BALZAC

20 VOLUMES IN-8° ORNÉS DE 140 GRAVURES

Prix : **120** francs

www.ingramcontent.com/pod-product-compliance
Lightning Source LLC
Chambersburg PA
CBHW050910230426
43666CB00010B/2106